全国高等教育自学考试指定教材
消防工程专业（独立本科段）

消防安全管理学

（2014年版）

（含：消防安全管理学自学考试大纲）

全国高等教育自学考试指导委员会　组编

主　编　黄金印
副主编　岳庚吉
编　者　（按姓氏笔画排序）
　　　　孙　斌　岳庚吉　赵秀雯　高　冲
　　　　高维娜　黄金印　韩海云

机械工业出版社

本书是全国高等教育自学考试消防工程专业指定教材,"消防安全管理学"是全国高等教育自学考试消防工程专业(独立本科段)的核心课程之一。

本书主要内容包括:绪论;消防安全管理理论与方法;消防安全管理职责;消防安全宣传教育与培训;消防安全检查;火灾隐患认定与整改;消防安全重点管理;消防安全法律责任;单位火灾事故管理;单位消防安全管理基础建设。

在本书的编写过程中,以国家现行的相关消防法律、法规、规章为基础,充分吸收本学科领域最新相关研究成果,密切结合消防安全管理工作实际,注重增强本书的可读性、先进性、实用性和可操作性。

本书可供参加全国高等教育自学考试消防工程专业学习的学生和指导教师使用,也可供高等院校相关专业师生参考,还可供消防安全相关人员学习参考。

图书在版编目(CIP)数据

消防安全管理学/黄金印主编. —北京:机械工业出版社,2014.3
(2025.11重印)
全国高等教育自学考试指定教材. 消防工程专业. 独立本科段
ISBN 978-7-111-45946-0

Ⅰ.①消… Ⅱ.①黄… Ⅲ.①消防-安全管理-高等教育-自学考试-教材 Ⅳ.①TU998.1

中国版本图书馆 CIP 数据核字(2014)第 031841 号

机械工业出版社(北京市百万庄大街 22 号　邮政编码 100037)
策划编辑:何文军　责任编辑:宋　燕
责任校对:赵　蕊　责任印制:郜　敏
河北虎彩印刷有限公司印刷
2025 年 11 月第 1 版第 15 次印刷
184mm×260mm・15.75 印张・384 千字
标准书号:ISBN 978-7-111-45946-0
定价:45.00 元

电话服务　　　　　　　网络服务
客服电话:010-88361066　机　工　官　网:www.cmpbook.com
　　　　　010-88379833　机　工　官　博:weibo.com/cmp1952
　　　　　010-68326294　金　书　网:www.golden-book.com
封底无防伪标均为盗版　机工教育服务网:www.cmpedu.com

组 编 前 言

21世纪是一个变幻莫测的世纪,是一个催人奋进的时代,科学技术飞速发展,知识更替日新月异。希望、困惑、机遇、挑战随时随地都有可能出现在每一个社会成员的生活之中。抓住机遇,寻求发展,迎接挑战,适应变化的制胜法宝就是学习——依靠自己学习,终生学习。

作为我国高等教育组成部分的自学考试,其职责就是在高等教育这个平台上倡导自学、鼓励自学、帮助自学、推动自学,为每一个自学者铺就成才之路。组织编写供读者学习的教材就是履行这个职责的重要环节。毫无疑问,这种教材应当适合自学,应当有利于学习者掌握和了解新知识、新信息,有利于学习者增强创新意识、培养实践能力、形成自学能力,也有利于学习者学以致用,解决实际工作中所遇到的问题。具有如此特点的书,我们虽然沿用了"教材"这个概念,但它与那种仅供教师讲、学生听,教师不讲、学生不懂,以"教"为中心的教科书相比,已经在内容安排、编写体例、行文风格等方面都大不相同了。希望读者对此有所了解,以便从一开始就树立起依靠自己学习的坚定信念,不断探索适合自己的学习方法,充分利用已有的知识基础和实际工作经验,最大限度地发挥自己的潜能,以达到学习的目标。

欢迎读者提出意见和建议。

祝每一位读者自学成功!

全国高等教育自学考试指导委员会
2013年3月

目 录

组编前言

消防安全管理学自学考试大纲

出版前言
- Ⅰ．课程性质与课程目标 …………… 3
- Ⅱ．考核目标 ………………………… 4
- Ⅲ．课程内容与考核要求 …………… 4
- Ⅳ．关于大纲的说明与考核实施要求 … 18
- Ⅴ．题型举例 ………………………… 19
- Ⅵ．消防安全管理学（实践）考核实施方案 ………………………… 20
- 后记 ………………………………… 21

消防安全管理学

编者的话 ……………………………… 24
第一章　绪论 ………………………… 25
　第一节　消防安全管理的方针、原则与指导思想 ………………… 25
　第二节　消防安全管理的主体、客体与对象 ………………………… 29
　第三节　消防安全管理的依据 …… 32
　第四节　消防安全管理的任务与特征 … 37
　第五节　消防安全管理的发展历程 … 39
　自学指导 ………………………… 41
　复习思考题 ……………………… 41
第二章　消防安全管理理论与方法 … 42
　第一节　消防安全管理理论 …… 42
　第二节　消防安全管理方法 …… 56
　自学指导 ………………………… 63
　复习思考题 ……………………… 63
第三章　消防安全管理职责 ………… 65
　第一节　消防安全管理组织 …… 65
　第二节　政府及政府部门的消防安全管理职责 …………………… 67
　第三节　社会各单位（社区）的消防安全职责 …………………… 75

　第四节　公民的消防安全权利与义务 … 80
　自学指导 ………………………… 82
　复习思考题 ……………………… 82
第四章　消防安全宣传教育与培训 … 84
　第一节　消防安全宣传教育与培训概述 … 84
　第二节　消防安全宣传教育 …… 91
　第三节　消防安全培训 ………… 97
　自学指导 ………………………… 108
　复习思考题 ……………………… 108
第五章　消防安全检查 ……………… 110
　第一节　消防安全检查概述 …… 110
　第二节　单位防火检查 ………… 119
　第三节　消防监督检查 ………… 130
　自学指导 ………………………… 138
　复习思考题 ……………………… 138
第六章　火灾隐患认定与整改 ……… 140
　第一节　火灾隐患认定 ………… 140
　第二节　火灾隐患整改 ………… 146
　自学指导 ………………………… 150
　复习思考题 ……………………… 150
第七章　消防安全重点管理 ………… 152
　第一节　消防安全重点单位管理 … 153

第二节　消防安全重点部位管理……………160
第三节　消防安全重点工种管理……………162
第四节　动火作业消防安全管理……………165
自学指导………………………………………168
复习思考题……………………………………169

第八章　消防安全法律责任……………170
第一节　消防安全法律责任概述……………170
第二节　消防行政责任………………………172
第三节　消防刑事责任………………………177
自学指导………………………………………189
复习思考题……………………………………189

第九章　单位火灾事故管理……………191
第一节　单位火灾事故防控与战勤准备……192
第二节　单位火灾事故应急处置……………196
第三节　火灾事故调查………………………200
第四节　火灾事故处理………………………206

第五节　火灾事故统计………………………209
自学指导………………………………………212
复习思考题……………………………………213

第十章　单位消防安全管理基础建设…215
第一节　单位消防安全制度建设……………215
第二节　单位灭火和应急疏散预案的制定与演练…………………………………………219
第三节　单位消防档案建设…………………226
第四节　单位消防安全文化建设……………234
自学指导………………………………………238
复习思考题……………………………………238

部分习题参考答案……………………………240
参考文献………………………………………242
后记……………………………………………243

全国高等教育自学考试
消防工程专业(独立本科段)

消防安全管理学
自学考试大纲

(含考核目标)

全国高等教育自学考试指导委员会　制定

出版前言

为了适应社会主义现代化建设事业的需要,鼓励自学成才,我国在 20 世纪 80 年代初建立了高等教育自学考试制度。高等教育自学考试是个人自学、社会助学和国家考试相结合的一种高等教育形式。应考者通过规定的专业课程考试并经思想品德鉴定达到毕业要求的,可获得毕业证书;国家承认学历并按照规定享有与普通高等学校毕业生同等的有关待遇。经过 30 多年的发展,高等教育自学考试为国家培养造就了大批专门人才。

课程自学考试大纲是国家规范自学者学习范围、要求和考试标准的文件。它是按照专业考试计划的要求,具体指导个人自学、社会助学、国家考试、编写教材及自学辅导书的依据。

为更新教育观念,深化教学内容方式、考试制度、质量评价制度改革,更好地提高自学考试人才培养的质量,全国考委各专业委员会按照专业考试计划的要求,组织编写了课程自学考试大纲。

新编写的大纲,在层次上,专科参照一般普通高校专科或高职院校的水平,本科参照一般普通高校本科水平;在内容上,力图反映学科的发展变化以及自然科学和社会科学近年来研究的成果。

全国考委电子电工与信息类专业委员会参照普通高等学校消防安全管理学课程的教学基本要求,结合自学考试消防工程专业(独立本科段)的实际情况,组织制定的《消防安全管理学自学考试大纲》,经教育部批准,现颁布施行。各地教育部门、考试机构应认真贯彻执行。

全国高等教育自学考试指导委员会
2014 年 1 月

Ⅰ．课程性质与课程目标

一、课程性质和特点

"消防安全管理学"是全国高等教育自学考试消防工程专业（独立本科段）的必考课程之一，是消防工程专业（独立本科段）的专业核心课程。

"消防安全管理学"以火灾规律、防火技术、消防法规等为基础，结合现代管理科学的理论和方法，系统阐述和介绍了消防安全管理职责、消防安全宣传教育与培训、消防安全检查、火灾隐患认定与整改、消防安全重点管理、火灾事故管理和消防安全法律责任等知识，具有较强的理论性和实践应用性。

消防安全重在管理。通过本课程的学习，可以帮助人们增强消防安全意识，掌握消防安全管理理论与方法，为开展消防安全管理工作奠定基础。

二、课程目标

课程的设置目标是使考生能够：

1）熟悉和了解消防安全管理工作的方针、原则、主体、客体以及管理中常用的消防法律依据。

2）掌握社会各单位的消防安全职责以及社会单位申报有关行政许可的内容和程序。

3）深入理解消防安全宣传教育的基本内容和要求，熟悉消防安全宣传教育和培训的主要形式。

4）掌握单位开展防火检查的组织、形式、内容、流程，熟悉消防安全检查表分析法，理解单位开展防火检查要求以及单位在消防监督检查过程中职责。

5）熟悉火灾隐患认定的方法和重大火灾隐患的判定，掌握火灾隐患的整改措施和要求。

6）掌握消防安全重点单位、重点部位和重点工种管理的相关概念和要求。

7）深入理解消防安全法律责任及相关概念，重点掌握消防违法行为及其行政处罚，熟悉消防刑事责任的相关内容。

8）熟悉单位火灾事故管理内容与方法，掌握消防安全制度、消防档案、消防文化等建设的程序和方法。

三、与相关课程的联系与区别

学习本课程前，要求学生具备消防燃烧学、建筑防火、工业企业防火、灭火设施等课程的消防理论知识基础。学生通过以上课程的学习，熟悉相关的消防专业知识后，再进行本课程的学习，便于领会、掌握消防安全管理的理论和方法。

四、课程的重点、次重点和难点

本课程的重点是：消防安全宣传教育的基本内容和要求，消防安全宣传教育和培训的主要形式；单位开展防火检查的组织、形式、内容、流程，消防安全检查表分析法；火灾隐患认定的方法和重大火灾隐患的判定，火灾隐患的整改措施和要求。本课程的次重点是：社会各单位的消防安全职责以及社会单位申报有关行政许可的内容和程序；消防安全重点单位、重点部位和重点工种管理的相关概念和要求；消防违法行为及其行政处罚。本课程的一般内容是：单位火灾事故管理的内容与方法；消防安全制度、消防档案、消防文化等建设的程序和方法。本课程的难点是：火灾隐患认定的方法和重大火灾隐患的判定，火灾隐患的整改措施和要求。

Ⅱ. 考核目标

本大纲在考核目标中，按照识记、领会、应用三个层次规定其应达到的能力层次要求。三个能力层次是递进关系，各能力层次的含义是：

识记：要求考生能够识别和记忆本课程中有关消防安全管理的基本概念和理论的主要内容，并能够根据考核的不同形式和要求，作出正确的表述、选择和判断。

领会：要求考生能够领悟和理解本课程中的有关消防安全管理概念和理论的内涵和外延，清楚知识点之间的区别和联系等，并能够根据考核的不同形式和要求，作出正确的判断、解释和说明。

应用：要求考生能够运用所掌握的消防安全管理理论与方法，对实际消防安全管理问题进行分析和论证，得出正确的结论或作出正确的判断，提高分析问题和解决问题的能力。

Ⅲ. 课程内容与考核要求

第一章 绪 论

一、学习目的与要求

通过本章学习，使学员熟悉和了解消防安全管理的基本概念，掌握消防安全管理工作的方针、原则、主体、客体以及管理中常用的消防法律依据，为之后各章节的学习奠定学科基础。

二、课程内容

第一节 消防安全管理的方针、原则与指导思想

一、消防安全管理的方针

二、消防安全管理的基本原则

三、消防安全管理的指导思想

第二节 消防安全管理的主体、客体与对象

一、消防安全管理的主体

二、消防安全管理的客体

三、消防安全管理的对象

第三节 消防安全管理的依据

一、公共政策依据

二、法律依据

三、标准依据

第四节 消防安全管理的任务与特征

一、消防安全管理的任务

二、消防安全管理的特征

第五节 消防安全管理的发展历程

一、古代消防安全管理的发展
二、近代消防安全管理的发展
三、现代消防安全管理的发展

三、考核知识点与考核要求

（一）消防安全管理的方针、原则与指导思想

识记：消防安全管理的方针。

领会：消防安全管理的基本原则。

（二）消防安全管理的主体、客体与对象

识记：消防安全管理的对象范围。

领会：消防安全管理的客体范围。

应用：消防安全管理的主体范围。

（三）消防安全管理的依据

识记：公共政策依据的含义。

领会：标准依据的分类。

应用：法律依据体系的内容及依据的制定机关。

（四）消防安全管理的任务与特征

识记：消防安全管理的任务。

（五）消防安全管理的发展历程

领会：现代消防安全管理的发展。

四、本章学习重点、难点

本章学习重点：消防安全管理的方针与原则；消防安全管理的主体与客体。

消防安全管理的方针与原则：方针是预防为主、防消结合；原则包括方向性原则、法制性原则、责任性原则、社会化原则、科学性原则和综合治理原则。

消防安全管理主体是指负有消防安全管理职责的组织，包括人民政府、公安机关、公安机关消防机构、主管部门、社会单位、群众自治组织。

消防安全管理的客体有时又称消防安全管理相对人，是指在消防安全管理中与消防管理主体相对应的处于被管理地位的单位和个人，具体包括国家机关、社会团体、企事业单位、个体工商户、自然人。

本章学习难点：消防安全管理的依据。

消防安全管理的依据是指消防安全管理主体实施安全管理行为所依据的一系列规范的总称。消防安全管理的依据包括公共政策依据、法律依据、标准依据以及单位消防安全管理规章制度等。

第二章　消防安全管理理论与方法

一、学习目的与要求

通过本章学习，掌握海因里希因果连锁理论、能量意外转移理论等事故致因理论及消防安全管理原理、消防安全目标管理，掌握消防安全管理方法中的传统管理方法，了解当代公共管理新方法以及运用信息技术的方法。

二、课程内容

第一节 消防安全管理理论

一、事故致因理论

二、消防安全管理原理

三、消防安全目标管理

第二节 消防安全管理方法

一、传统的管理方法

二、当代公共管理新方法

三、运用信息技术的方法

三、考核知识点与考核要求

（一）消防安全管理理论

领会：①海因里希因果连锁理论；②能量意外转移理论。

应用：消防安全管理原理，包括系统原理、人本原理、预防原理、强制原理、责任原理；消防安全目标管理。

（二）消防安全管理方法

识记：消防安全管理的传统方法。

领会：消防安全管理市场化手段；信息技术在消防安全管理中的应用。

应用：消防安全管理社会化手段。

四、本章学习重点、难点

本章学习重点：消防安全管理原理、消防安全目标管理、消防安全管理的传统方法、消防安全管理社会化手段。

（1）消防安全管理原理 消防安全管理原理包括五个原理，即系统原理、人本原理、预防原理、强制原理和责任原理。每个原理对于实际的消防安全管理都非常重要，必须理解其实质。

（2）消防安全目标管理 消防安全目标管理是目标管理在消防安全管理中的应用，从20世纪90年代在我国得到较为广泛的应用。学习消防安全目标管理要注意把握消防安全目标管理的基本内容以及实施消防安全目标管理的步骤。

（3）消防安全管理的传统方法 消防安全管理的传统方法包括行政方法、法律方法、经济方法、诱导性方法。

（4）消防管理社会化手段 消防管理社会化手段包括社区自治、中介服务、志愿者服务、参与管理等。

本章学习难点：事故致因理论。

事故致因理论的内容较多，涉及多个事故模型，但重点是熟悉海因里希的事故因果连锁理论。该理论认为事故因果连锁过程包括五个因素，即遗传及社会环境、人的缺点、人的不安全行为或物的不安全状态、事故、伤害，但关键因素是人的不安全行为或物的不安全状态，只有控制住关键因素，才能预防事故发生。

第三章 消防安全管理职责

一、学习目的与要求

通过本章学习，了解我国消防安全管理组织的架构，公民的权利与义务，各级人民政府、政府有关行业主管部门的消防安全职责；熟悉有关政府行政执法部门的消防监管职责；掌握社会各单位的消防安全职责以及社会单位申报有关行政许可的内容和程序。

二、课程内容

第一节　消防安全管理组织
一、政府消防安全管理组织
二、非政府消防安全管理组织

第二节　政府及政府部门的消防安全管理职责
一、各级政府的消防安全管理职责
二、有关行政执法部门的消防监管职责
三、有关行业主管部门的消防安全职责
四、法律授权的其他特殊行业消防监管职责

第三节　社会各单位（社区）的消防安全职责
一、单位的消防安全职责
二、社区（居民委员会、村民委员会）的消防安全职责
三、新闻媒体的宣传与监督职责
四、社会单位申报有关行政许可的内容和程序

第四节　公民的消防安全权利与义务
一、公民个人在消防安全管理中的地位
二、公民的消防安全权利
三、公民的消防安全义务

三、考核知识点与考核要求

（一）消防安全管理组织

识记：政府消防安全管理组织。

领会：消防社团组织；消防技术服务机构。

（二）政府及政府部门的消防安全管理职责

识记：①各级政府的消防安全管理职责；②有关行业主管部门的消防安全管理职责；③法律授权的其他特殊行业消防监管职责。

领会：有关行政执法部门的消防监管职责。

（三）社会各单位（社区）的消防安全职责

领会：①一般单位的消防安全职责；②消防安全重点单位的消防安全职责；③相关单位的消防安全职责划分；④社区（居民委员会、村民委员会）的消防安全职责。

应用：社会单位申报有关行政许可的内容和程序。

（四）公民的消防安全权利与义务

识记：①公民的消防安全权利；②公民的消防安全义务。

领会：公民个人在消防安全管理中的地位。

四、本章学习重点、难点

本章学习重点：社会各单位的消防安全职责；社会单位申报有关行政许可的内容和程序。

社会各单位的消防安全职责包括：一般单位的消防安全职责、消防安全重点单位的消防

安全职责、相关单位的消防安全职责。

社会单位申报有关行政许可的内容和程序包括：建设工程消防设计审核、验收及备案程序；公众聚集场所投入使用、营业的申报程序；举办大型群众性活动申报程序；被临时查封或停止施工、停止使用、责令停产停业，申请解除或恢复的程序。

本章学习难点：政府有关执法部门的消防安全职责。

政府有关执法部门包括公安机关消防机构、安全生产监督管理部门、建设行政主管部门、工商行政管理部门、质监行政管理部门、文化行政管理部门等，它们在各自的职权范围内依法实施消防监管职责。

第四章 消防安全宣传教育与培训

一、学习目的与要求

通过本章学习，重点掌握消防安全宣传教育与培训的责任主体及职责，深入理解消防安全宣传教育的基本内容和要求，熟悉消防安全宣传教育和培训的主要形式。

二、课程内容

第一节 消防安全教育与培训概述

一、消防安全宣传教育与培训的含义及特点

二、消防安全宣传教育与培训的作用

三、消防安全宣传教育与培训的基本原则

四、消防安全宣传教育与培训的责任主体及职责

第二节 消防安全宣传教育

一、消防安全宣传教育的主体及对象

二、消防安全宣传教育的基本内容

三、消防安全宣传教育的主要形式

四、消防安全宣传教育的要求

第三节 消防安全培训

一、消防安全培训的含义和分类

二、消防安全培训的主体及对象

三、消防安全培训内容

四、消防安全培训形式

五、消防安全培训方法

六、消防行业特有职业（工种）教育培训

三、考核知识点与考核要求

（一）消防安全教育与培训概述

识记：①消防安全宣传教育与培训的含义；②消防安全宣传教育与培训的责任主体；③消防安全宣传教育与培训的责任主体的职责。

领会：消防安全宣传教育与培训的作用。

应用：能够将消防安全宣传教育与培训原则贯穿在工作实践中。

（二）消防安全宣传教育

识记：①消防安全宣传教育的含义；②消防安全宣传教育的主体。

领会：消防安全宣传教育的要求。

应用：能够根据宣传教育对象选择有针对性的宣传教育内容，并设计恰当的宣传教育形式。

（三）消防安全培训

识记：①消防安全培训的含义；②消防安全培训的分类；③消防安全培训的主体；④消防安全培训的对象；⑤消防行业特有职业（工种）教育培训。

领会：消防安全培训内容。

应用：能够根据需要组织不同形式的消防安全培训。

四、本章学习重点、难点

本章学习重点：消防安全宣传教育的基本内容；消防安全培训的对象；岗位消防安全三级培训。

消防安全宣传教育的基本内容是开展消防宣传教育工作的核心。《社会消防安全教育培训规定》指出：消防安全宣传教育的基本内容为五个方面。在消防安全宣传教育实践中应根据宣传教育对象有针对性地选择具体的宣传教育内容。

消防安全培训分为消防安全基本培训和消防安全专门培训。消防安全基本培训和消防安全专门培训的对象有所区别。单位新上岗和进入新岗位的员工以及消防安全重点单位在岗每名员工都应进行消防安全基本培训。单位的消防安全责任人、消防安全管理人，专（兼）职消防安全管理人员；消防控制室的值班、操作人员等应进行消防安全专门培训。

岗位消防安全三级培训是消防安全基本培训的具体组织形式之一，是对新员工或调入新岗位的员工，在厂（单位）、车间（工段）、班组（岗位）三级岗位培训教育过程中，结合单位和岗位火灾危险性，学习必要的消防安全知识和技能的消防安全培训。

本章学习难点：消防安全宣传教育的主要形式。

消防安全宣传教育的形式是将宣传教育内容呈现给宣传对象的表现方式。应深刻领会每种宣传教育方式适用的宣传内容，并根据具体情况选择、灵活组合消防安全宣传教育的方式。

第五章 消防安全检查

一、学习目的与要求

通过本章学习，重点掌握单位开展防火检查的形式、内容、组织流程，深入理解单位开展防火检查要求以及单位在消防监督检查过程中职责，熟悉消防安全检查表分析法和消防安全检查实施手段。

二、课程内容

第一节 消防安全检查概述

一、消防安全检查的含义及分类

二、消防安全检查的作用

三、消防安全检查的主体

四、消防安全检查方法

五、消防安全检查实施手段

第二节 单位防火检查

一、单位防火检查的形式
二、单位防火检查的内容
三、单位防火检查的组织流程
四、单位开展防火检查要求
第三节 消防监督检查
一、政府的消防监督检查
二、公安机关消防机构的消防监督检查
三、公安派出所消防监督检查
四、其他消防监管主体的消防监督检查
五、单位在消防监督检查过程中的职责

三、考核知识点与考核要求

（一）消防安全检查概述

识记：①消防安全检查的含义；②消防监督检查的含义；③防火检查的含义；④消防安全检查的主体。

领会：①消防监督检查与防火检查的区别；②消防安全检查的作用。

应用：能够编制消防安全检查表，运用消防安全检查实施手段进行检查。

（二）单位防火检查

识记：①单位防火检查的形式；②单位防火检查的内容。

领会：单位开展防火检查要求。

应用：能够组织开展定期防火检查和防火巡查。

（三）消防监督检查

识记：单位在消防监督检查过程中的职责。

领会：①政府的消防监督检查；②公安机关消防机构的消防监督检查；③公安派出所消防监督检查。

四、本章学习重点、难点

本章学习重点：单位防火检查的形式；单位防火检查的内容；消防安全检查实施手段。

单位开展防火检查的形式灵活多样。按照防火检查实施的主体不同有单位自查和上级检查；按照防火检查组织的形式不同有防火巡查、日常检查、定期检查和专项检查。重点是掌握每种检查形式的适用情形。

《机关、团体、企业、事业单位消防安全管理规定》列举了单位开展防火检查的12项内容，实践中开展防火检查的具体内容应根据单位实际情况和检查的组织形式灵活确定。重点是掌握每项防火检查内容的具体检查项目。

消防安全检查实施手段是检查的具体措施，主要有询问了解、查阅资料、实地查看、仪器检测、现场检验。检查手段选取正确与否，直接关系到检查的效果，应重点掌握每种防火检查手段使用的检查内容和注意事项。

本章学习难点：消防安全检查表分析法的应用；单位定期防火检查的组织流程。

消防安全检查表分析法是安全检查中常用的基本方法。应熟悉消防安全检查表形式和分类，并根据防火检查内容的需要编制和应用消防安全检查表，其中消防安全检查表的编制是该方法的核心和难点。

定期防火检查是单位开展防火检查的常见形式之一，其组织实施流程具有代表性，熟悉该检查流程也就能举一反三组织其他形式的防火检查。

第六章 火灾隐患认定与整改

一、学习目的与要求

通过本章学习，重点掌握火灾隐患的含义和分级，深入理解火灾隐患的整改措施和要求，熟悉火灾隐患认定的方法和重大火灾隐患判定。

二、课程内容

第一节 火灾隐患认定

一、火灾隐患的含义和特征

二、火灾隐患的分级

三、火灾隐患的认定方法

四、重大火灾隐患判定

第二节 火灾隐患整改

一、单位火灾隐患整改措施

二、监管部门督促火灾隐患整改措施

三、火灾隐患整改的程序

四、火灾隐患整改的要求

三、考核知识点与考核要求

（一）火灾隐患认定

识记：①火灾隐患的含义；②火灾隐患的特征。

领会：火灾隐患的分级。

应用：①能够准确查找和认定火灾隐患；②能够判断是否构成重大火灾隐患。

（二）火灾隐患整改

领会：①监管部门督促火灾隐患整改措施；②火灾隐患整改的要求。

应用：能够采取有效措施，组织实施火灾隐患整改。

四、本章学习重点、难点

本章学习重点：火灾隐患的含义；火灾隐患的分级；火灾隐患整改的措施。

火灾隐患的含义是认定火灾隐患的基础。火灾隐患主要表现为三个方面，火灾隐患具有隐蔽性、综合性和动态性，应重点理解。

根据引发火灾的可能性大小和可能造成的危害程度的不同，火灾隐患可分为一般火灾隐患和重大火灾隐患。火灾隐患的分级的目的是为了采取区别措施，加强重点管理。

火灾隐患整改的措施包括单位自身整改火灾隐患的措施和监管部门督促火灾隐患整改措施两个方面，其中单位自身整改火灾隐患的措施有三个方面，监管部门督促火灾隐患整改的措施有五个方面。这些整改措施之间并非孤立的，而是相互联系的。

本章学习难点：火灾隐患的认定。

火灾隐患的认定包括火灾隐患的识别和重大火灾隐患的判定。其中火灾隐患的识别是判定重大火灾隐患的基础。也就是说，判断某客观状态是否构成重大火灾隐患，首先应根据火灾隐患认定的三种方法识别是否构成火灾隐患，而后再根据重大火灾隐患判定的直接判定法或综合判定法进行判定。

第七章 消防安全重点管理

一、学习目的与要求

通过本章学习，重点掌握消防安全重点管理的概念、消防安全重点单位管理和重点部位管理的要求，深入理解消防安全重点管理的内涵及具体应用的思路，熟悉消防安全重点工种、动火作业管理的相关概念和管理要求。

二、课程内容

第一节 消防安全重点单位管理
一、消防安全重点单位的概念
二、消防安全重点单位的界定
三、消防安全重点单位的管理要求

第二节 消防安全重点部位管理
一、消防安全重点部位的概念
二、消防安全重点部位的确定
三、消防安全重点部位的管理要求

第三节 消防安全重点工种管理
一、消防安全重点工种的概念
二、消防安全重点工种的火灾危险性
三、消防安全重点工种的分级
四、消防安全重点工种的管理要求
五、常见重点工种岗位人员消防安全职责

第四节 动火作业消防安全管理
一、动火作业的概念
二、动火作业的分级
三、动火作业的消防安全管理要求
四、动火作业相关人员的职责
五、"动火证"的管理

三、考核知识点与考核要求

（一）消防安全重点单位管理

识记：消防安全重点单位的概念。

领会：消防安全重点单位的管理要求。

应用：能够制定消防安全重点单位消防安全相关制度。

（二）消防安全重点部位管理

识记：①消防安全重点部位的概念；②消防安全重点部位的确定。

领会：消防安全重点部位管理的要求。

应用：能够正确判定给定单位的消防安全重点部位。

（三）消防安全重点工种管理

识记：①消防安全重点工种的概念；②消防安全重点工种的火灾危险性。

领会：消防控制室操作人员的消防管理要求。
应用：能够根据给定工种制定相关消防安全管理制度。
（四）动火作业消防安全管理
识记：动火作业的概念。
领会：动火作业的消防安全管理要求。
应用：能够根据给定动火作业情形确定现场消防安全管理措施。

四、本章学习重点、难点

本章学习重点：消防安全重点单位的管理要求；消防安全重点部位的管理要求。

消防安全重点单位的管理要求。依据《消防法》和《单位消防安全管理规定》，消防安全重点单位除了要履行一般单位的消防安全职责外，还要履行消防安全专门职责。总结归纳后，重点单位应主要从以下几个方面履行消防安全职责，加强消防安全管理：①确定消防安全责任人、管理人和归口管理部门；②建立消防档案；③实行每日防火巡查；④按要求进行防火检查；⑤做好消防设施、器材的维护保养；⑥及时整改火灾隐患；⑦须按要求对员工进行消防安全宣传教育和培训；⑧制定灭火和应急疏散预案；⑨组织消防演练。

消防安全重点部位的管理要求：①确定重点部位并设置明显标志；②建立相关制度；③建立火灾应急预案；④配备消防设施和器材；⑤严格人员管理；⑥做好防火检查、巡查；⑦实行动态管理。

本章学习难点：消防安全重点单位管理的要求。

消防安全重点单位管理的要求看起来虽然条理清晰，但每一条都内容丰富，需要加以分析和深入理解，掌握起来具有一定的难度。学习中可借鉴《消防法》和相关法律、法规对单位消防安全职责的相关规定。

第八章　消防安全法律责任

一、学习目的与要求

通过本章学习，重点掌握消防违法行为及其行政处罚，深入理解消防安全法律责任及其相关概念，熟悉消防刑事责任的相关内容。

二、课程内容

第一节　消防安全法律责任概述
一、消防安全法律责任的构成要件
二、消防安全法律责任的主要形式
第二节　消防行政责任
一、消防行政责任的分类
二、消防违法行为及其行政处罚
第三节　消防刑事责任
一、消防刑事责任的犯罪构成要件
二、消防刑罚的种类
三、消防刑事责任主要内容

三、考核知识点与考核要求

（一）消防安全法律责任概述

识记：消防安全法律责任的主要形式。
领会：消防安全法律责任的构成要件。
（二）消防行政责任
识记：①消防行政责任的分类；②消防行政处分的种类；③消防行政处罚的种类。
领会：消防违法行为及其行政处罚。
应用：能够正确判定消防违法行为及其行政处罚。
（三）消防刑事责任
识记：①消防刑事责任的犯罪构成要件（概念）；②除失火罪和消防责任事故罪外其他列举罪名的概念、犯罪构成和刑罚。
领会：失火罪和消防责任事故罪的犯罪构成。
应用：能够根据案情正确判定失火罪和消防责任事故罪。

四、本章学习重点、难点

本章学习重点：消防违法行为；消防行政处罚；失火罪；消防责任事故罪。

1）消防违法行为。消防违法行为是指违反《消防法》的规定，应当承担法律责任的行为。

2）消防行政处罚。消防行政处罚是指消防行政主体为维护公共消防安全，依法对违反消防法律、法规而尚未构成犯罪的行政相对人实施的一种法律制裁措施。

3）失火罪。失火罪是指由于行为人的过失引起火灾，造成严重后果，危害公共安全的行为。

4）消防责任事故。消防责任事故罪是指违反消防管理法规，经消防监督机构通知采取改正措施而拒绝执行，造成严重后果的行为。

本章学习难点：消防违法行为及其消防行政处罚。

《消防法》中对消防违法行为及其行政处罚作出了具体的规定，但由于内容较多，不易掌握。本章将其归类为九个方面，方便记忆和理解，可对照《消防法》法律责任一章的条文进行学习。

第九章 单位火灾事故管理

一、学习目的与要求

通过本章学习，熟练掌握单位常见火灾事故原因和火灾防控措施；掌握火灾报警、初起火灾扑救、火场疏散逃生方法，确保火灾时能正确报警、正确使用灭火工具实施火灾扑救和控制，及时、有效地疏散人员和物资。

二、课程内容

第一节 单位火灾事故防控与战勤准备
一、火灾事故等级分类
二、火灾事故原因分析
三、单位火灾事故防控措施
四、单位火灾事故防控的执勤与战备
第二节 单位火灾事故应急处置
一、报告火警

二、扑救初起火灾

三、安全疏散

第三节　火灾事故调查

一、火灾事故调查的任务、目的与原则

二、火灾事故调查的管辖

三、火灾事故调查的简易程序

四、火灾事故调查的一般程序

五、公安机关消防机构火灾事故调查的处理

六、火灾事故调查中起火单位的职责

第四节　火灾事故处理

一、火灾事故责任认定

二、火灾事故责任追究

三、火灾事故处理中起火单位的职责

第五节　火灾事故统计

一、火灾统计的基本任务

二、公安部门火灾统计的分工与要求

三、公安部门火灾统计的范围和内容

四、起火单位的火灾统计管理

三、考核知识点与考核要求

（一）单位火灾事故防控与战勤准备

识记：火灾事故等级分类。

领会：单位火灾事故防控的执勤与战备。

应用：①火灾事故原因分析；②单位火灾事故防控措施。

（二）单位火灾事故应急处置

识记：初起火灾扑救的指挥要点。

领会：初起火灾扑救的基本作战原则。

应用：①单位火灾时的报警对象、方法和内容；②火场中人员疏散方法、急于疏散的物资范围和要求。

（三）火灾事故调查

识记：火灾事故调查的任务、目的和原则。

领会：①公安机关消防机构火灾事故调查的管辖分工；②火灾事故调查的简易和一般程序；③火灾事故调查的处理。

应用：火灾事故调查中起火单位的职责。

（四）火灾事故处理

识记：火灾事故责任追究。

领会：火灾事故责任分类及责任认定程序。

应用：火灾事故处理中起火单位的职责。

（五）火灾事故统计

识记：①公安部门火灾统计的分工与要求；②公安部门火灾统计的范围和内容。

领会：火灾统计的基本任务。

应用：起火单位的火灾统计管理。

四、本章学习重点、难点

本章学习重点：火灾事故等级分类；单位常见的火灾防控措施；火灾事故调查与处理过程中起火单位的职责。

1）火灾事故等级分类：按照损失严重程度火灾事故分为特别重大火灾事故、重大火灾事故、较大火灾事故和一般火灾事故四个等级。

2）单位常见的火灾防控措施主要包括三个方面：①技术措施；②管理措施；③教育措施。

3）火灾事故调查中起火单位的职责：①保护火灾现场；②组织安排调查访问对象；③提供有关文件资料；④统计财产损失和伤亡情况。

4）火灾事故处理中起火单位的职责：①查清火灾事故原因；②处理有关责任人员；③制定落实整改措施；④吸取经验教训。

本章学习难点：单位火灾事故时应急处置工作的主要内容；起火单位的火灾统计。

1）单位火灾事故时应急处置工作的主要内容包括：及时报警、初起火灾扑救、安全疏散三个方面。

2）起火单位火灾统计应按要求统计如下内容：①火灾基本情况；②火灾原因分析；③火灾损失统计；④总结经验教训，制定防控措施。

第十章 单位消防安全管理基础建设

一、学习目的与要求

通过本章学习，要求学员重在掌握各项基础建设的具体内容，能够熟悉制度、预案、档案、文化建设的程序和方法，实践中，能借助程序和方法，结合具体内容，实现单位消防安全基础建设，为提升单位消防安全管理水平奠定基础。

二、课程内容

第一节 单位消防安全制度建设

一、单位消防安全制度的分类

二、单位消防安全责任制度的制定与落实

三、单位消防安全管理制度与消防安全操作规程的制定

第二节 单位灭火和应急疏散预案的制定与演练

一、灭火和应急疏散预案的功能与特点

二、灭火和应急疏散预案的制定

三、灭火和应急疏散预案的演练

第三节 单位消防档案建设

一、消防档案的作用与格式

二、消防档案的内容

三、消防档案的建设

四、消防档案的管理

第四节 单位消防安全文化建设

一、消防安全文化的基本概念
二、消防安全文化的功能
三、消防安全文化与教育的关系
四、消防安全文化的形态与建设内容
五、消防安全文化建设的模式与手段

三、考核知识点与考核要求

（一）单位消防安全制度建设

识记：单位消防安全制度的分类。

领会：①建立和落实消防安全责任制度的措施；②消防安全管理制度和操作规程的制定要求。

应用：①消防安全责任制度的种类和内容；②消防安全管理制度的种类与内容；③消防安全操作规程的种类与内容。

（二）单位灭火和应急疏散预案的制定与演练

识记：灭火和应急疏散预案的功能与特点。

领会：灭火和应急疏散预案的制定与演练要求。

应用：①预案制定的程序和内容；②预案演练的程序及实施阶段。

（三）单位消防档案建设

识记：消防档案的作用于格式。

领会：消防档案的内容。

应用：消防档案的建设与管理。

（四）单位消防安全文化建设

识记：①消防安全文化的基本概念；②消防安全文化的功能；③消防安全文化与教育的关系。

领会：消防安全文化的形态与建设内容。

应用：消防安全文化的模式和手段。

四、本章学习重点、难点

本章学习重点：单位消防安全制度的种类与内容；单位灭火和应急疏散预案的内容；单位消防档案的基本内容；消防安全文化的形态。

1）单位消防安全制度分为消防安全责任制度、消防安全管理制度以及消防安全操作规程三类。各种制度根据其约束对象，结合教材内容确定其具体的建设内容。

2）单位灭火和应急疏散预案的内容包括：设置各种灭火、应急组织机构；建立各种应急处置程序，如报警接警程序、疏散组织程序、初起火灾扑救程序、通信联络以及安全防护救护的程序。

3）单位消防档案建设的基本内容包括：消防安全基本情况和消防安全管理情况两个方面。消防安全基本情况主要是指单位消防安全的各类基本信息，如单位基本概况和消防安全重点部位情况、消防管理组织机构和各级消防安全责任人、各项消防安全制度等。消防安全管理情况主要是用以体现单位日常消防安全管理工作的各种记录，如防火检查、巡查记录，火灾隐患整改记录等。

4）消防安全文化表现为：消防安全观念文化、消防安全行为文化、消防安全制度文化和消防安全物态文化四种形态。

本章学习难点：灭火和应急疏散预案的演练程序和要求；单位消防档案建设的基本步骤及各步骤的具体内容；消防安全文化建设的模式与手段

1）灭火和应急疏散预案的演练程序分为两步：①预案演练的准备阶段；②预案演练的实施阶段。每个阶段都有具体的工作分工，并按演练要求进行。

2）单位消防档案建设通常分四个步骤：①档案材料的收集；②档案材料鉴定；③材料整理与立卷；④制作索引并登记存档。各个阶段根据需要，选择恰当的方法，完成相应的工作内容。

3）消防安全文化建设的模式设计为十大类，分别是：消防安全宣传模式、消防安全教育模式、消防安全管理模式、消防安全科技模式、消防安全检查模式、消防安全演习模式、消防安全报告模式、消防安全竞赛模式、消防安全总结表彰模式以及其他消防安全日常活动模式。消防安全文化建设的手段主要有：管理手段、行政手段、科技手段、经济手段、法治手段和教育手段六种。

Ⅳ. 关于大纲的说明与考核实施要求

一、自学考试大纲的目的和作用

"消防安全管理学"自学考试大纲是根据专业自学考试计划的要求，结合自学考试的特点而确定的。其目的是对个人自学、社会助学和课程考试命题进行指导和规定。

"消防安全管理学"自学考试大纲明确了课程学习的内容以及深度、广度，规定了课程自学考试的范围和标准。因此，它是编写自学考试教材和辅导书的依据，是社会助学组织进行自学辅导的依据，是自学者学习教材、掌握课程内容知识范围和程度的依据，也是进行自学考试命题的依据。

二、课程自学考试大纲与教材的关系

"消防安全管理学"自学考试大纲是进行学习和考核的依据，教材是学习掌握课程知识的基本内容与范围，教材的内容是大纲所规定的课程知识和内容的扩展与发挥。

三、关于自学教材

《消防安全管理学》，全国高等教育自学考试指导委员会组编，黄金印主编，机械工业出版社出版，2014年版。

四、关于自学要求和自学方法的指导

本大纲的课程基本要求是依据专业考试计划和专业培养目标而确定的。课程基本要求还明确了课程的基本内容，以及对基本内容掌握的程度。基本要求中的知识点构成了课程内容的主体部分。

为了有效地指导个人自学和社会助学，本大纲已指明了课程的重点和难点，在章节的基本要求中也指明了章节内容的重点和难点。

本课程共 6 学分（包括实践 1 学分。"实践性环节考核实施方案"见本大纲第Ⅵ部分）。

五、对社会助学的要求

（一）帮助自学者掌握本课程的重点内容，形成系统的知识体系

助学者在辅导时帮助自学者掌握全部考核知识点的内容，按照学习目标和考核目标中的

不同层次要求对章节的重点内容进行梳理和讲解，对难点问题进行细致分析。

（二）注意培养自学者的应用能力

"消防安全管理学"是一门应用性、实践性很强的课程，助学者在帮助自学者掌握课程重点内容的基础上，应强调理论联系实际，通过案例引入等方法提高自学者的学习兴趣，并注重知识点在消防安全管理工作中的具体应用，帮助自学者进行案例分析以便深入理解课程内容，从而提高从业人员消防安全管理的能力。

六、对考核内容的说明

本课程要求考生学习和掌握的知识点内容都作为考核的内容。课程中各章的内容均由若干知识点组成，在自学考试中成为考核知识点。因此，课程自学考试大纲中所规定的考试内容是以分解为考核知识点的方式给出的。由于各知识点在课程中的地位、作用以及知识自身的特点不同，自学考试对各知识点分别按三个认知层次确定其考核要求。

七、关于考试命题的若干规定

1）本课程为闭卷笔试。满分为100分，60分为及格线。考试时间为150分钟。除规定用笔外，不需要携带其他工具。

2）本大纲各章所规定的基本要求、知识点及知识点下的知识细目，都属于考核的内容。考试命题既要覆盖到章，又要避免面面俱到；要注意突出课程的重点、章节重点，加大重点内容的覆盖度。

3）命题不应有超出大纲中考核知识点范围的题目，考核目标不得高于大纲中所规定的相应的最高能力层次要求。命题应着重考核自学者对基本概念、基本知识和基本理论是否了解或掌握，对基本方法是否会用或熟练。不应出与基本要求不符的偏题或怪题。

4）本课程在试卷中对不同能力层次要求的分数比例大致为：识记占30%，领会占30%，应用占40%。

5）要合理安排试题的难易程度，试题的难度可分为：易、较易、较难和难四个等级。每份试卷中不同难度试题的分数比例一般为：2:3:3:2。

必须注意试题的难易程度与能力层次有一定的联系，但二者不是等同的概念。在各个能力层次中对于不同的考试都存在着不同的难度。

6）课程考试命题的主要题型一般有单项选择题、简答题、分析论述题、案例分析题等题型。各种题型的具体形式，可参见本大纲第Ⅴ部分。

Ⅴ. 题型举例

一、单项选择题（下面每题的选项中只有一个符合题目的要求，请将其选出并将代码填写在题后的括号内，错选、多选或未选均不得分）

1. 单位组织一定的人力在一定区域内巡回观察重点部位、重点地区及周围的各种消防情况，发现、纠正和处理各种火险隐患和各种违法违规行为，属于（   ）。

　　A. 定期检查　　　　　　　B. 消防监督检查
　　C. 专项检查　　　　　　　D. 防火巡查

2. 以下关于灭火和应急疏散预案描述，正确的是（   ）。

　　A. 所有单位必须制定灭火和应急疏散预案

B. 消防安全重点单位应每年按照预案组织一次演练
C. 预案演练时，为了达到效果事先不能告知演练范围的人员
D. 演练结束后要根据发现的问题进一步完善预案

二、简答题

1. 消防安全教育与培训的主体有哪些？
2. 消防监督检查与单位的防火检查有哪些区别？

三、分析论述题

1. 假设你为总公司的消防安全管理人，请你组织实施对所属分公司的一次冬季防火检查工作，应如何组织和实施？
2. 论述火灾事故调查中起火单位的职责。

四、案例分析题

案例：某汽车总装厂房结构为单层，按照戊类火灾危险性进行耐火等级设计建造，柱和屋顶承重构件为燃烧体材料，建筑面积 50000m^2，总装厂房中油漆工段占地面积 7000m^2，设有自动报警和自动喷水灭火系统。

问：（1）分析判断该汽车总装厂房是否存在火灾隐患？为什么？
（2）如果存在火灾隐患，可以采取哪些措施，如何组织整改？

Ⅵ. 消防安全管理学（实践）考核实施方案

一、教学考核目的

通过本课程的实践，使考生了解消防安全疏散设施的基本内容，掌握检查消防安全疏散设施的基本方法，提高消防安全管理水平，初步具备判断和处理相关消防安全问题的能力。

二、教学考核内容

对某单位的车间、办公场所、员工宿舍、食堂等场所的消防安全疏散设施进行检查。

三、考核方式

考生自行选择某一单位，根据所学消防安全管理的内容和方法，利用一周时间，对其车间、办公场所、员工宿舍、食堂等场所的消防安全疏散设施进行检查，并根据实践内容，撰写消防安全检查报告。

四、考核标准

考生上交一份消防安全检查报告，要求内容完整、准确，条理清楚，层次分明。

消防安全检查报告依据如下标准进行评分。满分为100分，60分为及格线。

消防安全管理学（实践）考核标准

序号	内　　容	分数/分
1	被检查单位(或部位)名称及基本情况	10
2	安全出口数量与状况,疏散通道状况,应急照明、疏散指示标志数量与状况等	40
3	根据所学知识判定所检查对象是否存在火灾隐患,并说明理由。若存在火灾隐患,提出对火灾隐患的处理建议	40
4	报告结论判定正确,文字流畅,字数不少于1000字	10

后 记

本大纲是根据全国高等教育自学考试指导委员会电子电工与信息类专业委员会制定的《高等教育自学考试消防工程专业（独立本科段）考试计划》和全国高等教育自学考试指导委员会《关于修订高等教育自学考试课程自学考试大纲的几点意见》的精神制定的。

本大纲提出初稿后，曾聘请专家通审，并由电子电工与信息类专业委员会在廊坊组织召开审稿会进行审稿，根据审稿意见由编者作了修改，最后由电子电工与信息类专业委员会定稿。

本大纲由黄金印、岳庚吉负责编写。参加审稿并提出修改意见的有王增华高级工程师（西藏公安消防总队，主审）、屈震高级工程师（郑州公安消防支队）、傅智敏教授（中国人民武装警察部队学院）。

对参与本大纲编写和审稿的各位专家表示感谢。

全国高等教育自学考试指导委员会
电子电工与信息类专业委员会
2014 年 1 月

全国高等教育自学考试指定教材
消防工程专业（独立本科段）

消防安全管理学

全国高等教育自学考试指导委员会　组编

编者的话

消防安全与人们生产、生活的各个方面息息相关。大量的火灾事故表明，消防安全管理工作不到位是造成火灾发生的主要原因之一。只有加强消防安全管理，才能进一步强化人们的消防安全意识，促进各项消防安全规章制度的落实，调动各部门、各单位和广大群众做好消防安全工作的积极性，提高整体抗御火灾的能力，达到预防火灾和减少火灾危害、保护人身和财产安全、维护公共安全的目的。

"消防安全管理学"是全国高等教育自学考试消防工程专业（独立本科段）的核心课程之一。为了配合该课程自学考试的需要，编写了《消防安全管理学》本书。在本书的编写过程中，以国家现行的相关消防法律、法规、规章为基础，充分吸收本学科领域最新相关研究成果，密切结合消防安全管理工作实际，注重增强本书的可读性、先进性、实用性和可操作性。本书内容主要包括：绪论；消防安全管理理论与方法；消防安全管理职责；消防安全宣传教育与培训；消防安全检查；火灾隐患认定与整改；消防安全重点管理；消防安全法律责任；单位火灾事故管理；单位消防安全管理基础建设。

本书由中国人民武装警察部队学院黄金印教授任主编，中国人民武装警察部队学院岳庚吉编审任副主编。编写工作具体分工是：高冲（河北省秦皇岛市公安消防支队）负责编写第一章第一节，第二章；高维娜（公安部消防局）负责编写第一章第二节，第十章；赵秀雯（中国人民武装警察部队学院）负责编写第一章第三～五节，第九章；岳庚吉负责编写第三章，第七章第二～四节；韩海云（中国人民武装警察部队学院）负责编写第四、六章；黄金印负责编写第五章；孙斌（中国人民武装警察部队学院）负责编写第七章第一节，第八章。

本书在编写过程中，参阅了同行们的文献资料，谨在此深表谢意。

由于我们水平有限，书中不足之处在所难免，敬请广大读者批评指正。

编　者
2014 年 1 月

第一章 绪　　论

学习目标

1. 应了解、知道的内容
◇ 消防安全管理的特征。
◇ 消防安全管理的指导思想。
◇ 我国消防安全管理的发展历程。
2. 应理解、清楚的内容
◇ 消防安全管理的基本概念。
◇ 消防安全管理的对象范围。
3. 应掌握、会用的内容
◇ 消防安全管理的主体范围。
◇ 消防安全管理的客体范围。
◇ 消防安全管理的依据。
4. 应熟练掌握的内容
◇ 消防安全管理的方针。
◇ 消防安全管理的基本原则。

自学时数　6学时。

老师导学

本章首先介绍了消防安全管理的方针、原则与指导思想，阐述了消防安全管理的基本要素，包括消防安全管理主体、客体及对象的概念及范围，在此基础上，重点介绍了消防安全管理的依据。通过本章学习，要求学员熟悉和了解消防安全管理的基本概念，掌握消防安全管理的方针、原则、主体、客体以及管理中常用的消防法律依据，为之后各章节的学习奠定学科基础。

古人云："火善用之为福，不善用之为祸。"自从人类发现火并开始使用火之后，对火的正确使用和管理问题就摆在了人类的面前，且随着人类文明和科学技术的进步与发展，对火的管理要求也越来越高。加强全民消防安全素质教育，培养更多合格的消防安全管理人员，使其在各领域积极推行近似专业的消防安全管理，最大程度地研究"善用火"的方法和措施，消除"不善用之"的行为，对确保经济社会发展过程中各领域的消防安全有重要的现实意义。

第一节　消防安全管理的方针、原则与指导思想

消防安全管理，简称消防管理。其含义包括涉及火灾预防和扑救的各有关事项，即指遵循火灾发生、发展规律及社会经济发展的规律，运用管理科学的原理和方法，为实现消防安

全目标所进行的各种活动的总和。

消防安全管理包含消防行政主管部门及其他消防监督管理主体实施的消防监督管理和社会单位消防安全自我管理两部分。

一、消防安全管理的方针

消防安全管理作为消防工作的主要内容,其方针服从于现行《中华人民共和国消防法》(以下简称《消防法》)规定的消防工作方针,即"预防为主,防消结合"。该方针科学、准确地表达了"防"和"消"的辩证关系,反映了人类同火灾作斗争的客观规律,体现了我国消防安全管理的特色。

"预防为主",就是要求消防安全管理立足于防患于未然,把预防火灾放在首位,积极贯彻落实各项防火措施,力求防止火灾的发生,实现本质安全。无数事实证明,只要人们有较强的消防安全意识,自觉遵守、执行消防法律、法规、规章以及消防技术规范,大多数的火灾是可以预防的。因此,消防安全管理的首要任务是加强消防安全文化建设,营造消防安全氛围,通过消防安全教育与培训,提高全民消防安全意识和素质。

"防消结合",是要求把同火灾作斗争的两个基本手段——防范和处置有机地结合起来。因为,通过预防虽然可以防止大多数火灾的发生,但绝对杜绝火灾发生是不可能的,也是不现实的。而且随着科学技术的发展,新材料、新产品、新工艺不断出现,火灾不但不能杜绝,反而随着经济的发展而有所增加。所以,在做好预防火灾的同时,消防安全管理中必须切实做好扑救火灾的各项准备工作,一旦发生火灾,做到能够及时发现、有效扑救,最大限度地减少人员伤亡和财产损失。

防火和灭火是一个问题的两个方面,是辩证统一、相辅相成、有机结合的整体。

二、消防安全管理的基本原则

消防安全管理的基本原则是贯穿于消防安全管理中的基本准则和内在精神,是各管理主体在消防安全管理过程中应当遵循的准则。结合消防安全管理实践和《消防法》中关于我国消防工作基本原则的规定,消防安全管理的基本原则主要包括:方向性原则、法制性原则、责任性原则、社会化原则、科学性原则和综合治理原则。

(一) 方向性原则

社会消防安全管理的总体目标是:预防火灾和减少火灾危害,保护人身、财产安全,维护公共安全,保障社会经济协调健康发展,为实现全面构建社会主义和谐社会的目标提供安全保障。消防安全管理的方向性原则是指为了达到全社会消防安全管理的总体目标,在政策上和业务上应该遵循的指导方针。

1. 政策上的方向性原则

消防安全是公共安全的重要组成部分,关系改革发展稳定大局,关系人民群众安居乐业。大力提升消防安全管理水平,是构建社会主义和谐社会的内在要求,是全社会共同的责任和义务。

2. 业务上的方向性原则

业务上的方向性原则是指坚持"预防为主,防消结合"的消防工作方针。在消防工作中,要把火灾预防放在首位,积极贯彻落实各项防火措施,力求防止火灾的发生。要求在千方百计预防火灾的同时，切实做好扑救火灾的各项准备工作，一旦发生火灾，能够及时发现、有效扑救，最大限度地减少人员伤亡和财产损失。

（二）法制性原则

法制性原则，又称依法管理原则，是指消防安全管理应当依照法律、法规的规定进行，防止随意性。消防监督执法部门依法行政，按照法律赋予的职责和权限实施消防安全监督检查，及时发现和纠正消防安全违法行为，从专业角度实施对社会的消防安全监督管理。机关、团体、企事业单位在消防安全管理中既是主体也是客体，当其作为主体实施消防安全管理时，应认真履行法律职责，如建立健全单位的消防安全管理制度，落实消防安全责任；加强消防设备设施建设，定期维护保养；加强员工消防安全教育与培训，提高其消防安全综合素质。当其作为客体接受执法部门消防安全监管时，应认真履行法定义务，按法律、法规的要求整改火灾隐患。

综上所述，法制性原则要求各级消防安全管理主体和相对人都能做到"有法可依、有章可循"和"有法必依，执法必严，违法必究"，使消防安全管理走上法制化轨道。

（三）责任性原则

责任性原则是指所有的责任主体和责任人都应当为自己职权范围内的事务承担责任。《消防法》明确规定，消防工作实行"消防安全责任制"。《机关、团体、企业、事业单位消防安全管理规定》（公安部令第61号）（以下简称《单位消防安全管理规定》）第4条规定，法人单位的法定代表人或非法人单位的主要负责人是本单位的消防安全责任人，对本单位的消防安全工作全面负责。规定体现了消防安全管理的责任性原则。

消防安全管理实践中，责任性原则具体体现在"谁主管、谁负责；谁在岗、谁负责"的责任追究制度上。该制度的含义是指谁主管该项工作，谁就对该项工作中的消防安全工作负责；谁在工作岗位上，谁就对岗位上的消防安全工作负责。换言之，一个地区出了问题，就要追究该地区领导者的责任；一个部门出了问题，就要追究该部门领导者的责任；一个岗位出了问题，就要追究该岗位职工的责任。总之，"谁"负责的地区、部门、单位出了问题，"谁"就要对此负责；"谁"在工作岗位上出了问题，"谁"就要对此负责。通过贯彻"谁主管、谁负责；谁在岗、谁负责"的责任制度，可以促使各地区、各部门、各单位、各岗位充分发挥职能作用，自觉做好分内的消防安全管理工作，共同维护好社会消防安全。

（四）社会化原则

社会消防安全整体水平的高低取决于社会全体成员对消防工作的重视程度和参与管理的积极性，这一特点决定了消防安全管理必须实行社会化原则。消防安全管理是一项综合性的工作，需要政府及其职能部门的配合与协调，需要社会各界的广泛积极参与。因此，《消防法》第2条规定，消防工作实行"政府统一领导、部门依法监管、单位全面负责、公民积极参与"的原则，充分体现了我国消防工作社会化格局的发展要求。

（五）科学性原则

科学性原则要求消防安全管理在遵循客观规律的前提下，运用管理科学的理论和方法，结合消防安全特点实施有效管理，高效管理。首先，消防安全管理必须遵循火灾发生、发展的规律；火灾发生的因素随着经济的发展、生产技术领域的扩大和物质生活的提高而增加的规律；火灾成因与人们心理和行为相关的规律；火灾发生与行业、季节、时间相关的规律等。其次，消防安全管理要学习和运用管理科学的理论和方法，结合实践经验，采用现代化的技术手段和管理手段，提高工作效率和管理水平，取得最佳的管理效果。

（六）综合治理原则

消防安全管理在其管理主体、管理手段、管理内容上均表现出较强的综合性质。首先，在消防安全管理主体上，要求充分发挥各级政府、政府各部门、公安机关消防机构、社会各单位的作用，广泛发动和依靠群众积极参与消防工作的治理，形成齐抓共管的局面。其次，在消防安全管理手段上，要求治理火灾隐患时不仅要用法律手段，还要运用行政、经济、技术等手段，多管齐下，全面彻底消除火灾隐患。最后，在消防安全管理内容上，要把消防安全宣传、消防安全检查、火灾隐患整改、消防设施改善、消防演练等任务有机地结合起来。

三、消防安全管理的指导思想

消防安全管理的指导思想是"以人为本"。因为，消防安全管理的最终目的是保护人的生命安全和财产安全，所以在开展消防安全管理工作中，必须贯彻"以人为本"的思想和理念。具体在消防安全管理工作中应当从以下四个方面体现：

（一）在发展经济与保障安全的关系上，要把安全放在第一位

发展经济是人民生活的需要、社会发展的需要、国防建设的需要。但发展经济不能是盲目发展、掠夺性发展和只重视眼前利益的发展，更不能是以牺牲人民生命、健康为代价换取的一时经济发展。消防安全的目的是保护经济持续健康发展，保护公民的生命安全。所以，发展经济必须保证消防安全，这是由消防安全管理的重要地位和作用所决定的。

首先，全面、协调和可持续发展离不开消防安全。有效保护人民群众在经济社会发展活动中的生命财产安全，是全面、协调、可持续发展的基础和前提。

其次，人民生命安全能否得到切实保障是衡量社会进步的重要标志之一。一起特大火灾事故发生，不仅会造成人员的伤亡、经济的损失，而且会在社会上产生恶劣影响。因此，切实解决好消防安全问题，防止火灾事故的发生，切实保障人民的生命、财产安全，改善人民的生存质量和作业环境，是消防安全管理的基本任务。

最后，消防安全管理坚持"以人为本"，就是把人的生命、健康作为一切事务的本源。不能离开人的生命、安全和健康去片面地谈发展，更不能以牺牲人的生命、健康和长远利益去换取所谓的发展。在消防安全管理过程中，始终坚持"安全第一"，用科学的发展观推动消防安全管理更快、更好地发展。

（二）在消防安全教育上，要把提高公民的消防安全意识和素质放在第一位

提高全民的消防安全意识，形成全社会广泛"关注消防、珍爱生命"的良好氛围，是消防安全管理的目的和基础。消防安全管理中坚持"以人为本"，一方面，要把保护人的生命安全作为我们工作的出发点和落脚点；另一方面，要在提高人的消防安全意识、消防能力素质上狠下功夫。

（三）在采取的消防安全措施上，要把保护人的生命放在第一位

"以人为本"的指导思想要求在消防安全管理中始终贯彻"生命至上"原则，教育管理有关部门和单位在防火和灭火工作中，对一旦发生火灾可能造成人员伤亡的危险部位采取更加严密的防火措施；对易燃易爆重大危险源，人员密集场所，作为消防安全重点单位加强日常监管；对安全疏散通道、安全出口、应急照明以及防烟排烟等保证人员安全疏散的措施，要严格把关，确保落实。

（四）在采取的灭火救援战术和技术措施上，坚持"救人第一、科学施救"的原则

在灭火救援战术上，要把抢救和保护人的生命放在第一位，坚持"救人第一、科学施救"的原则。具体来讲，在火场上如果有人受到火势威胁，消防队员的首要任务就是把被火围困的人员抢救出来，绝不能因灭火而贻误救人时机。人未救出之前，灭火是为了打开救人通道或减弱火势对被困人员的威胁程度，从而更好地为救人脱险、及时扑灭火灾创造条件。

第二节 消防安全管理的主体、客体与对象

消防安全管理的主体、客体和对象是消防安全管理的三个基本要素。其中，消防安全管理主体研究的是"谁来管"的问题，消防安全管理客体研究的是"管谁"的问题，而消防安全管理对象研究的是"管什么"的问题。

一、消防安全管理的主体

消防安全管理的主体是指负有消防安全管理职责的组织。由于消防安全管理涉及全社会所有的消防安全事务，所以消防安全管理主体是多元的和多层次的。其主要包括：

（一）人民政府

《消防法》第3条规定，国务院领导全国的消防工作，地方各级人民政府负责本行政区域内的消防工作。这表明各级人民政府是消防安全管理的主体。此外，《消防法》第70条第5款规定，责令停产停业，对经济和社会生活影响较大的，由公安机关消防机构提出意见，并由公安机关报请本级人民政府决定。由此可见，各级人民政府还是具有执法权的监督管理主体。

（二）公安机关

公安机关是我国的行政机关，负责包括消防安全在内的公共安全事务的管理，依法行使国家公安行政执法权。我国公安机关按照从中央到地方的设置，分为公安部、公安厅（局）、公安处（局）、公安局（分局）和公安派出所。此外，铁路、交通、民航、林业部门中也设立了相应的公安机关。虽然具体的消防监督管理通常由公安机关消防机构实施，但对于特定的消防行政执法权限仍然由公安机关实施，如《消防法》第70条规定："本法规定的行政处罚，除本法另有规定的外，由公安机关消防机构决定；其中拘留处罚由县级以上公安机关依照《中华人民共和国治安管理处罚法》的有关规定决定。"此外，《消防法》第53条规定："公安派出所可以负责日常消防监督检查，开展消防宣传教育，具体办法由国务院公安部门规定。"《消防监督检查规定》（公安部令第120号）第四章对公安派出所如何开展日常消防监督检查和监督检查的具体内容和方式作出了明确规定。由此可以看出，各级公安机关是消防安全管理主体，且属于具有执法权的消防监督管理主体。

（三）公安机关消防机构

公安机关消防机构是公安机关设立的职能部门之一，是公安机关内部专门行使消防监督管理权的部门，根据法律授权可以以自己的名义独立执法。《消防法》第4条规定："国务院公安部门对全国的消防工作实施监督管理。县级以上地方人民政府公安机关对本行政区域内的消防工作实施监督管理，并由本级人民政府公安机关消防机构负责实施。"由此可见，公安机关消防机构是地方各级政府消防监督管理权的实施者，是法律授权的消防监督管理主

体。除了执行消防监督执法业务外,公安机关消防机构作为目前我国消防领域的专职部门,还承担着对社会的消防安全宣传教育、消防安全业务指导和培训等工作职责,因此,是非常重要的消防安全管理主体。

(四) 主管部门

依据《消防法》的规定,县级以上人民政府其他有关部门在各自的职责范围内,依照相关法律、法规的规定做好消防安全管理工作。对于公安机关消防机构的监督管理,政府及其有关部门要依法予以支持。质量监管、工商、建设等部门,在消防执法工作中涉及消防产品生产、销售以及建设工程消防设计审核等工作的,要积极履职,结合各自职责要求,对发现的火灾隐患,依法查处或者移送、通报公安机关消防机构进行处理;教育、民政、铁路、交通、农业、文化、卫生、民航、广电、体育、旅游、文物、人防等部门,要建立健全消防安全工作领导机制和责任制,制定消防安全管理办法,定期组织消防安全专项检查,及时排查和整改火灾隐患。此外,依据《消防法》规定,军事设施的消防工作,由其主管单位监督管理,公安机关消防机构协助;矿井地下部分、核电厂、海上石油天然气设施的消防工作,由其主管单位监督管理。法律、行政法规对森林、草原的消防工作另有规定的,从其规定。

由此可见,上述政府有关部门是本单位、本系统消防安全管理的主体,同时承担着配合公安机关消防机构工作的职责。

(五) 社会单位

每个单位本身都涉及消防安全管理问题,单位是自身消防安全管理的主体。《消防法》第16条第2款规定,单位的主要负责人是本单位的消防安全责任人。《单位消防安全管理规定》第4条也规定,法人单位的法定代表人或非法人单位的主要负责人是本单位的消防安全责任人,对本单位的消防工作全面负责。他们既是单位内部消防安全管理的主体,又是政府及其公安机关消防机构对单位实施消防监督管理的客体。

(六) 群众自治组织

村民委员会、居民委员会是村民和居民自我管理、自我教育、自我服务的基层群众性自治组织,是社区、居民区、住宅小区、乡村消防安全管理工作的主体。《消防法》规定,村民委员会、居民委员会应当协助人民政府以及公安机关等部门,加强消防安全宣传教育;应当确定消防安全管理人,组织制定消防安全公约,进行消防安全检查;应当根据需要,建立志愿消防队等多种形式的消防组织,开展群众性自防自救工作。

二、消防安全管理的客体

消防安全管理的客体有时又称消防安全管理相对人,是指在消防安全管理中与消防管理主体相对应的处于被管理地位的单位和个人。由于消防安全管理主体的多元性和层次性,不同的消防安全管理主体所对应的消防安全管理客体不尽相同。其主要包括以下方面:

(一) 国家机关

国家机关是指管理国家事务的单位或机构。国家机关包括国家权力机关、国家行政机关和司法机关。虽然根据分工分别行使国家权力,但在消防安全问题上,这些机关都是消防安全管理的客体,都应当接受公安机关消防机构的监督和管理。

（二）社会团体

社会团体是指为一个共同的目的、利益而联合或正式组织起来的群体。社会团体主要包括：人民团体，如共青团、妇联等；社会公益团体，如红十字会；文艺团体，如艺术家协会；学术团体，如法学会；宗教团体，如佛教协会等。根据《消防法》规定，工会、共产主义青年团、妇女联合会等团体应当结合各自工作对象的特点，组织开展消防安全宣传教育，接受消防安全培训。

（三）企业、事业单位

企业是从事生产、运输、贸易等经济活动的单位。企业包括中资企业、外资企业和中外合资企业等。事业单位一般是指没有生产收入，由国家经费开支，不进行经济核算，为国家创造和改善生产条件，促进社会福利，满足人民文化、卫生等需要的组织，如教育事业单位、科技事业单位、文化事业单位、卫生事业单位、体育事业单位、新闻出版事业单位等。

根据消防法律、法规的规定，企业、事业单位在涉及消防事务的活动中，应当遵守消防法律、法规，接受消防行政执法主体的依法监督和有关部门的消防安全管理，从而成为消防管理的客体之一。

（四）个体工商户

根据《中华人民共和国民法通则》第26条规定，公民在法律允许的范围内，依法经核准登记，从事工商业经营的，为个体工商户。为确保消防安全，根据《消防监督检查规定》第37条的规定，有固定生产经营场所且有一定规模的个体工商户，应当纳入消防监督检查范围。由此可见，个体工商户也是消防安全管理的客体。

（五）自然人

消防安全管理的自然人包括我国公民和我国境内的外国人。

公民是指具有我国国籍并根据我国法律规定享有权利、承担义务的自然人。公民在消防行政法律关系中是十分重要的相对人，《消防法》中对公民应享有的权利和应承担的义务作了明确的规定。在消防安全管理中，对应单位消防安全管理主体——单位的领导机构来说，其消防安全管理的相对人主要是本单位的职工和本单位的下级组织。

外国人包括外国公民和无国籍人。《中华人民共和国宪法》第32条规定："中华人民共和国保护在中国境内的外国人的合法权利和利益，在中国境内的外国人必须遵守中华人民共和国的法律。"在中国境内从事某些活动的外国人，有可能成为我国消防监督管理相对人。作为消防监督管理相对人的外国人与我国公民在消防行政管理活动中的法律地位是平等的。

三、消防安全管理的对象

消防安全管理对象又称消防安全管理资源，主要包括人、财、物、信息、时间、事务六个方面。

（一）人

人是指消防安全管理系统中被管理的人员。人是消防安全管理活动中最重要的对象或资源，因为任何消防安全管理活动都需要人的参与和实施，此外，消防安全管理的指导思想是"以人为本"，优先保证人的消防安全。

（二）财

财是指用于消防安全管理系统正常运转的经费开支。消防经费的开支应与经济增长速度相适应。不同的消防安全管理主体应根据职责加强财的管理，如政府负责宏观消防安全管理工作的财政支持，其他主体在消防安全管理中应从经济成本的角度，合理、高效地使用消防经费。

（三）物

物是指消防安全管理系统中的建筑设施、机器设备、物质材料、能源等。物是应严格控制的消防管理对象，也是消防技术标准所要调整和规范的对象。例如，可燃的原材料、半成品、成品等，机器设备的故障，建筑设施的不安全因素等，都是严格控制的对象物。

（四）信息

信息是指开展消防安全管理活动的文件、资料、数据、消息等。信息是通过文字、图像、符号、颜色、声、光、电等载体在系统中进行传递的。信息流也是系统正常运转的流通质，应充分利用系统中的安全信息流，发挥它们在消防安全管理工作中的作用。例如，在单位或厂区张贴"禁止烟火""禁止关闭""禁止占用"等标志，发挥消防安全提示性作用。

（五）时间

时间是指消防安全管理活动的工作顺序、工作程序、工作时限、工作效率等。消防安全管理工作中应统筹安排各项工作的先后顺序，注意工作的时限或时效性，提高工作效率。对于时间的管理，在公安机关消防机构等有关消防行政执法主体实施监督管理时应用更为严格。

（六）事务

事务又称事情，是指消防安全管理活动中的工作任务、工作职责、工作指标等。消防安全管理活动应针对工作任务设置工作岗位，并确定岗位工作职责，建立健全逐级岗位责任，明确完成各项任务的工作指标或工作标准，尽可能对各项工作进行量化管理。

第三节　消防安全管理的依据

消防安全管理的依据是指消防安全管理主体实施消防安全管理行为所依据的一系列规范的总称。消防安全管理的依据主要包括：公共政策依据、法律依据和标准依据等。

一、公共政策依据

公共政策是党和政府等公共组织为解决社会公共问题，规范和指导有关机关、团体或个人的行动，在广泛参与下所制定的行为准则。

公共消防政策是党和政府等公共组织为满足社会的消防安全需要而制定的行为准则，属于公共政策的范畴，是管理消防工作的指导准则，它决定着消防监督管理活动的方向和目标。我国影响较大的公共消防政策主要有：1995年2月20日国办发【1995】11号，国务院办公厅转发的公安部《消防改革与发展纲要》；2006年5月10日国发【2006】15号，《国务院关于进一步加强消防工作的意见》；以及2011年12月30日国发【2011】46号，《国务院关于加强和改进消防工作的意见》等，它们均在一定时期为我国消防工作的健康、稳定发展指明了方向。

【阅读链接】　从消防发展史来看，党中央、国务院历来高度重视消防工作，能结合社会发展各阶段的消防工作特点及消防安全形势，积极制定并出台相应的公共消防政策，引导和推动消防工作的发展方向。近五个"五年规划"期间，国务院都分别下发了关于加强消防工作的文件："八五"期间的《消防改革与发展纲要》；"九五"期间的《关于认真贯彻消防法进一步加强消防工作的通知》；"十五"期间的《关于"十五"期间消防工作发展指导意见》；"十一五"期间的《关于进一步加强消防工作的意见》以及"十二五"期间的《关于加强和改进消防工作的意见》。这些政策性文件，对推动消防事业发展发挥了十分重要的作用。

二、法律依据

法律是由国家制定、认可并由国家保证实施的，反映由特定物质生活条件决定的统治阶级意志，以权利和义务为内容，以确认、保护和发展统治阶级所期望的社会关系和社会秩序为目的行为规范体系。消防法律依据体系包括：宪法、法律、法律解释、行政法规、地方性法规、自治条例和单行条例、部门规章、地方政府规章。

（一）宪法

宪法是国家的根本大法，由国家最高权力机关——全国人民代表大会制定，是制定其他法律规范的依据，具有最高的法律地位，其他法律、法规、规章等都不得与宪法相抵触。宪法是消防监督管理的重要依据。

（二）法律

我国消防监督管理工作中，法律依据分为消防管理专门法律，与消防管理相关的法律和国家行政管理基本法律。

例如，《消防法》是目前我国消防管理的专门法律；《中华人民共和国安全生产法》（以下简称《安全生产法》）、《中华人民共和国治安管理处罚法》（以下简称《治安管理处罚法》）、《中华人民共和国产品质量法》（以下简称《产品质量法》）等是消防监督管理中应用较多的相关法律；《中华人民共和国行政处罚法》（以下简称《行政处罚法》）、《中华人民共和国行政许可法》《中华人民共和国行政诉讼法》和《中华人民共和国行政复议法》等是消防管理中应用较多的国家行政管理基本法律。

（三）法律解释

法律解释，即全国人民代表大会常务委员会对狭义的法律作出的有关解释。

（四）行政法规

行政法规是由国务院根据宪法和法律，制定并颁布的规范性文件。消防监督管理涉及的行政法规主要包括：《森林防火条例》《草原防火条例》《危险化学品安全管理条例》《中华人民共和国民用核设施安全监督管理条例》《特别重大事故调查程序暂行规定》《生产安全事故报告和调查处理条例》等。

（五）地方性法规

地方性法规是由省、自治区、直辖市、较大市的人民代表大会及其常务委员会根据本行政区域的具体情况和实际需要，在不与宪法、法律、行政法规相抵触的前提下，制定并颁布的规范性文件，如《山东省消防条例》《上海市消防条例》等。

（六）自治条例和单行条例

自治条例和单行条例是由民族区域自治地方的人民代表大会依照当地民族的政治、经济和文化特点，制定并颁布的规范性文件。

（七）部门规章

部门规章是由国务院各部委、中国人民银行、审计署和具有行政管理职能的直属机构，根据法律和国务院的行政法规、决定、命令，在本部门的权限范围内，制定并颁布的规范性文件。目前，作为消防监督管理依据的部门规章有30多部，常用的有：《消防监督检查规定》《建设工程消防监督管理规定》《火灾事故调查规定》《社会消防安全教育培训规定》《公安机关办理行政案件程序规定》《公共娱乐场所消防安全管理规定》《单位消防安全管理规定》以及《集贸市场消防安全管理办法》等。部门规章是消防监督管理主体日常执法中最常遵循的法律依据。

（八）地方政府规章

地方政府规章是由省、自治区、直辖市和较大市的人民政府，根据法律、行政法规和本省、自治区、直辖市的地方性法规，制定并颁布的规范性文件。作为消防监督管理依据的地方政府规章通常是有关消防管理的规范性文件。

三、标准依据

消防标准是国务院各部委或各地方政府部门依据《中华人民共和国标准化法》的有关法定程序单独或联合制定颁发的，用以规范消防技术领域中人与物、物与物的科学技术关系的准则或标准。消防标准具有极强的科学性、技术性和可操作性。当这些标准在法律上被确认后，就成为技术法规，具有法律上的约束力。将技术关系纳入法律规定的内容，根本目的在于避免使用某种非法定技术、方法和标准时产生某种社会无法承受的危害后果。

【阅读链接】 据统计，现行《消防法》中，有19个条款涉及标准，有36处提到标准。例如《消防法》第9条、第26条、第27条分别要求建设工程消防设计与施工，建筑构件、建筑材料以及室内装修、装饰材料的防火性能，消防产品的安装与使用等都要符合消防技术标准，从而使消防标准因为《消防法》的确认而具备了法律效力，成为消防监督管理的依据。

《消防法》第9条规定，建设工程消防设计、施工必须符合国家工程建设消防技术标准。

第26条规定，建筑构件、建筑材料和室内装修装饰材料的防火性能必须符合国家标准；没有国家标准的，必须符合行业标准。人员密集场所室内装修、装饰，应当按照消防技术标准的要求，使用不燃、难燃材料。

第27条规定，电器产品、燃气用具的安装、使用及其线路、管路的设计、敷设、维护保养、检测，必须符合消防技术标准和管理规定。

消防标准是消防科学管理的重要技术基础，是社会各单位在工程建设的设计、施工、生产管理、消防产品的生产销售以及公安机关消防机构实施消防监督管理的重要依据，对提高消防产品质量、合理调配资源、保护人身和财产安全以及创造经济效益和社会效益都有相当重要的作用。截至2013年11月，我国已发布实施的消防国家标准有240余部，消防行业标准160余部，消防技术规范30余部，消防地方标准240余部，合计670余部。

目前，我国成立专门的全国消防标准化技术委员会，负责制定和出台各类消防标准。该委员会（SAC/TC113）下设14个分技术委员会（SC），如图1-1所示，分别负责不同消防技术领域的标准归口工作。

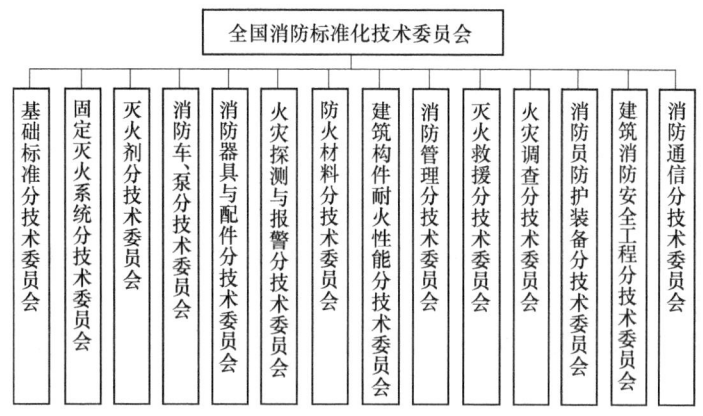

图1-1 全国消防标准化技术委员会

其中,第九分技术委员会(TC113/SC9)名称为"消防管理分技术委员会",主要负责消防监督、社会单位消防安全管理等专业领域内国家标准和行业标准的技术归口工作,秘书处设在公安部消防局。

消防标准有不同的分类方法：

(一)消防标准根据制定主体的不同可划分为国家标准、行业标准、地方标准和企业标准

1. 国家标准

国家标准由国务院标准化行政主管部门批准发布,在全国范围内适用。国家标准是消防技术标准的主要组成部分,其内容涉及建设工程、石油化工、机械加工、电器、器材装备以及其他有关专业领域,如《建筑设计防火规范》(GB 50016—2006)、《火灾自动报警系统设计规范》(GB 50116—2008)、《自动喷水灭火系统设计规范》(GB 50084—2001)、《气体灭火系统施工及验收规范》(GB 50263—2007)、《建筑灭火器配置设计规范》(GB 50140—2005)等。

2. 行业标准

行业标准又称部门标准,是由国务院有关行政主管部门在没有国家标准的情况下,为了在全国某个行业范围内统一有关技术要求而制定,在本行业范围内适用,如《消防产品现场检查判定规则》(GA 588—2012)、《人员密集场所消防安全管理》(GA 654—2006)等。制定行业标准,必须报国务院标准化行政主管部门备案,在相应的国家标准公布实施之后,该项行业标准即行废止。

3. 地方标准

地方标准由省、自治区、直辖市标准化行政主管部门在没有国家标准和行业标准的情况下,为了在本辖区范围内统一有关技术要求而制定,在本行政区域范围内适用,如广东地方标准《细水雾灭火系统设计施工及验收规范》(DBJ/T 15-41—2005)、上海地方标准《重点单位重要部位安全技术防范系统要求系列标准》(DB 31-329—2005)、重庆地方标准《重庆市坡地高层民用建筑设计防火规范》(DB 50/5031—2004)。制定地方标准,必须报国务院标准化行政主管部门和国务院有关行政主管部门备案,在相应的国家标准或者行业标准公布实施之后,该项地方标准即行废止。

4. 企业标准

企业标准是企业生产的产品在没有国家标准和行业标准的情况下，由企业制定的标准，作为组织生产的依据。企业的产品标准须报当地政府标准化行政主管部门和有关行政主管部门备案。已有国家标准或者行业标准的，国家鼓励企业制定高于国家标准或者行业标准的企业标准，在企业内部适用。在没有国家标准和行业标准的情况下，企业标准就是判定该企业产品是否合格的依据，当企业标准高于国家标准或行业标准时，企业产品承诺的企业标准就是判断该企业产品是否合格的依据，而不是国家标准或行业标准。

（二）消防标准按照标准的内容可分为基础标准、工程技术标准、产品标准和管理标准

1. 消防基础标准

消防基础标准主要是规范消防基本术语、基本方法、基本概念的标准，如《火灾分类》（GB/T 4968—2008）。

2. 消防工程技术标准

消防工程技术标准主要是规范建筑、库房、桥梁、涵洞以及消防设施等建设工程的设计、施工和验收等方面的标准，如《火灾自动报警系统施工及验收规范》（GB 50166—2007）、《自动喷水灭火系统施工及验收规范》（GB 50261—2005）等。

3. 消防产品标准

消防产品标准主要是规范固定灭火系统、灭火剂、消防车、防火材料、建筑构件、灭火器、消防装备等消防产品的技术参数、性能要求、检测试验以及使用维护等方面的标准，如《消防员隔热防护服》（GA 634—2006）、《独立式感烟火灾探测报警器》（GB 20517—2006）。

4. 消防管理标准

消防管理标准主要是规范消防安全管理方面的标准，既包括社会单位和公民个人自我管理方面的标准，又包括公安机关消防机构等行政主体对社会消防工作实施监督检查以及内部管理等方面的标准，如《住宿与生产储存经营场所消防安全技术要求》（GA 703—2007）、《消防监督检查员岗位资格条件》（GA/T 707—2007）。

（三）消防标准按照标准的强制约束力不同可分为强制性标准和推荐性标准

1. 强制性标准

强制性标准是指具有法律属性，在一定范围内通过法律、行政法规等强制手段加以实施的标准。对于强制性标准无论是建设、设计、施工、生产、销售、使用的社会单位和个人，还是公安机关消防机构、规划、建委等行政主管部门，都必须执行，不执行就要承担相应法律后果。我国绝大部分消防标准都属于强制性标准。

2. 推荐性标准

推荐性标准又称非强制性标准，是指生产、交换、使用方面，通过经济手段调节而自愿采用的一类标准。这类标准是否采用由单位自己决定，国家鼓励采用推荐性标准，而不能强制。但对生产性企业一旦承诺采用某推荐性标准，其产品就必须符合该标准，否则，为不合格产品。我国的消防技术标准只有少部分属于推荐性标准。

消防安全管理的依据是指消防安全管理主体实施消防安全管理行为所依据的一系列规范的总称。消防安全管理的依据主要包括：公共政策依据、法律依据和标准依据等。

社会单位依据国家公共消防政策依据、消防法律依据以及标准依据而制定的符合本单位

消防安全要求的规章制度等也是单位实现消防安全管理的依据。单位消防安全规章制度的制定首先必须依据国家消防法律、法规和有关政策、标准规定的内容，其次必须符合单位消防安全工作特点，对消防安全管理具有简明、清晰的规范、指导、操作价值。

第四节　消防安全管理的任务与特征

一、消防安全管理的任务

《消防法》第1条明确规定："为了预防火灾和减少火灾危害，加强应急救援工作，保护人身、财产安全，维护公共安全，制定本法。"据此，消防安全管理工作的任务可概括为预防火灾和减少火灾危害，保护人身、财产安全，维护公共安全三个方面。

（一）预防火灾和减少火灾危害

这是消防安全管理工作的基本任务。对于火灾，在我国古代，人们就总结出"防为上，救次之，戒为下"的经验。随着社会的不断发展，在社会财富日益增多的同时，导致火灾发生的危险因素在增多，火灾的危害性也越来越大。新中国成立初期，由于社会经济发展缓慢，火灾总量和损失较低，20世纪50年代我国平均每年发生火灾6万起，火灾损失约0.6亿元。20世纪60—80年代，年平均火灾损失从1.4亿元上升到3.2亿元。改革开放后，经济社会得到迅速发展，火灾总量和火灾损失也明显上升。20世纪90年代全国平均每年发生火灾7.5万起，火灾损失10.6亿元。2000—2004年，年平均发生火灾23.4万起、死亡2559人、受伤3531人、火灾损失15.5亿元。近年来，随着各级党委、政府对消防安全管理的重视，公安机关消防机构及有关部门不断加强消防安全管理工作，使我国火灾大幅度上升的趋势得到遏制，在2005年出现了拐点并稳中有降，至2012年已连续8年保持总体平稳。实践证明，随着社会和经济的发展，社会各界和广大人民群众对消防安全的期待越来越高，消防安全管理工作的重要性越来越突出。

"预防火灾和减少火灾危害"是消防安全管理工作的基本目标，它包括了两层含义：一是要积极预防火灾发生；二是要积极减少火灾危害。实践证明，完全杜绝火灾是不可能的，但通过人类积极的行为来降低火灾发生概率，减少火灾危害是可以实现的。

（二）保护人身、财产安全

人身安全是指公民的生命健康安全。财产安全是指国家、集体以及公民财产安全。人身安全和财产安全是受火灾直接危害的两个方面，火灾会造成无法弥补和不可估量的巨大损失。

【案例】　1987年5月6日，黑龙江省大兴安岭林区火灾，烧毁大片森林，延烧4个储木厂和85万 m³ 木材以及铁路、邮电、工商等12个系统的大量物资、设备等，烧死193人、伤171人，使我国宝贵的林业资源遭受严重损失，对生态环境造成了难以估量的巨大影响；2000年12月25日，河南省洛阳市东都商厦发生特大火灾事故，造成309人死亡，7人受伤，直接财产损失275万元；2008年9月20日，深圳市龙岗区舞王俱乐部发生火灾事故，造成44人死亡，64人受伤。

火灾不仅给国家财产和公民人身、财产带来了巨大损失，还会影响正常的社会秩序、生产秩序、工作秩序以及公民的生活秩序。所以保护人身和财产安全，是消防安全管理工作的重要任务之一，但应当引起注意的是，《消防法》将"人身"安全写在了第一位，以法律的形式体现了人的生命健康安全第一宝贵。这就要求在消防安全管理工作中，要把保护公民人身安全放在第一位，在火灾防范和扑救中要坚持以人为本、救人第一的指导思想，切实实现好、维护好、发展好最广大人民的根本利益。

（三）维护公共安全

所谓公共安全是指不特定多数人生命、健康的安全和重大公私财产的安全，其基本要求是社会公众享有安全和谐的生活和工作环境以及良好的社会秩序，公众的生命财产、身心健康、民主权利和自我发展有安全的保障，并最大限度地避免各种伤害。消防安全是公共安全的重要组成部分，维护公共安全是《消防法》立法的重要目的。做好消防安全管理工作，维护公共安全，是政府及政府有关部门履行社会管理和公共服务职能、提高公共消防安全水平的重要内容。各级人民政府应当将消防工作纳入国民经济和社会发展计划，建立与经济社会发展水平相适应的消防安全保障机制，加强全民消防安全宣传教育，促进公共消防基础设施和消防装备建设，大力发展以公安消防队、政府专职消防队为主体的多种形式消防队伍，全力改善城乡消防安全环境，全面提高城乡抗御火灾的能力，提升公共消防安全水平，保障消防安全管理与新型工业化、城镇化、市场化进程协调发展。

二、消防安全管理的特征

消防安全管理具有一般管理活动所具有的属性，但与其他类型的管理行为相比又具有明显的区别，其特征主要表现在以下几个方面：

（一）全方位性

从空间范围来看，消防安全管理工作具有全方位性特征。凡是有用火的场所，凡是容易形成燃烧条件的场所，凡是使用、储存、生产易燃易爆化学物品的场所，凡是具有火灾危险性的大型活动场所，消防安全管理活动都应该有所涉及。

（二）全天候性

从时间范围来看，消防安全管理工作具有全天候性特征。人们用火的无时限性，形成燃烧、爆炸条件的偶然性，决定了火灾发生的偶然性与随机性，这就要求消防安全管理活动贯穿于全年的任何季节、月份、日期以及每天的任何时段。

（三）全过程性

从系统的诞生、运转、维护、消亡的生存发展进程来看，消防安全管理工作具有全过程性特征。例如某一栋高层建筑，从规划、设计、施工、安装、装修、使用、维护、维修直到报废消亡的整个过程中，都应该实施有效的消防安全管理活动。

（四）全员性

从人员对象来看，消防安全管理工作具有全员性特征。消防安全管理存在于社会生活的方方面面，无论是单位还是家庭，无论是法人还是自然人，涉及消防安全管理活动的人员面广量大，具有全员参与的特征。

（五）强制性

从管理手段来看，消防安全管理不仅包括社会单位和自然人的消防安全自我管理，更重要的是相关部门依法实施的消防监督管理，该类型管理不以监管对象的意愿为条件，对涉及消防安全的事项严格管理，对违反消防法律法规的行为依法进行行政处罚或刑事处罚，体现了消防安全管理工作的强制性特征。

第五节　消防安全管理的发展历程

在我国，消防安全管理的产生与发展大致分为古代消防安全管理、近代消防安全管理和现代消防安全管理三个阶段。

一、古代消防安全管理的发展

有历史记载的古代消防安全管理是从先秦时期（公元前21世纪—公元前221年）到清朝中期（1839年）。古代的消防安全管理主要是通过设立火官、制定火禁和火宪以及制定和颁布防火政令而实现的。

早在先秦时期的商朝，在消防安全管理中，"防患于未然"的思想就已经形成，在周易中就有"君子以思患而豫（预）防之"的记载，这是我国"防患于未然"思想的源头，这时已经开始重视消防法制建设。《韩非子·内储说上》载：商朝的刑法规定，"弃灰于公道者断其手"。这是我国最早制定的依法治火的条文。秦汉时期史学家荀悦在《申鉴·杂言》中提出："一曰防，二曰救，三曰戒，先其未然谓之防，发而止之谓之救，行而责之谓之戒。防为上，救次之，戒为下。"这一观点继承了"防患于未然"的思想，强调"预防为主"。西晋武帝泰始四年（268年），颁布《泰始律》，其中《水火》独立成篇列为第十六篇，是我国历史上第一次在成文法典中突出了消防立法地位。宋朝至和三年（1056年），建立了世界上第一支由国家建立的城市消防队。据《东京梦华录》记载，宋朝汴京（今开封）"于高处砖砌望火楼，楼上有人卓（瞭）望，下有官屋数间，屯驻军兵百余人，及有救火家事（工具），谓如大小桶、洒子、麻搭、斧、锯、梯子、火杈、大索、铁猫儿（铁锚）之类。每遇有遗（失）火去处，则有马军奔报军厢主，马步军殿前三衙、开封府，各领军汲水扑灭，不劳百姓。"军巡铺的士兵担负防盗、防火等任务，而望火楼下屯住的部队则专门负责扑救火灾。明朝在消防安全管理中特别重视开展防火宣传，皇帝亲自撰写宣传内容，以"圣旨"的形式由地方主官向老百姓宣讲，并形成制度，这在我国历史上是仅有的。到了清朝，中央和地方根据火灾形势制定了防火救火条例、章程，从一个侧面反映了依制度管理用火的思想。

二、近代消防安全管理的发展

近代消防安全管理的时间跨度是指1840年到1949年10月前，此间经历了清朝晚期和中华民国两个时代。

同治四年（1865年），上海公共租界成立第一支泵浦车队，注册的外籍队员有60多名，中国籍队员40多名。这是在我国土地上出现的第一支近代消防队。从此，西方近代消防安全管理模式和技术陆续引进中国。光绪二十八年（1902年），我国第一支警察消防队在天津首先建立。光绪三十三年（1907年），上海救火联合会成立，履行华界的消防安全管理任务。这是我国历史上颇有影响的民办消防队。1840年以后，我国开始引进国外先进的灭火设备。例如光绪九年（1883年）7月，上海租界安装自来水消火栓；光绪三十四年（1908年），上海英工部局从英国进口两辆消防车。民国政府内政部1947年8月制订了《各级消防组织设置办法》，并规定了消防警官应经过中央警官学校及其分校训练。有的近代工业企业还建立了自己的消防队，以便及时扑救本单位火灾。上海、天津、广州等大城市在20世纪二三十年代建造了少量的高层建筑，在高层建筑中开始采用一些近代消防技术，楼内还配置了消火栓和灭火器，楼顶安装接闪杆。1933年上海国际饭店落成（24层，高80m），建于1934年、1936年的上海百老汇大厦（现上海大厦，21层，高78.3m）和大新股份有限公司大楼（现上海第一百货商店，9层，高54m），率先采用当时国际先进的消防技术——自动喷水灭火装置，以确保当时中国最高建筑物的消防安全。

三、现代消防安全管理的发展

中华人民共和国成立后，党和政府对消防工作十分重视，国务院早在1957年9月11日就发布了《国务院关于加强消防工作的指示》，确定了"以防为主，以消为辅"的消防工作方针。同年11月29日，全国人大常务委员会批准发布了我国历史上第一部比较完整的消防行政法律《消防监督条例》。该条例规定了消防监督机关的任务、权利，单位的防火责任、要求和法律责任等，奠定了新中国消防安全管理的法治基础，确定了新中国消防工作的基本格局和框架。

在《消防监督条例》的基础上，第六届人大第五次会议又于1984年5月11日修订并批准公布了《中华人民共和国消防条例》（以下简称《消防条例》），形成了我国历史上第二部消防行政法律。该条例确定了我国"预防为主，防消结合"的消防工作方针，对火灾预防、消防组织、火灾扑救、消防监督等作出了详尽的规定，使我国的消防法律更加全面和系统。

在对《消防条例》进行修订的基础上，第九届全国人大常委会第二次会议于1998年4月29日，批准颁发了《消防法》，形成了我国历史上第三部消防行政法律。该法继承了"预防为主，防消结合"的消防工作方针，确立了"专门机关与群众相结合"的消防工作原则。根据此法律，国家有关部门还相继制定了相关的技术规范和标准，大多数省、直辖市也结合本省、市的实际情况，经地方人大批准颁发了本地的《消防管理条例》。2008年10月28日，第十一届全国人民代表大会常务委员会第五次会议对重新修订的《消防法》予以批准颁布，并于2009年5月1日起施行。现行《消防法》确立了"政府统一领导、部门依法监管、单位全面负责、公民积极参与"的消防工作原则；明确了"公安消防队、专职消防队按照国家规定承担重大灾害事故和其他以抢救人员生命为主的应急救援工作"的职责范围，使新中国成立以来消防队伍由单一承担灭火救援任务扩大为各种灾害事故的抢险救援。与此同时，与之配套的《建设工程消防监督管理规定》（公安部令第119号）、《消防监督检查规定》（公安部令第120号）、《火灾事故调查规定》（公安部令第121号）、《消防产品监督管理规定》（公安部令第122号）等部门规章也分别于2012年11月1日和2013年1月1日起得到了修订实施，使我国的消防安全管理法律法规进一步健全和完善。

此外，现代消防安全管理过程中突出了消防队伍建设。根据中国经济社会的发展情况，政府加强了公安消防队伍的军事化、正规化建设。从1965年5月1日起，班长以下消防民警实行义务兵役制，1976年消防中队干部改为现役制，1983年1月全国公安消防队伍纳入了中国人民武装警察部队序列，1988年12月全国消防部队实行警衔制，与中国人民解放军实行同等的管理机制和待遇。另外，专职消防队、志愿消防队、保安联防消防队等也都有了很大程度的进步和发展，为保卫社会经济发展和建设做出了积极的贡献。

自学指导

本章学习重点：消防安全管理的方针与原则；消防安全管理的主体与客体。

消防安全管理的方针与原则：方针是预防为主、防消结合；原则包括方向性原则、法制性原则、责任性原则、社会化原则、科学性原则和综合治理原则。

消防安全管理主体是指负有消防安全管理职责的组织，包括人民政府、公安机关、公安机关消防机构、主管部门、社会单位、群众自治组织。

消防安全管理的客体有时又称消防安全管理相对人，是指在消防安全管理中与消防管理主体相对应的处于被管理地位的单位和个人，具体包括国家机关、社会团体、企事业单位、个体工商户、自然人。

本章学习难点：消防安全管理的依据。

消防安全管理的依据是指消防安全管理主体实施消防安全管理行为所依据的一系列规范的总称。消防安全管理的依据包括公共政策依据、法律依据和标准依据以及单位消防安全管理规章制度等。

复习思考题

一、单项选择题（将正确的答案填写在括号内，错选、多选、未选均不得分）

1. 以下不属于消防安全管理主体的是（　　）。

A. 人民政府　B. 社会单位　C. 群众自治组织　D. 自然人

2. 行政法规的制定主体是（　　）

A. 全国人大及其常委会　B. 国务院　C. 公安部　D. 地方人民政府

二、填空题（将正确的答案填写在括号中）

1. 我国消防安全管理的方针是预防为主、（　　　　）。

2. 消防标准根据制定的主体不同可以分为国家标准、（　　　　）、地方标准和企业标准四类。

三、简答题

1. 简述消防安全管理的客体范围。

2. 简述消防安全管理法律依据体系的内容。

四、论述题

结合实践，分析论述消防安全管理的基本原则。

第二章　消防安全管理理论与方法

学习目标
1. 应了解、知道的内容
◇事故致因理论。
2. 应理解、清楚的内容
◇消防安全目标管理理论。
◇信息技术在消防安全管理中的应用。
3. 应掌握、学会的内容
◇消防安全管理市场化手段。
◇消防安全管理社会化手段。
4. 应熟练掌握的内容
◇消防安全管理原理。
◇消防安全管理的传统方法。
自学时数　10学时。
老师导学

消防安全管理理论与方法，是消防安全管理的基础。消防安全管理理论重在理解和应用，不能简单地死记硬背。因此，学习本章要注意理解有关理论的本质与内涵，把握其要点，并结合工作实践认真领会。

了解、掌握消防安全管理的主要理论和方法，是做好消防安全管理工作的重要基础。

第一节　消防安全管理理论

消防安全管理的理论包括事故致因理论、消防安全管理原理和消防安全目标管理理论，这是消防安全管理的基础，下面分别加以介绍。

一、事故致因理论

事故致因理论是从大量典型事故本质原因分折中所提炼出的事故机理和事故模型。这些机理和模型反映了事故发生的规律性，能够为事故原因的定性、定量分析，为事故预测和预防，从理论上提供科学、完整的依据。

随着科学技术和生产方式的发展，事故发生的本质规律在不断变化，人们对事故原因的认识也在不断深入，因此先后出现了十几种具有代表性的事故致因理论和事故模型。以下是几个具有代表性的理论。

（一）事故因果连锁理论

1. 海因里希因果连锁理论

海因里希是最早提出事故因果连锁理论的,他用该理论阐明导致伤亡事故的各种因素之间,以及这些因素与伤害之间的关系。该理论的核心思想是:伤亡事故的发生不是一个孤立的事件,而是一系列原因事件相继发生的结果,即伤害与各原因相互之间具有连锁关系。

海因里希提出的事故因果连锁过程包括如下五种因素:

(1) 遗传及社会环境 遗传及社会环境是造成人的缺点的原因。遗传因素可能使人具有鲁莽、固执、粗心等对于安全来说属于不良的性格;社会环境可能妨碍人的安全素质培养,助长不良性格的发展。这种因素是因果链上最基本的因素。

(2) 人的缺点 它是指由于遗传和社会环境因素所造成的人的缺点。人的缺点是使人产生不安全行为或造成物的不安全状态的原因。这些缺点既包括诸如鲁莽、固执、易过激、神经质、轻率等性格上的先天缺陷,也包括诸如缺乏安全生产知识和技能等的后天不足。

(3) 人的不安全行为或物的不安全状态 这二者是造成事故的直接原因。海因里希认为,人的不安全行为是由于人的缺点而产生的,是造成事故的主要原因。

(4) 事故 事故是一种由于物体、物质或放射线等对人体发生作用,使人员受到或可能受到伤害的、出乎意料的、失去控制的事件。

(5) 伤害 它是指直接由事故产生的人身伤害。

上述事故因果连锁关系,可以用5块多米诺骨牌来形象地加以描述。如果第一块骨牌倒下(即第一个原因出现),则发生连锁反应,后面的骨牌相继被碰倒(相继发生)。

该理论积极的意义就在于,如果移去因果连锁中的任意一块骨牌,则连锁被破坏,事故过程被中止。海因里希认为,安全工作的中心就是要移去中间的骨牌——防止人的不安全行为或消除物的不安全状态,从而中断事故连锁的进程,避免伤害的发生。海因里希事故因果连锁模型如图2-1所示。

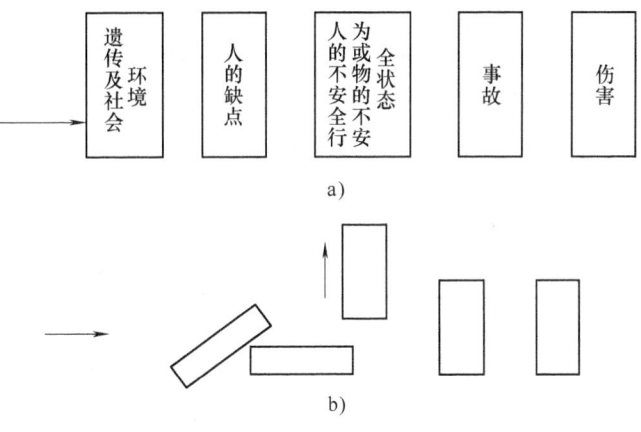

图2-1 海因里希事故因果连锁模型

海因里希的理论有明显的不足。例如,它对事故致因连锁关系的描述过于绝对化、简单化。事实上,各个骨牌(因素)之间的连锁关系是复杂的、随机的。前面的骨牌倒下,后面的骨牌可能倒下,也可能不倒下。事故并不是全都会造成伤害,不安全行为或不安全状态也并不是必然造成事故,等等。尽管如此,海因里希的事故因果连锁理论促进了事故致因理论的发展,成为事故研究科学化的先导,具有重要的历史地位。

2. 博德事故因果连锁理论

博德在海因里希事故因果连锁理论的基础上,提出了与现代安全观点更加吻合的事故因果连锁理论。博德的事故因果连锁过程同样为五个因素,但每个因素的含义与海因里希的都有所不同。

(1) 管理缺陷 对于大多数单位来说,由于各种原因,完全依靠工程技术措施预防事故既不经济也不现实,只能通过完善安全管理工作,经过较大的努力,才能防止事故的发生。单位管理者必须认识到，只要生产没有实现本质安全化，就有发生事故及伤害的可能性，因此，安全管理是单位管理的重要一环。

安全管理系统要随着生产的发展变化而不断调整完善，十全十美的管理系统是不存在的。由于安全管理上的缺陷，致使能够造成事故的其他原因出现。

（2）个人及工作条件的原因　这方面的原因是由于管理缺陷造成的。个人原因包括缺乏安全知识或技能，行为动机不正确，生理或心理有问题等；工作条件原因包括安全操作规程不健全，设备、材料不合适，以及存在温度、湿度、粉尘、气体、噪声、照明、工作场地状况（如打滑的地面、障碍物、不可靠支撑物）等有害作业环境因素。只有找出并控制这些原因，才能有效地防止后续原因的发生，从而防止事故的发生。

（3）直接原因　人的不安全行为或物的不安全状态是事故的直接原因。这种原因是安全管理中必须重点加以追究的原因。但是，直接原因只是一种表面现象，是深层次原因的表征。在实际工作中，不能停留在这种表面现象上，而要追究其背后隐藏的管理上的缺陷原因，并采取有效的控制措施，从根本上杜绝事故的发生。

（4）事故　这里的事故被看作是人体或物体与超过其承受阈值的能量接触，或人体与妨碍正常生理活动的物质的接触。因此，防止事故就是防止接触。例如，可以通过对装置、材料、工艺等的改进来防止能量的释放，或者操作者提高识别和回避危险的能力，佩戴个人防护用具等来防止接触。

（5）损失　人员伤害及财物损坏统称为损失。人员伤害包括工伤、职业病、精神创伤等。

在许多情况下，可以采取恰当的措施使事故造成的损失最大限度地减小。例如，对受伤人员进行迅速正确的抢救，对设备进行抢修以及平时对有关人员进行应急训练等。

3. 亚当斯事故因果连锁理论

亚当斯提出了一种与博德事故因果连锁理论类似的因果连锁模型，该模型以表格的形式给出，见表2-1。

表2-1　亚当斯事故因果连锁模型

管理体制	管理失误		现场失误	事故	伤害或损坏
目标 组织 机能	领导者在下述方面有决策失误或没有决策： 　方针政策 　目标 　规范 　责任 　职级 　考核 　权限授予	安全技术人员在下述管理方面有失误： 　行为 　责任 　权限范围 　规则 　指导 　主动性 　积极性 　业务活动	不安全行为 不安全状态	伤亡 损坏事故 无伤害事故	对人 对物

在该理论中，事故和损失因素与博德事故因果连锁理论相似。这里把人的不安全行为和物的不安全状态称作现场失误，其目的在于提醒人们注意不安全行为和不安全状态的性质。

亚当斯事故因果连锁理论的核心在于对现场失误的背后原因进行了深入的研究。操作者的不安全行为及生产作业中的不安全状态等现场失误，是由于单位领导者和安全技术人员的管理失误造成的。管理人员在管理工作中的差错或疏忽，单位领导者的决策失误，对单位经营管理及安全工作具有决定性的影响。管理失误又由单位管理体系中的问题所导致，这些问题包括：如何有组织地进行管理工作，确定怎样的管理目标，如何计划、如何实施等。管理体系反映了作为决策中心的领导者的信念、目标及规范，它决定了各级管理人员安排工作的轻重缓急、工作基准及指导方针等重大问题。

4. 北川彻三事故因果连锁理论

事故发生的原因是很复杂的，一个国家或地区的政治、经济、文化、教育、科技水平等诸多社会因素，对伤害事故的发生和预防都有着重要的影响。日本人北川彻三正是基于这种考虑，对海因里希的理论进行了一定的修正，提出了另一种事故因果连锁理论，见表2-2。

表2-2 北川彻三事故因果连锁理论

基本原因	间接原因	直接原因		
学校教育的原因 社会的原因 历史的原因	技术的原因 教育的原因 身体的原因 精神的原因 管理的原因	不安全行为 不安全状态	事故	伤害

在北川彻三的事故因果连锁理论中，基本原因中的各个因素，已经超出了单位安全工作的范围。但是，充分认识这些基本原因因素，对综合利用可能的科学技术、管理手段来改善间接原因因素，达到预防伤害事故发生的目的，是十分重要的。

（二）能量意外转移理论

1. 能量意外转移理论的概念

在生产过程中能量是必不可少的，人们利用能量做功以实现生产的目的。为了利用能量做功，必须控制能量。在正常生产过程中，能量在各种约束和限制下，按照人们的意志流动、转换和做功。如果由于某种原因能量失去了控制，发生了异常或意外的释放，则称发生了事故。

如果意外释放的能量转移到人体，并且其能量超过了人体的承受能力，则人体将受到伤害。吉布森和哈登从能量的观点出发，曾经指出：人受伤害的原因只能是某种能量向人体的转移，而事故则是一种能量的异常或意外的释放。

能量的种类有许多，如动能、势能、电能、热能、化学能、原子能、辐射能、声能和生物能等。人受到伤害都可以归结为上述一种或若干种能量的异常或意外转移。能量引起的伤害可分为两大类：

第一类伤害是由于转移到人体的能量超过了局部或全身性损伤阈值而产生的。人体各部分对每一种能量的作用都有一定的抵抗能力，即有一定的伤害阈值。当人体某部位与某种能量接触时，能否受到伤害及伤害的严重程度如何，主要取决于作用于人体的能量大小。作用于人体的能量超过伤害阈值越多，造成伤害的可能性越大。例如，球形弹丸以4.9N的冲击力打击人体时，最多轻微地擦伤皮肤，而重物以68.9N的冲击力打击人的头部时，会造成头骨骨折。

第二类伤害则是由于影响局部或全身性能量交换引起的。例如，因物理因素或化学因素引起的窒息（如溺水、一氧化碳中毒等），因体温调节障碍引起的生理损害、局部组织损坏或死亡（如冻伤、冻死等）。

能量转移理论的另一个重要概念是：在一定条件下，某种形式的能量能否产生人员伤害，除了与能量大小有关以外，还与人体接触能量的时间和频率、能量的集中程度、身体接触能量的部位等有关。

用能量转移的观点分析事故致因的基本方法是：首先确认某个系统内的所有能量源；然后确定可能遭受该能量伤害的人员、伤害的严重程度；进而确定控制该类能量异常或意外转移的方法。

能量转移理论与其他事故致因理论相比，具有两个主要优点：一是把各种能量对人体的伤害归结为伤亡事故的直接原因，从而决定了以对能量源及能量传送装置加以控制作为防止或减少伤害发生的最佳手段这一原则；二是依照该理论建立的对伤亡事故的统计分类，是一种可以全面概括、阐明伤亡事故类型和性质的统计分类方法。

2. 应用能量意外转移理论预防伤亡事故

从能量意外转移的观点出发，预防伤亡事故就是防止能量或危险物质的意外释放，从而防止人体与过量的能量或危险物质接触。在工业生产中，经常采用的防止能量意外释放的措施有以下几种：

（1）用较安全的能源替代危险大的能源　例如，用水力采煤代替爆破采煤；用液压动力代替电力等。

（2）限制能量　例如，利用安全电压设备；降低设备的运转速度；限制露天爆破装药量等。

（3）防止能量蓄积　例如，通过良好接地消除静电蓄积；采用通风系统控制易燃易爆气体的浓度等。

（4）降低能量释放速度　例如，采用减振装置吸收冲击能量；使用防坠落安全网等。

（5）开辟能量异常释放的渠道　例如，给电器安装良好的地线；在压力容器上设置安全阀等。

（6）设置屏障　屏障是一些防止人体与能量接触的物体。屏障的设置有三种形式：第一，屏障被设置在能源上，如机械运动部件的防护罩、电器的外绝缘层、消声器、排风罩等；第二，屏障设置在人与能源之间，如安全围栏、防火门、防爆墙等；第三，由人员佩戴的屏障，即个人防护用品，如安全帽、手套、防护服、口罩等。

（7）从时间和空间上将人与能量隔离　例如，道路交通的信号灯；冲压设备的防护装置等。

（8）设置警告信息　在很多情况下，能量作用于人体之前，并不能被人直接感知到，因此使用各种警告信息是十分必要的，如各种警告标志、声光报警器等。

以上措施往往几种同时使用，以确保安全。

（三）基于人体信息处理的人失误事故模型

这类事故理论都有一个基本的观点，即：人失误会导致事故，而人失误的发生是由于人对外界刺激（信息）的反应失误造成的。这类事故模型包括威格里斯沃思事故模型和瑟利事故模型。

1. 威格里斯沃思事故模型

威格里斯沃思在1972年提出，人失误构成了所有类型事故的基础。他把人失误定义为"（人）错误地或不适当地响应一个外界刺激"。他认为：在生产操作过程中，各种各样的信息不断地作用于操作者的感官,给操作者以"刺激"。若操作者能对刺激作出正确的响应,事故就不会发生;反之,如果信息错误或不恰当地响应了一个刺激(人失误),就有可能出现危险。危险是否会带来伤害事故,则取决于一些随机因素。

威格里斯沃思的事故模型可以用如图 2-2 所示的流程关系来表示。该模型绘出了人失误导致事故的一般模型。

2. 瑟利事故模型

瑟利把事故的发生过程分为危险出现和危险释放两个阶段,这两个阶段各自包括一组类似人的信息处理过程,即知觉、认识和行为响应过程。在危险出现阶段,如果人的信息处理的每个环节都正确,危险就能被消除或得到控制;反之,只要任何一个环节出现问题,就会使操作者直接面临危险。在危

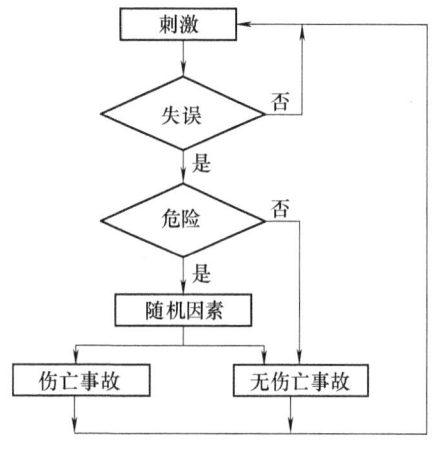

图 2-2 威格里斯沃思事故模型

险释放阶段,如果人的信息处理过程的各个环节都是正确的,则虽然面临着已经显现出来的危险,但仍然可以避免危险释放出来,不会带来伤害或损害;反之,只要任何一个环节出错,危险就会转化成伤害或损害。瑟利事故模型如图 2-3 所示。

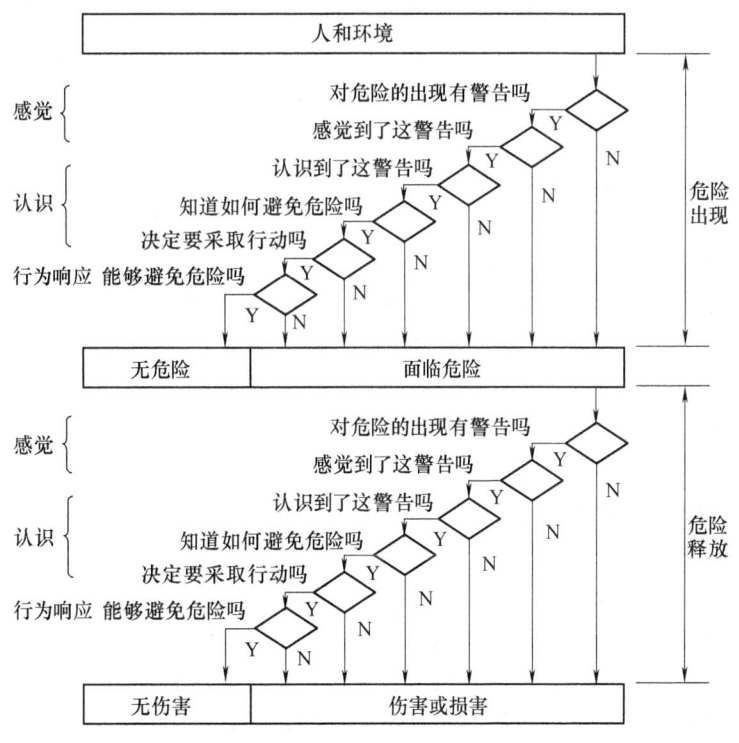

图 2-3 瑟利事故模型

由图 2-3 可以看出,两个阶段具有相类似的信息处理过程,每个过程均可被分解成六个方面的问题。下面以危险出现阶段为例,分别介绍这六个方面问题的含义。

第一个问题:对危险的出现有警告吗?这里警告的意思是指工作环境中是否存在安全运

行状态和危险状态之间可被感觉到的差异。如果危险没有带来可被感知的差异,则会使人直接面临该危险。在生产实际中,危险即使存在,也并不一定直接显现出来。这一问题给我们的启示就是,要让不明显的危险状态充分显示出来,这往往要采用一定的技术手段和方法来实现。

第二个问题:感觉到了这警告吗?这个问题有两个方面的含义:一是人的感觉能力如何,如果人的感觉能力差,或者注意力在别处,那么即使有足够明显的警告信号,也可能未被察觉;二是环境对警告信号的"干扰"如何,如果干扰严重,则可能妨碍对危险信息的察觉和接受。根据这个问题得到的启示是:感觉能力存在个体差异,提高感觉能力要依靠经验和训练,同时训练也可以提高操作者抗干扰的能力;在干扰严重的场合,要采用能避开干扰的警告方式(如在噪声大的场所使用光信号或与噪声频率差别较大的声信号)或加大警告信号的强度。

第三个问题:认识到了这警告吗?这个问题问的是操作者在感觉到警告之后,是否理解了警告所包含的意义,即操作者将警告信息与自己头脑中已有的知识进行对比,从而识别出危险的存在。

第四个问题:知道如何避免危险吗?问的是操作者是否具备避免危险的行为响应的知识和技能。为了使这种知识和技能变得完善和系统,从而更有利于采取正确的行动,操作者应该接受相应的训练。

第五个问题:决定要采取行动吗?从表面上看,这个问题毋庸置疑,既然有危险,当然要采取行动。但在实际情况下,人们的行动是受各种动机中的主导动机驱使的,采取行动回避风险的"避险"动机往往与"趋利"动机(如省时、省力、多挣钱、享乐等)交织在一起。当趋利动机成为主导动机时,尽管认识到危险的存在,并且也知道如何避免危险,但操作者仍然会"心存侥幸"而不采取避险行动。

最后一个问题:能够避免危险吗?问的是操作者在作出采取行动的决定后,是否能迅速、敏捷、正确地作出行动上的反应。

上述六个问题中,前两个问题都是与人对信息的感觉有关的,第3~5个问题是与人的认识有关的,最后一个问题是与人的行为响应有关的。这六个问题涵盖了人的信息处理全过程并且反映了在此过程中有很多发生失误进而导致事故的机会。

瑟利事故模型适用于描述危险局面出现得较慢,如不及时改正则有可能发生事故的情况。

(四)其他事故致因理论

1. 动态变化理论

世界是在不断运动、变化着的,工业生产过程也在不断变化之中。针对客观世界的变化,安全工作也要随之改进,以适应变化了的情况。如果管理者不能或没有及时地适应变化,则将发生管理失误;操作者不能或没有及时地适应变化,则将发生操作失误。外界条件的变化也会导致机械、设备等的故障,进而导致事故的发生。动态变化理论包括本尼尔提出的扰动起源事故理论和约翰逊提出的变化—失误理论。

2. 轨迹交叉论

轨迹交叉论的基本思想是:伤害事故是许多相互联系的事件顺序发展的结果。这些事件概括起来不外乎人和物(包括环境)两大发展系列。当人的不安全行为和物的不安全状态在各自发展过程中（轨迹），在一定时间、空间发生了接触（交叉），能量转移于人体时，伤害事故就会发生。而人的不安全行为和物的不安全状态之所以产生和发展，又是受多种因素作用的结果。

轨迹交叉理论作为一种事故致因理论，强调人的因素和物的因素在事故致因中占有同样重要的地位。按照该理论，可以通过避免人与物两种因素运动轨迹交叉，来预防事故的发生。同时，该理论对于调查事故发生的原因，也是一种较好的工具。

二、消防安全管理原理

消防安全管理既遵循管理的普遍规律，服从管理的基本原理与原则，又有其特殊的原理与原则。

（一）系统原理

1. 系统原理的含义

系统原理是指运用系统论的观点、理论和方法来认识和处理管理中出现的问题，对管理活动进行系统分析，以达到管理的优化目标。

所谓系统是由相互作用和相互依赖的若干部分组成，具有特定功能的有机整体。任何管理对象都可以作为一个系统。系统可以分为若干子系统，子系统可以分为若干要素，即系统是由要素组成的。按照系统的观点，管理系统具有六个特征，即集合性、相关性、目的性、整体性、层次性和适应性。消防安全管理系统是单位活动管理的一个子系统，包括各级消防安全管理人员、消防安全设备与设施、消防安全管理规章制度、消防安全操作规范和规程，以及消防安全管理信息等。消防安全贯穿于整个生产活动过程中，消防安全管理是全面、全程和全员的管理。

2. 运用系统原理的原则

（1）动态相关性原则　动态相关性原则表明：构成管理系统的各要素是运动和发展的，它们相互联系又相互制约。显然，如果管理系统的各要素都处于静止状态，就不会发生火灾、事故。

（2）整分合原则　高效的现代消防安全管理必须在整体规划下明确分工，在分工基础上有效综合，这就是整分合原则。运用该原则，要求单位管理者在制定整体目标和进行宏观策划时，必须将消防安全纳入其中，在考虑资金、人员和体系时，都必须将消防安全作为一项重要内容考虑。

（3）弹性原则　在对系统外部和内部情况的不确定性给予事先考虑并对发展变化的各种可能性及其概率分布，作较为充分认识、推断的基础上，在制定目标、计划、策略等方面，相适应地留有余地，有所准备，以增强系统的可靠性和管理对未来态势的应变能力。

（4）反馈原则　反馈是控制过程中对控制机构的反作用。成功、高效的管理，离不开灵活、准确、快速的反馈。单位生产、经营的内部条件和外部环境是不断变化的，必须及时捕获、反馈各种消防安全信息，以便及时采取行动。

（5）闭合原则　在任何一个管理系统内部，管理手段、管理过程都必须构成一个连续闭合的回路，才能形成有效的管理活动，这就是闭合原则。闭合原则告诉我们，在单位生产、经营中，各管理机构之间、各种管理制度和方法之间，必须具有紧密的联系，形成相互制约的回路，才能有效。

(二) 人本原理

1. 人本原理的含义

在消防安全管理中把人的因素放在首位，体现以人为本，这就是人本原理。以人为本有两层含义：一是一切管理活动都是以人为本展开的，人既是管理的主体，又是管理的客体，每个人都处在一定的管理层面上，离开人就无所谓管理；二是在管理活动中，作为管理对象的要素和管理系统各环节，都需要人掌管、运作、推动和实施。

2. 运用人本原理的原则

(1) 动力原则　推动管理活动的基本力量是人，管理必须有能够激发人的工作能力的动力，要发挥人的主观能动性，这就是动力原则。对于管理系统，有三种动力，即物质动力、精神动力和信息动力。

(2) 能级原则　单位和个人都具有一定的能量，并且可按照能量的大小顺序排列，形成管理的能级，就像原子中电子的能级一样。在管理系统中，建立一套合理能级，根据单位和个人能量的大小安排其工作，发挥不同能级的能量，保证结构的稳定性和管理的有效性，这就是能级原则（知人善任，就是充分发挥每个人的作用）。

(3) 激励原则　管理中的激励就是利用某种外部诱因的刺激，调动人的积极性和创造性。以科学的手段，激发人的内在潜力，使其充分发挥积极性、主动性和创造性，这就是激励原则。人的工作动力来源于内在动力、外部压力和工作吸引力（通过激励可以解决我要安全，而不是要我安全）。

(三) 预防原理

1. 预防原理的含义

消防安全管理工作应该做到预防为主，通过有效的管理和技术手段，减少和防止人的不安全行为和物的不安全状态，达到预防火灾事故的目的。一般来说，火灾和各种伤害事故是可以预防的（除个别外），在有可能发生火灾、人身伤害、设备或设施损坏和环境破坏的场合，事先采取措施，就能有效地防止火灾或事故的发生。

2. 运用预防原理的原则

(1) 火灾是可以预防的原则　生产活动过程都是由人来进行规划、设计、施工、生产运行的，我们可以改变设计、改变施工方法和运行管理方式，避免火灾发生。同时我们可以寻找引起火灾的本质因素，采取措施，予以控制，达到预防火灾的目的。

(2) 偶然性原则　火灾后果以及后果的严重程度都是随机的、难以预测的。反复发生的同类火灾，并不一定产生完全相同的后果，这就是火灾的偶然性。偶然性原则说明：在消防安全管理实践中，一定要重视各种火灾与火险事件，而不管其是否造成了损失，都必须做好预防工作。

(3) 因果关系原则　火灾的发生是许多因素互为因果连锁发生的最终结果，只要诱发火灾的因素存在，发生火灾是必然的，只是时间或迟或早而已，这就是因果关系原则。要防止火灾发生，就必须对各种潜在的火灾隐患进行查找、辨识、评估并予以消除。

(4) 3E原则　造成火灾的原因可归纳为四个方面，即人的不安全行为、危险源的不安状态、消防设施的不完善条件以及管理缺陷。针对这四方面的原因，可采取三种防止对策，即工程技术（Engineering）对策、教育（Education）对策和法制（Enforcement）对策，即所谓3E原则。

（5）本质安全化原则　本质安全化原则来源于本质安全化理论。该原则的含义是指从一开始和从本质上实现了安全化，就可以从根本上消除事故发生的可能性，从而达到预防事故发生的目的。所谓本质上实现安全（本质安全化）指的是：设备、设施或技术工艺含有内在的能够从根本上防止发生事故的功能，具体地讲，包含两个方面的内容：①失误—安全功能。它是指操作者即使操作失误也不会发生事故和伤害，或者说设备、设施具有自动防止人的不安全行为的功能。②故障—安全功能。它是指设备、设施发生故障或损坏时还能暂时维持正常工作或自动转变为安全状态。上述两种安全功能应该是设备、设施本身固有的，即在对它们的规划设计阶段就被纳入其中，而不是事后补偿的。

本质安全化是消防安全管理预防原理的根本体现，也是消防安全管理的最高境界，实际上目前还很难做到，但是我们应该坚持这一原则。本质安全化的含义也不仅局限于设备、设施的本质安全化，还应扩展到诸如新建工程项目，交通运输，新技术、新工艺、新材料的应用，甚至包括人们日常生活的各个领域中。

本质安全化措施：①防止发生不安全行为；②不燃处理（如内外装修不燃材料、不发火地面等）；③不产生火源（如防爆型电器、静电消除、短路保护、过载保护、漏电保护等）；④阻止火势蔓延（如阻火器、水封井等）。

（四）强制原理

1. 强制原理的含义

强制原理的含义是：采取强制管理的手段控制人的意愿和行为，使人的活动、行为等受到消防安全管理要求的约束，从而实现有效的消防安全管理。所谓强制就是绝对服从，不必经被管理者同意便可采取的控制行动。

2. 运用强制原理的原则

（1）安全第一原则　安全第一就是要求在进行生产和其他工作时把安全工作放在一切工作的首位。当生产或其他工作与安全发生矛盾时，要以安全为主，生产或其他工作要服从于安全。

（2）监督原则　监督原则是指在消防安全管理活动中，为了使消防安全法律、法规得到落实，必须设立消防安全管理部门，对单位生产、经营中的守法和执法情况进行监督。监督主要包括国家监察、行业管理、群众监督、单位自我监督等。

（五）责任原理

责任原理是指管理工作必须在合理分工的基础上，明确规定单位各级部门和个人必须完成的工作任务和相应的责任。所以《消防法》规定，要实行消防安全责任制。火灾经验教训表明，凡是发生重特大火灾、群死群伤火灾的单位，几乎都是责任制不落实的。

三、消防安全目标管理

消防安全目标管理是目标管理在消防安全管理中的应用。它是指单位内部各个部门以至每位员工，从上到下围绕单位消防安全的总目标，层层展开各自的目标，确定行动方针，安排消防安全工作进度，制定、实施有效的措施并对消防安全成果严格考核的一种管理制度。它要求管理人员和员工共同参与制定消防安全工作目标，并在工作中实行自我控制，努力完成消防安全管理目标。

(一) 目标管理的由来

目标管理是由美国管理学家彼得·德鲁克创立的。1954年，他在《管理实践》一书中首先使用了"目标管理"的概念，接着又提出了"目标管理与自我控制"的主张。他认为一个单位的目的和任务，必须转化为目标，如果一个领域没有特定的目标，这个领域就必然被忽视。各级管理人员只有通过这些目标领导下级，并以目标来衡量每个人贡献的大小，才能保证一个单位总目标的实现。如果没有一定的目标来指导每个人的工作，则单位的规模越大，人员越多，发生冲突和浪费的可能性就越大。因此他提出让每位员工根据总目标的要求制定个人目标，并努力达到个人目标，就能使总目标的实现更有把握。为达到这个目的，他还主张在目标管理的实施阶段和成果评价阶段应做到充分信任员工，实行权限下放和民主协商，使员工实行自我控制，独立自主地完成任务；此外，成果的考核和奖励也必须严格按照每位员工目标的实现情况和实际成果的大小来进行，以进一步激励每位员工的工作热情，发挥员工的主动性和创造性。

(二) 消防安全目标管理的概念与特点

消防安全目标管理就是在一定时期内（通常为一年），根据单位管理的总目标，从上到下地确定消防安全工作目标，并为达到这一目标制定一系列对策、措施，开展一系列的计划、组织、协调、指导、激励和控制活动。

消防安全目标管理的基本内容是：年初，单位的消防安全部门在高层管理者的领导下，根据单位经营管理的总目标，制定消防安全管理总目标，然后经过协商，自上而下层层分解，制定各级、各部门直到每个员工的消防安全目标和为达到消防安全目标的对策、措施。在制定和分解消防安全目标时，要把消防安全目标和经济发展指标捆绑在一起同时制定和分解，还要把责、权、利也逐级分解，做到消防安全目标与责、权、利的统一。通过开展一系列的组织、协调、指导、激励、控制等活动，依靠全体员工自下而上的努力，保证各自消防安全目标的实现，最终保证单位总目标的实现。年末，对实现消防安全目标的情况进行考核，给予相应的奖励，并在此基础上进行总结分析，再制定新的消防安全目标，进入下一年度的循环。

消防安全目标管理是单位目标管理的一个组成部分，消防安全管理的总目标应符合单位生产经营管理总目标的要求，并以实现自己的目标来促进、保证单位生产经营管理总目标的实现。

为了有效地实行消防安全目标管理，必须深刻理解它的实质，为此应准确把握它的以下特点：

1. 消防安全目标管理是重视人、激励人、充分调动人的主观能动性的管理

管理以人为本，管理的主客体都是人，有效的管理必须充分调动人的主观能动性。传统的消防安全管理是命令指示型管理，上级要求下级搞好消防安全，但没有明确的指标要求，也缺乏具体的指导帮助；下级被动地接受指令，上级叫怎样干就怎样干，干什么样算什么样，干好干坏也没有准确评价的依据。往往积极努力可能因一次重大火灾事故而前功尽弃；而不费力气的却因侥幸平安而立功受奖。这样的管理不仅挫伤人的积极性，也导致消防安全管理效率的日益低下。

消防安全管理是信任指导型的管理，它在管理思想上实现了根本的变革。所谓目标就是达到境地和指标，设定目标并使之内化（不是外部加强，而是内在要求）就会激励人产生

(一) 目标管理的由来

目标管理是由美国管理学家彼得·德鲁克创立的。1954年，他在《管理实践》一书中首先使用了"目标管理"的概念，接着又提出了"目标管理与自我控制"的主张。他认为一个单位的目的和任务，必须转化为目标，如果一个领域没有特定的目标，这个领域就必然被忽视。各级管理人员只有通过这些目标领导下级，并以目标来衡量每个人贡献的大小，才能保证一个单位总目标的实现。如果没有一定的目标来指导每个人的工作，则单位的规模越大，人员越多，发生冲突和浪费的可能性就越大。因此他提出让每位员工根据总目标的要求制定个人目标，并努力达到个人目标，就能使总目标的实现更有把握。为达到这个目的，他还主张在目标管理的实施阶段和成果评价阶段应做到充分信任员工，实行权限下放和民主协商，使员工实行自我控制，独立自主地完成任务；此外，成果的考核和奖励也必须严格按照每位员工目标的实现情况和实际成果的大小来进行，以进一步激励每位员工的工作热情，发挥员工的主动性和创造性。

(二) 消防安全目标管理的概念与特点

消防安全目标管理就是在一定时期内（通常为一年），根据单位管理的总目标，从上到下地确定消防安全工作目标，并为达到这一目标制定一系列对策、措施，开展一系列的计划、组织、协调、指导、激励和控制活动。

消防安全目标管理的基本内容是：年初，单位的消防安全部门在高层管理者的领导下，根据单位经营管理的总目标，制定消防安全管理总目标，然后经过协商，自上而下层层分解，制定各级、各部门直到每个员工的消防安全目标和为达到消防安全目标的对策、措施。在制定和分解消防安全目标时，要把消防安全目标和经济发展指标捆绑在一起同时制定和分解，还要把责、权、利也逐级分解，做到消防安全目标与责、权、利的统一。通过开展一系列的组织、协调、指导、激励、控制等活动，依靠全体员工自下而上的努力，保证各自消防安全目标的实现，最终保证单位总目标的实现。年末，对实现消防安全目标的情况进行考核，给予相应的奖励，并在此基础上进行总结分析，再制定新的消防安全目标，进入下一年度的循环。

消防安全目标管理是单位目标管理的一个组成部分，消防安全管理的总目标应符合单位生产经营管理总目标的要求，并以实现自己的目标来促进、保证单位生产经营管理总目标的实现。

为了有效地实行消防安全目标管理，必须深刻理解它的实质，为此应准确把握它的以下特点：

1. 消防安全目标管理是重视人、激励人、充分调动人的主观能动性的管理

管理以人为本，管理的主客体都是人，有效的管理必须充分调动人的主观能动性。传统的消防安全管理是命令指示型管理，上级要求下级搞好消防安全，但没有明确的指标要求，也缺乏具体的指导帮助；下级被动地接受指令，上级叫怎样干就怎样干，干什么样算什么样，干好干坏也没有准确评价的依据。往往积极努力可能因一次重大火灾事故而前功尽弃；而不费力气的却因侥幸平安而立功受奖。这样的管理不仅挫伤人的积极性，也导致消防安全管理效率的日益低下。

消防安全管理是信任指导型的管理，它在管理思想上实现了根本的变革。所谓目标就是达到境地和指标，设定目标并使之内化（不是外部加强，而是内在要求）就会激励人产生

（5）本质安全化原则　本质安全化原则来源于本质安全化理论。该原则的含义是指从一开始和从本质上实现了安全化，就可以从根本上消除事故发生的可能性，从而达到预防事故发生的目的。所谓本质上实现安全（本质安全化）指的是：设备、设施或技术工艺含有内在的能够从根本上防止发生事故的功能，具体地讲，包含两个方面的内容：①失误—安全功能。它是指操作者即使操作失误也不会发生事故和伤害，或者说设备、设施具有自动防止人的不安全行为的功能。②故障—安全功能。它是指设备、设施发生故障或损坏时还能暂时维持正常工作或自动转变为安全状态。上述两种安全功能应该是设备、设施本身固有的，即在对它们的规划设计阶段就被纳入其中，而不是事后补偿的。

本质安全化是消防安全管理预防原理的根本体现，也是消防安全管理的最高境界，实际上目前还很难做到，但是我们应该坚持这一原则。本质安全化的含义也不仅局限于设备、设施的本质安全化，还应扩展到诸如新建工程项目，交通运输，新技术、新工艺、新材料的应用，甚至包括人们日常生活的各个领域中。

本质安全化措施：①防止发生不安全行为；②不燃处理（如内外装修不燃材料、不发火地面等）；③不产生火源（如防爆型电器、静电消除、短路保护、过载保护、漏电保护等）；④阻止火势蔓延（如阻火器、水封井等）。

（四）强制原理

1. 强制原理的含义

强制原理的含义是：采取强制管理的手段控制人的意愿和行为，使人的活动、行为等受到消防安全管理要求的约束，从而实现有效的消防安全管理。所谓强制就是绝对服从，不必经被管理者同意便可采取的控制行动。

2. 运用强制原理的原则

（1）安全第一原则　安全第一就是要求在进行生产和其他工作时把安全工作放在一切工作的首位。当生产或其他工作与安全发生矛盾时，要以安全为主，生产或其他工作要服从于安全。

（2）监督原则　监督原则是指在消防安全管理活动中，为了使消防安全法律、法规得到落实，必须设立消防安全管理部门，对单位生产、经营中的守法和执法情况进行监督。监督主要包括国家监察、行业管理、群众监督、单位自我监督等。

（五）责任原理

责任原理是指管理工作必须在合理分工的基础上，明确规定单位各级部门和个人必须完成的工作任务和相应的责任。所以《消防法》规定，要实行消防安全责任制。火灾经验教训表明，凡是发生重特大火灾、群死群伤火灾的单位，几乎都是责任制不落实的。

三、消防安全目标管理

消防安全目标管理是目标管理在消防安全管理中的应用。它是指单位内部各个部门以至每位员工，从上到下围绕单位消防安全的总目标，层层展开各自的目标，确定行动方针，安排消防安全工作进度，制定、实施有效的措施并对消防安全成果严格考核的一种管理制度。它要求管理人员和员工共同参与制定消防安全工作目标，并在工作中实行自我控制，努力完成消防安全管理目标。

强大的动力，为实现既定目标而奋斗不息。实行消防安全目标管理，领先目标的激励作用，就可以把消极被动地接受任务，变为积极主动地追求目标的实现，从而极大地调动人们的主观能动性，充分发挥创造精神，全心全意地搞好消防安全工作，大大增强消防安全管理工作的效能。

消防安全目标管理的激励作用不但应体现在"目标"本身，还应贯彻在管理的全部过程和所有环节中。譬如消防安全目标要与经济发展指标挂钩，使之提高到同等地位；要做到消防安全目标与责、权、利的统一，消防安全目标与奖励挂钩，实现管理的封闭；要把消防安全指标作为否定性的指标，达不到目标的不能晋级调档，不能评先进等。简而言之，既然消防安全目标管理是基于激励原理的管理，只有充分利用一切激励手段，才能充分发挥它的优越性，取得最好的效果。

根据上述理由，在实行消防安全目标管理时，要强调充分重视人的因素。上级对下级和每位员工要信任和尊重；在制定目标时要进行民主协商，让下级和员工参与制定；在目标实施时要权限下放，强调自我管理和自我控制，要以追求目标的实现作为各项消防安全管理活动的指南；以实现目标成果的优劣来评价各级单位和每位员工对安全工作贡献的大小。只有这样，才能真正体现消防安全目标管理的精髓。

2. 消防安全目标管理是系统的、动态的管理

消防安全目标管理的"目标"，不仅是激励的手段，而且是管理的目的。毫无疑问，消防安全目标管理的最终目的是实现系统（如一个单位）整体消防安全的最优化，即消防安全的最佳整体效应。这一最佳整体效应具体体现在系统的整体消防安全目标上。因此，消防安全目标管理的所有活动都是围绕着实现系统的安全目标进行的。

为了实现系统的整体消防安全目标，必须做好以下工作：

第一，要制定一个既先进又可行的整体消防安全目标，即消防安全管理的总体目标。这个总目标要全面反映消防安全管理工作应该达到的要求，即它不是一个孤立的目标，而是能够全面反映消防安全工作的若干指标，体现消防安全工作综合水平的目标体系。只有按照这样的要求所确定的总目标才能全面推动单位消防安全工作的发展，真正反映出消防安全工作的优劣，起到充分调动员工工作积极性的作用。

第二，总目标要自上而下地层层分解，制定各级、各部门直到每位员工的消防安全目标。纵向到底，横向到边，形成一个纵横交错、全方位覆盖的系统消防安全目标网络。这是因为单位的消防安全总目标要依靠所有部门全体人员步调一致地共同努力才能实现。这就要求每个部门的每位成员都应该在总目标下设置自己的分目标、子目标，自下而上地实现自己的目标，从而保证总目标的实现。子目标、分目标、总目标之间是局部和整体的关系，必须自下而上，一级服从一级，一级保证一级。每个部门、每个成员都应该清醒地意识到自己在整体中的地位，在保证实现上一级目标和总目标的前提下，追求自己目标的实现。总之，消防安全目标管理的目标不仅是单一层次的总目标，而是一个以实现总目标为宗旨的高度协调统一的目标系统。

第三，要重视对目标成果的考核与评价。消防安全目标管理以制定目标为起点，以实现目标为归宿，只有圆满地实现了目标，才能取得最佳的整体效应，达到消防安全管理的目的。为了了解目标达到的程度，就要进行目标成果的考核、评价。通过对目标成果的考核与评价，可以总结成绩，找出存在的问题，为进入下一周期的管理奠定基础；可以明确优劣，

奖优罚劣，使目标激励的作用真正落到实处。重视目标成果，就是重视实效，认真考核、评价目标成果也有助于克服形式主义，培养和发扬踏实、细致的工作作风。

第四，要重视目标实施过程的管理和控制。消防安全目标管理强调重视人、激励人，充分调动每个部门、每位成员的积极性，但这并不等于各自为政，放任自流。要进行有组织的管理活动，要把所有的积极性集中统一起来，沿着指向目标的轨道向前运动。如果发现偏离，就应及时纠正。为此，要重视信息的收集和反馈，进行有效的指导和帮助，以及必要的协调、控制。总之，消防安全目标管理的目标不是一个静止的靶子，而是包含了为击中靶子所进行的一系列的动态消防安全管理控制过程。

(三) 实施消防安全目标管理的步骤

实施消防安全目标管理包括四个步骤，即消防安全目标的制定、展开、实施和成果的考核评价。四个步骤紧密衔接构成一个管理周期。在实施消防安全目标管理的全过程中都要重视人的因素，充分发挥各级组织和每位员工的积极性，提倡民主协商，强调自我管理、自我控制。为做到这一点，对领导者也要相应地提高要求。领导者不应只凭借职权发号施令，而是要既能善于激励调动群众，又能及时给予正确的指导和有益的帮助。

1. 制定消防安全管理目标

制定消防安全管理目标是目标管理的第一步。目标是目标管理的依据，因此制定既先进又可行的消防安全目标是消防安全目标管理的关键环节。

(1) 制定消防安全目标的原则

1) 科学预测原则。消防安全目标的制定，必须要以科学的预测为前提。只有进行科学的预测，才能准确地掌握消防安全管理系统内部和外部的信息，才能预见事物的未来发展趋势，从而为消防安全目标的确定提供科学而可靠的依据。因此，在消防安全目标的制定中，不仅要进行深入实际的调查研究，还要运用先进的预测手段，做到定性预测与定量预测相结合，从而保证消防安全目标的科学性和可行性。

2) 员工参与原则。消防安全目标的制定，不应只是单位领导者、消防安全管理者的事，还应当广泛发动员工共同参与消防安全目标的制定。发动员工参与消防安全目标的制定，不仅可以听取员工的要求与建议，集中员工的智慧，增强消防安全目标的科学性，而且有利于消防安全目标的贯彻和执行。

3) 方案选优原则。安全目标的制定，必须坚持方案选优的原则。这一原则要求在安全目标的制定过程中，首先要有多个选择方案，然后通过科学决策和可行性研究，从多个方案中选出一个满意的方案。

4) 信息反馈原则。在坚持上述原则的基础上所确定的安全目标，并不能保证有足够的科学性、先进性和可行性。这主要是因为：首先，人们的认知能力和知识水平是有限的，有些见解在当时看来是科学的、合理的，但随着时间的推移和人们认知能力的提高，事后就会发现其不足之处；其次，单位内部环境和外部环境是不断变化的。条件的不断改变，原定的消防安全目标必然会出现偏差。因此，在消防安全目标的制定中，必须坚持信息反馈原则，不断收集反馈各种有关信息，及时纠正偏差。

(2) 消防安全目标的内容　制定消防安全目标包括确定单位消防安全目标方针和总体目标，制定实现目标的措施三个方面内容。

1) 确定单位消防安全目标方针。单位消防安全目标方针即用简明扼要、激励人心的文字、数字对单位消防安全目标进行的高度概括。它反映了单位消防安全工作的奋斗方向和行动纲领。单位消防安全目标方针应根据上级的要求和单位的主客观条件，经过科学分析和充分论证后加以确定。

2）确定单位消防安全总体目标。单位消防安全总体目标是消防安全目标方针的具体化。它具体规定了为实现目标方针在各主要方面应达到的要求和水平。只有目标方针而没有总体目标，目标方针就成了一句空话；也只有根据目标方针来制定总目标，总目标才有正确的方向，才能保证目标方针的实现。目标方针与总目标是紧密联系，不可分割的。

总体目标由若干目标项目所组成。这些目标项目应既能全面反映消防安全工作在各个方面的要求，又能适用于国家和单位的实际情况。每一个目标项目都应规定达到的标准，而且达到的标准必须数值化，即一定要有定量的目标值。因为只有这样才能使员工的行动方向明确具体，在实施过程中便于检验控制，在考核评比时有准确的依据。

3）制定实现目标的措施。为了保证消防安全目标的实现，在制定目标时必须制定相应的措施。措施的制定要避免面面俱到或"蜻蜓点水"，应该抓住影响全局的关键项目，针对薄弱环节，集中力量有效解决问题。措施的实施应规定时限，落实责任，并尽可能有定量的指标要求。

(3) 制定消防安全目标的主要依据　制定消防安全目标的主要依据如下：①国家的消防法律法规、方针、政策；②上级主管部门下达的指标或要求；③同类单位的消防安全情况和动向；④历年本单位的火灾事故情况和现状评价；⑤单位的长远消防安全规划；⑥单位的经济技术条件。

(4) 制定消防安全目标的程序　制定消防安全目标一般分为三步，即调查分析评价、确定目标、制定政策措施，具体内容如下：

1）调查分析评价。这是制定消防安全目标的基础，要应用系统安全分析与危险性评价的原理和方法对单位的消防安全状况进行系统、全面的调查、分析、评价，重点掌握如下情况：单位的生产、技术状况；由单位发展、改革带来的新情况、新问题；技术装备的安全程度；人员的素质；主要的危险因素及危险程度；安全管理的薄弱环节；曾经发生过的火灾事故情况；历年有关消防安全目标指标的统计数据。

通过调查分析评价还应确定重点控制的对象，一般有如下几点：一是危险点，即可能发生重大火灾事故的设备、部位；二是危险作业，即容易引发火灾的作业，如使用易燃易爆危险物品、焊接、切割或其他用火作业；三是特殊人员，即特定的人员和特殊工种。

2）确定目标。制定消防安全管理目标要有广大员工的参与，领导与群众共同商定切实可行的消防安全管理目标。制定目标要注意以下几点：消防安全目标要具体，不要太抽象；目标不宜太多，以免力量过于分散；应将重点工作首先列入目标，并将各项目标按其重要性分成等级或序列；目标要实际，不要过高，经过努力能实现；目标应能数量化，以便考核和衡量。

3）制定政策措施。要使目标实现，必须有相应的政策措施作保证。这些政策措施包括：组织制度；消防安全技术；消防安全教育；消防安全检查；火灾隐患整改；信息反馈；考核、评价以及奖惩等。

2. 消防安全目标的展开

消防安全目标确定之后，还要自上而下层层展开，将消防安全目标落实到各科室、车间、工段、班组和每位员工，纵向到底，横向到边，使每级组织、每位员工都确定自己的目标，明确自己的责任。展开目标应注意以下问题：

1）要使每个分目标与总目标密切配合，直接或间接地有利于总目标的实现。

2）各部门或个人的分目标之间要协调平衡，避免相互牵制或脱节。

3）各分目标要能够激发下级部门和员工的工作积极性，充分发挥其工作能力，应兼顾目标的先进性和实现的可能性。

3. 消防安全目标的实施

在制定和展开消防安全目标后，就转入了目标的实施阶段。消防安全目标的实施是指在落实保障措施，促进消防安全目标实现的过程中所进行的管理活动。消防安全目标实施的效果如何，对消防安全目标的成效起决定性作用。在这个阶段中，各部门及相关人员要着重做好自我管理、自我控制、必要的监督和协调、有效的信息交流等。

（1）自我管理、自我控制　这是目标实施阶段的主要原则。在这个阶段，单位从上到下的各级领导、各级组织、每位员工都应该充分发挥自己的主观能动性和创造精神，围绕着追求实现自己的目标，独立自主地开展活动，抓紧落实，实现所制定的目标。在这个阶段，上级对下级要注意权力下放，充分给予信任，要放手让下级独立实现目标，对于属于下级权限内的事，不要随意去干预。

为了实现自我管理、自我控制，各部门及相关人员应编制消防安全目标实施计划表，并严格按照实施计划表上的要求进行工作。

（2）监督和协调　消防安全目标的实现除了依靠各级组织和广大员工的自我管理、自我控制，还需要上级对下级的工作进行有效的监督、指导、协调和控制。

（3）信息交流　信息交流是单位经营管理中一个不可忽视的重要过程，所有的单位活动都必须依赖信息的传递与交流来进行，包括计划、领导、控制等各个方面。

4. 目标成果的考评

在达到预定期限或目标完成后，上下级一起对完成情况进行考核，总结经验和教训，确定奖惩标准，并为设立新的目标，开始新的循环作准备。

（1）目标考评的原则　目标考评的原则要求：评价要公开、公正；自我评价与上级评价相结合；重视成果与综合评价相结合；考评标准要量化且易于操作。

（2）目标考评的方法　目标考评的方法包括：制定考评指标体系，确定各项目指标的分值、比例；给各项目指标打分；综合评价。

（3）目标考评注意事项

1）要建立好考评组织，选作风正派、懂业务、会管理、有威信的人参加考评组织。

2）考评必须与奖励挂钩，使达到目标者获得物质的或精神的奖励。

3）在民主协商的基础上，预先制定好考核细则、评价标准和奖励办法，并在消防安全目标管理开始时就向全体员工明确宣布。

4）要把考评结果及时反馈给执行者，让他们总结经验教训。

第二节　消防安全管理方法

消防安全管理方法是指消防安全管理主体及其工作人员为实现管理职能、完成管理任务，在消防安全管理过程中采用的措施、办法和技术、手段的总称。各种消防安全管理方法及技术的产生和发展，以及具体运用，都是由管理活动的需要所决定的，采取什么样的管理方法和技术，取决于管理事务的性质和发展规律，也取决于特定的环境。

一、传统的管理方法

所谓传统的管理方法是指在管理中一直沿用且有效的方法，主要包括行政方法、法律方法、经济方法、诱导性方法等。

（一）行政方法

1. 行政方法的含义

行政方法是指依靠组织机构和领导者的权威，通过组织系统，采用命令、指示、规定、指令性计划、制定规章制度等管理手段，对管理对象发生影响和进行控制的管理方法。行政方法以权威和服从为基本原则。

2. 行政方法的特性

（1）权威性　它是指管理者依靠下级必须服从上级的原则，用领导机关的权威直接影响被管理者的意志、左右被管理者的行动。

（2）强制性　所属范围内的管理对象都必须接受其管理。

（3）针对性　针对某一时期、某一目的、某一对象而采取具体措施，随时间、目的、对象的变化而变化。

3. 行政方法的具体方式

行政方法的具体方式是行政命令。行政命令泛指政府及其有关部门的一切决定或措施。通常又分为两种：一种是对社会不确定的相对人普遍适用的抽象性的行政命令；另一种是对具体相对人适用的具体性行政命令。行政命令一般表现为决定、通告、通知等。在我国通常开展的专项治理，属于行政方法。

4. 行政方法的利弊

（1）行政方法的优点　它主要表现在：一是使被管理系统集中统一，通过发布命令、贯彻实施、检查督促、调节处理等程序，把人们的意志和行动统一起来、组织起来；二是有利于贯彻党和国家的方针和政策，有利于国家直接控制关系国计民生的决策和措施；三是便于管理职能的发挥，如发挥高层领导的决策、计划作用，充分依靠政权机关的权威性对各个领域进行组织、指挥，通过行政管理、行政层次、行政手段进行控制；四是便于处理特殊问题，以应付意外事件，如针对性地发布行政命令、对特殊的个性问题采取强有力的措施予以处理等办法。

（2）行政方法的弊端　它主要表现在：一是行政方法受到领导者水平的影响，易产生随意性、主观性（如有时由于上级不了解基层情况，而又通过行政手段要求下级做什么，下级为了应付上级，而弄虚作假、虚报数字）；二是因权力集中，管理层次较多，信息传递迟缓或失真，以及垂直指挥、横向沟通困难；三是因低层次领导主要听命于高层领导，易造成下一级领导有职、少权、无责的现象；四是行政方法不利于法制化建设。

（二）法律方法

1. 法律方法的含义

法律方法是指消防安全管理主体，依照法定职权和程序，将国家法律、法规实施到具体的消防行政事务中,以达到依法行政的目的。

运用法律方法进行消防安全管理,实质上就是通过消防法律、法规的实施,把国家的意志转化为社会公众的普遍行动,用法律、法规去调整各种社会关系,调整人们的有关消防安全行为,使社会成员朝着有利于公共消防安全目标实现的方向发展。

运用法律手段实施消防安全管理,要求消防安全管理主体实施监督执法应当坚持依法监督原则,即依照法律、法规、规章的规定进行;没有法律、法规和规章的规定,消防安全管理主体不得作出影响公民、法人和其他组织合法权益或者增加公民、法人和其他组织义务的决定。

2. 法律方法的特点

法律方法作为消防安全管理的基本方法,具有权威性、强制性、规范性和稳定性四个特点。

3. 法律方法的具体方式

消防安全管理中的法律方法主要包括:消防行政许可、消防监督检查、消防行政处罚、消防行政强制等。在单位消防安全管理中,由于管理者没有执法权,其管理属于单位内部行为,但单位可以依据国家法律、法规制定规章制度,并作为管理依据,严格执行,避免随意性。

(三) **经济方法**

1. 经济方法的含义

经济方法是指管理主体根据客观经济规律,运用物质利益原则,利用各种不同经济杠杆,如价格、工资、奖金、利息、信贷、税收、补贴以及经济合同等方法,来调节多方的经济利益关系或刺激被管理者的积极性的一种管理方法。

消防安全管理中运用经济方法,一方面,政府可以通过经济杠杆调节和影响社会单位的活动,改变单位要素的组合方式,提高单位的工作效率,促进社会经济的发展和公共消防安全;另一方面,可以用经济杠杆影响社会公民和行政人员的思想和行为,促进其改进工作,提高效率。再者,单位可以利用经济手段激励员工积极参与消防工作。

2. 经济方法的具体运用

(1) 减免税收或补贴制度　税收是经济管理的重要手段,用于调节再分配使社会成员收入达到相对平等,缩小贫富差距。税收制度可以体现国家的政策导向,对于国家鼓励的事项可以减免税收,而对于国家限制的事项可以加重税收。在消防安全管理中,政府也可以利用这一手段促进公共消防安全。

安全就是效益,安全就是生产力。但消防投入的效益是隐形的,不发生火灾体现不出来。单位作为市场的主体,其目标就是以最小的投入获得最大的收益。因此,一些单位就敢于冒很大的风险,片面追求经济效益而忽略消防安全,只有当发生火灾时才后悔莫及。但也有一些单位,消防安全意识强,能自觉地履行消防安全职责,投入大量的人力、物力和财力落实消防安全措施,及时整改火灾隐患,保证了单位的安全。由于消防安全管理具有外部性,一个单位的消防安全做好了,不仅单位自身受益,社会也受益;相反一个单位的消防安全做得不好,一旦发生火灾事故,不仅单位自身受损失,对社会也会构成危害。所以,单位自觉履行消防安全职责,也是为社会的消防安全做贡献,同时也节约了消防行政执法成本。对于这些单位,理应予以鼓励。

(2) 完善消防行政补偿制度 消防行政补偿是指消防行政主体在行使职权过程中因合法行为给相对人的合法权益造成损害，或者公民个人协助消防行政主体执行公务或灭火而使个人利益遭受损害时，由消防行政主体依法对相对人给予相应的利益补偿的制度。

我国的消防行政补偿制度已经存在，但很不完善，消防法律规定很笼统，补偿范围小，缺乏相应的实施细则和补偿标准，现实中许多应当给予补偿的事项得不到及时的补偿，极大地影响了社会成员参与消防工作的积极性。

从法律上讲，消防行政补偿是社会公共负担平均分担的一种体现，不能让没有义务的人承担公共义务，也不能让个人或少数人承担应当由大多数人承担的义务。否则，就会造成不公平。

从管理上讲，消防行政补偿也是管理的一种经济手段，利用得好，可以鼓励社会成员积极参与消防工作。虽然它不同于奖励，但追求的是起码不能让积极参与消防工作和协助消防部门工作的人吃亏。

(3) 充分发挥保险机制的作用 保险作为一种市场化的风险转移机制、社会互助机制和社会管理机制，与消防工作关系十分密切。因此，充分利用保险，促进消防发展，也是消防安全管理的重要手段。保险的功能与作用如下：

1) 转移火灾风险。买火灾保险就是把自己的火灾风险转移出去，而接受风险的机构就是保险公司。保险公司接受风险转移是因为火灾保险属于可保风险。通过研究火灾风险的偶然性去寻找其必然性，掌握风险发生、发展的规律，为众多有危险顾虑的人提供了保险保障。

2) 均摊火灾损失。转移风险并非灾害事故真正离开了投保人，而是保险人借助众人的财力，给遭灾受损的投保人补偿经济损失，为其排忧解难。保险人以收取保险费用和支付赔款的形式，将少数人的巨额损失分散给众多的被保险人，从而使个人难以承受的损失，变成多数人可以承担的损失，这实际上是把损失均摊给有相同风险的投保人。所以，保险只有均摊损失的功能，而没有减少损失的功能。

3) 实施火灾补偿。分摊损失是实施补偿的前提和手段，实施补偿是分摊损失的目的。其补偿的范围主要有以下四个方面：一是投保人因灾害事故所遭受的财产损失；二是投保人因灾害事故使自己身体遭受的伤亡应给付的保险金；三是投保人因灾害事故依法对他人应付的经济赔偿；四是灾害事故发生后，投保人因施救保险标的所发生的一切费用。

4) 辅助监督和指导减灾作用。保险公司确定保险对象时，要对投保单位进行消防安全评估，或参考有关安全评估机构对其进行的消防安全评估结果，根据评估结果确定保险费率和承保与否，并且在合同中明确投保单位应当履行的消防安全义务。对于存在重大火灾隐患的单位，要么不予承保，要么提高保险费率。为了降低投保标的的损失，保险组织还要根据合同，对于已经投保的单位开展防灾减灾宣传、进行监督检查，如果发现其存在重大火灾隐患，保险组织就会向其下发整改通知书（因为投保单位违约，要求其履行合同），如果不按要求整改的，明确告知其如果发生火灾，保险公司将根据《中华人民共和国保险法》的相关规定不予赔付；对于违反保险合同要求而发生火灾的，不仅不予赔付，公安机关消防机构还要给予必要的处罚，从而消除单位对保险赔付的依赖，迫使单位重视重大火灾隐患的整改。对于在保险合同期内，消防工作开展得好，连续多年不发生火灾，且没有重大火灾隐患的单位，保险组织还应当返还一定的资金作为奖励，或者降低保险利率，从而发挥其消防安全监管、指导减灾的作用。

（四）诱导性方法

诱导性方法是一种以人为中心的人本主义管理方法，它通过利用非强制手段使被管理者自觉自愿地去从事管理主体所鼓励的工作或活动。其特点是通过管理者的循循善诱及谆谆教导，使人们自觉地、主动地、积极地、和谐地去行动。诱导性方法包括：行政指导方法和行为激励方法。

1. 行政指导方法

行政指导是管理主体为实现管理目标，在其职权或事项范围内，以建议、辅导、劝告、引导、指示、协助、示范、鼓励、发布官方信息等多样性的非强制手段或方式，使相对人接受意思表示并付诸实施（包括作为和不作为）的行政活动。行政指导是一种非强制式管理手段，由于其具有很大的灵活性而被广泛运用，它的功能主要表现在提高行政效率、弥补法律体系的不足、发挥协调平衡作用、提高行政相对人的地位、增进行政民主等方面。消防安全宣传教育方法是最常见的行政指导方法，对于提高公民消防安全素质和意识有着重要意义。

2. 行为激励方法

行为激励方法属行为科学的方法，它是通过有目的地设置一定的条件和刺激，使人们的行为动机激发起来，从而产生某种特定的行为反应。可以看出，宣传教育方法偏重于人的思想，行为激励方法则偏重于人的行为。行为激励是一个有序的过程，最初起因于一定的需要，由需要而产生动机，动机又导致行为的出现，行为的结果是达到某种目的，满足一定的需要，而后是新的需要的出现，如此循环。行为激励的实质在于激发人的动力，其目的在于使人产生某种行为以实现行政工作预定的目标。

二、当代公共管理新方法

（一）市场化手段

市场化手段是指政府公共部门利用市场这一资源有效配置手段，来达到提供公共物品和公共服务目的的公共管理方法。近年来西方发达国家在政府管理改革中，积极推崇市场化手段，大大提高了政府管理的效率。

市场化手段的主要方式包括：民营化、用者付费、合同外包、特许经营、凭单制、分散决策、放松监管、产权交易、内部市场等方法。不论是政府还是单位，都可以运用市场化手段进行管理活动。同样市场化手段也可以用于消防安全管理中。

（二）工商管理技术

现代工商组织在经营管理活动中，不断探索创新，形成了一批管理技术，有效地促进了组织的持续发展。这些管理技术与经验不仅用于工商组织的管理中，也被政府所借鉴，许多国家的公共部门都在向组织学习、借鉴，改革公共管理方式，提升公共管理水平。常用的工商管理技术主要包括战略管理、目标管理、绩效管理、全面质量管理、组织流程再造等。其中目标管理、绩效管理、全面质量管理已被应用于消防安全管理中。

（三）社会化手段

消防安全管理社会化手段有广义和狭义之分。从广义上说，消防安全管理的社会化手段包括本章所讲的所有管理方法，即通常所说的消防工作社会化，是指在政府的领导下，充分发挥社会多元主体的作用，以多种方式和手段，在公民的广泛参与下对消防安全实施有效治理，以维护全社会的消防安全秩序，实现消防安全目标。

从狭义上说，消防安全管理社会化手段主要是指充分发挥政府以外社会成员参与消防安全管理，实现公共消防安全管理目标的方法。这里所说的社会化手段是指狭义的，主要包括：

1. 社区自治

社区自治是治理理论在社区层面上的运用。就消防安全事务来说，由于政府机构的人力、物力、精力有限，不可能监管到一切，服务到一切。因此，不论是城市社区还是农村社区，其消防安全管理事务，如消防安全宣传教育、消防安全检查、初起火灾扑救等，都必须依靠社区本身。

2. 中介服务

消防中介组织能承担起代表政府对公民进行公共消防安全管理、维持社会公共消防安全秩序的部分职能。它可以完成政府（及消防部门）无法完成的事情。例如，消防协会可以发挥其优势对消防产品生产行业进行行业自律管理，这比政府的强制管理有时更有效。它也可以代表企业与政府对话协商，表达企业的愿望。在我国，消防中介组织根据其功能作用可分为行业自律性消防中介组织、市场监管性消防中介组织和技术服务性消防中介组织。

（1）行业自律性消防中介组织　行业自律性消防中介组织是指成员共同协商制定规则，以此约束自己的行为，实现行业内部自我管理的消防中介组织。例如，各种消防协会就属于此类。它们的主要功能是沟通单位与政府的联系，为会员单位和个人提供各种服务，包括开拓市场、提供信息、帮助培训、技术交流、举办展览等，帮助单位之间的联系与合作，表彰成绩突出的先进单位等。

（2）市场监管性消防中介组织　市场监管性消防中介组织是指具有监督管理职能的非政府性质的消防中介组织，如消防产品认证认可机构、消防产品检测机构、消防设计审核机构、消防安全评价机构、消防职业鉴定机构等。这类消防中介组织既向社会提供消防技术服务，同时又具有监管功能，能在一定程度上代替政府实施监管。

（3）技术服务性消防中介组织　技术服务性消防中介组织是指依法设立，并按照规定取得资质证书，在许可的业务范围内向社会提供建筑消防设施维护保养、建筑消防设施检测、消防安全监测、消防安全评估、消防职业培训等消防技术服务的组织。这类组织通过专家和技术人员运用各种消防专业知识，为企事业单位提供技术和智力服务，帮助市场主体分析问题、提出问题、解决问题，或直接从事消防技术业务服务。这类消防服务要靠市场机制来运作。谁的服务好，谁就有市场，谁就能生存、发展。对于需求方而言，消防设施维护保养外包给消防中介技术服务机构，往往比由自己承担更经济。

3. 志愿者服务

志愿者服务是指由志愿者在组织的安排下自愿参与一些公共事务活动，向社会提供服务的一种方式。在消防安全管理中，有许多事情可以由志愿者承担，如消防安全宣传教育、消防安全检查、初起火灾扑救等。对于比较大的火灾或灾难，即使志愿者不能独立完成，也可以成为公安消防队或专职消防队的助手，弥补专业消防队伍的不足。

就我国目前而言，群众参与志愿活动还存在一些问题，如群众参与的主动性不够，群众参与渠道不畅通等。其主要原因是我国公民参与公共事务的意识淡薄并且缺乏激励机制。为了鼓励公民参与志愿消防活动，政府应当制定相应的激励政策，如对志愿者参与火灾扑救给予一定的劳务补偿、为志愿消防人员购买人身意外伤害保险、为志愿消防人员在培训期间提供食宿和补助、志愿消防人员在训练中受伤或者死亡的也要得到医疗和抚恤等。

4. 参与管理

参与管理是通过群众参加管理和决策来提高群众积极性和管理效率的一种管理方法。参与管理有宏观和微观之分。宏观意义上的参与管理是政治民主的一个重要内容。微观意义上的参与管理是行政管理的一种方法，即行政人员都有对行政组织和个人目标的确立，对行政管理计划和程序的设计，以及对工作成果的评价发表意见的权利和义务。在消防安全管理中，参与管理更多体现在相对人的参与，如在制定公共消防政策、消防规划、消防标准时主动征求相对人的意见，在消防行政执法中履行告知义务，经常听取相对人对消防安全管理和消防服务的意见和建议等。

在企业消防安全管理中，鼓励员工参与消防安全管理目标的制定和考核，有利于企业消防安全目标的实现。

三、运用信息技术的方法

（一）信息技术的含义

信息技术（Information Technology，IT），是指用于管理和处理信息所采用的各种技术的总称。它的应用包括计算机硬件和软件，网络和通信技术，应用软件开发工具等。随着计算机和互联网的普及，人们日益普遍地使用计算机和网络来生产、处理、交换和传播各种形式的信息，并且日益应用到各类管理活动中。

（二）信息技术在消防安全管理中的应用

近年来，公安机关消防机构根据国务院和公安部的要求，积极探索信息技术在消防安全管理中的应用，对内先后开发网上办公系统、消防安全重点单位管理系统、火灾数据上报系统、建设工程消防审核与验收备案系统等；对外开发了社会公众服务平台，各级公安机关消防机构都开设了消防网站。从2011年开始推出的消防安全管理系统，在消防安全管理方面实现了行政许可网上受理、网上办理、网上督查、网上考评等，能够方便查阅相关法律、法规、技术标准、办事程序，能够网上申报有关事项、举报消防违法行为，网上自我培训学习，等等。

网络技术、信息技术的应用，增加了执法透明度，提高了执法公正性，方便了社会公众，防止了执法随意性，大大提高了消防监督执法效率。另外，近年来与信息技术紧密相关的网格化管理日益受到关注，在消防管理中也得到了应用。2011年12月30日国务院下发的《国务院关于加强和改进消防工作的意见》（国发［2011］46号），明确提出"推行消防安全网格化管理"；2012年6月15日公安部消防局下发《关于消防安全重点单位实行消防安全"户籍化"管理工作的意见》（公消［2012］164号）。

网格化管理主要基于城市管理网络与城市基本地理信息系统，运用"3S"（RS、GIS、GPS）技术、地理编码技术和移动信息技术，以数字城市技术为依托，将信息化技术、协同工作模式应用到城市管理中，通过建设网格化城市管理平台，实现市、区、专业工作部门和网格监督员四级联动的管理模式和信息资源共享系统。

重点单位消防安全"户籍化"管理是充分运用信息化手段，通过消防安全管理信息系统，为每个重点单位设置一个专用账户，建立消防安全"户籍化"管理档案，重点单位负责将本单位基本情况、消防安全基本信息、消防安全管理制度、逐级消防安全责任落实情况、员工消防安全教育培训及灭火和应急疏散预案等录入消防安全"户籍化"管理档案；及时记录日常消防安全管理动态，并根据重点单位消防安全"户籍化"管理档案系统自动统计分析出的工作薄弱环节和问题，采取针对性的工作措施；定期向当地公安机关消防机构报告备案有关消防工作开展情况，全面规范自身消防安全管理；公安机关消防机构对重点单位消防安全"户籍化"管理实行动态监督，严格审查重点单位报告备案文件，及时录入消防监督情况，定期统计分析本地区重点单位消防安全管理情况，有针对性地开展消防监督检查，切实提高消防监督工作的效率。

自学指导

本章学习重点：消防安全管理原理、消防安全目标管理、消防安全管理的传统方法、消防安全管理社会化手段。

（1）消防安全管理原理　消防安全管理原理包括五个原理，即系统原理、人本原理、预防原理、强制原理和责任原理。每个原理对于实际的消防安全管理工作都非常重要，必须理解其实质。

（2）消防安全目标管理　消防安全目标管理是目标管理在消防安全管理中的应用，从20世纪90年代在我国得到较为广泛的应用。学习消防安全目标管理要注意把握消防安全目标管理的基本内容以及实施消防安全目标管理的步骤。

（3）消防安全管理的传统方法　消防安全管理的传统方法包括行政方法、法律方法、经济方法、诱导性方法。

（4）消防管理社会化手段　消防管理社会化手段包括社区自治、中介服务、志愿者服务、参与管理等。

本章学习的难点：事故致因理论。

事故致因理论的内容较多，涉及多个事故模型，但重点是熟悉海因里希的事故因果连锁理论。该理论认为事故因果连锁过程包括五个因素，即遗传及社会环境、人的缺点、人的不安全行为或物的不安全状态、事故、伤害，但关键因素是人的不安全行为或物的不安全状态，只有控制住关键因素，才能预防事故发生。

复习思考题

一、单项选择题（将正确的答案填写在括号内，错选、多选或未选均不得分）

1. 在消防安全管理中发挥保险机制的作用，属于（　　）方法。
   A. 行政　　　　　　B. 法律　　　　　　C. 经济　　　　　　D. 标准化

2. 消防中介技术服务属于（　　）方法。
   A. 传统管理　　　　B. 工商管理技术　　C. 社会化手段　　　D. 标准化管理

3. 海因里希提出的事故连锁理论，并认为安全管理的中心就是移去（　　）块骨牌，即（　　）。
   A. 第一，遗传及社会环境　　　　　　B. 第二，人的缺点
   C. 第三，人的不安全行为或物的不安全状态　　D. 第四，事故

4. 根据预防原理，下列说法不正确的是（　　）。
   A. 火灾是可以预防的，我们可以寻找引起火灾的本质因素，采取措施，予以控制，达

到预防火灾的目的
B. 火灾虽然是可以预防的，但火灾后果以及后果的严重程度是随机的、难以预测的。反复发生的同类火灾，并不一定产生完全相同的后果
C. 火灾的发生是许多因素互为因果连锁发生的最终结果，只要诱发火灾的因素存在，发生火灾是必然的，只是时间或迟或早而已
D. 火灾具有偶然性，要预防火灾是不可能的，只能着手于灭

二、简答题
1. 简述海因里希事故因果连锁理论的五种因素。
2. 简述运用系统原理的原则。
3. 简述运用预防原理的原则。
4. 简述制定消防安全目标的原则。
5. 简述预防火灾的本质安全化措施。
6. 简述确定消防安全目标应注意的事项。

三、论述题
1. 什么是重点单位消防安全"户籍化"管理，其主要内容包括哪些？
2. 什么是诱导性方法？在单位消防安全管理中，如何运用？
3. 在单位的消防管理中，你认为最主要利用哪些方法手段？并简要说明其应用。

第三章 消防安全管理职责

学习目标

1. 应了解、知道的内容

◇消防安全管理组织。

◇各级人民政府的消防安全职责。

◇法律授权的其他特殊行业消防监管职责。

◇社区的消防安全职责。

2. 应理解、清楚的内容

◇公民的消防安全权利与义务。

◇政府有关执法部门的消防安全职责。

3. 应掌握、会用的内容

◇社会各单位的消防安全职责。

4. 应熟练掌握的内容

◇社会单位申报有关行政许可的内容和程序。

自学时数 8学时。

老师导学

本章先介绍我国消防安全管理的组织架构，然后分别讨论相关组织的消防安全职责。本章主要以《消防法》《单位消防安全管理规定》《消防监督检查规定》以及《建设工程消防监督管理规定》为依据，介绍政府组织和社会组织的消防安全职责，并没有难以理解的理论。学习本章时注意结合以上法律、法规。

消防安全管理职责是指消防安全管理主体在消防安全管理过程中，为实现消防安全应履行的职责或义务。不同的主体由于管理的事项、权限不同，其消防安全管理职责也有所不同。

第一节 消防安全管理组织

消防安全管理组织是指对消防安全事务有管理权限和责任的组织。消防安全管理组织架构是指这些组织的组织形式、体系及组成。

我国消防安全管理组织的形式分为政府消防安全管理组织和非政府消防安全管理组织。

政府消防安全管理组织主要是公安机关消防机构及其所属的消防部队，承担消防监督管理和灭火救援任务。

非政府消防安全管理组织包括消防协会、消防技术服务机构以及社会单位内部的消防组织和民间消防组织。

一、政府消防安全管理组织

（一）各级人民政府公安消防序列

1. 公安部消防局

在公安部中设消防局，负责对全国消防工作进行监督管理，并代表国务院、公安部起草国家的消防政策法规、技术标准，对全国省级以下各级公安机关消防机构进行指导，领导公安消防部队。

2. 省（自治区、直辖市）公安厅（局）消防局

各省级公安厅（局）设消防局，又称公安消防总队，承担本省（市、区）的消防监督管理和灭火救援工作。并代表本省（市、区）政府、公安厅起草本省（市、区）的地方性消防政策法规、技术标准，公安消防总队下辖司令部、政治部、后勤部、防火监督部四个部门，一个直属机构（培训基地）。

3. 市（地、州、盟）公安局（处）消防分局

各市（地、州、盟）公安局（处）设消防分局，又称公安消防支队，承担本辖区的消防监督管理和灭火救援工作。公安消防支队下辖司令部、政治处、后勤处、防火监督处四个部门和直属特勤消防大队。

4. 县（区、县级市、旗）公安局消防大队

县（区、县级市、旗）级公安局设公安消防大队，承担本辖区的消防监督管理和灭火救援工作。

5. 公安派出所

根据《消防法》的规定，公安派出所承担乡镇、社区的消防监督管理。

（二）其他行政部门的公安消防机构

其他行政部门的公安消防机构是指公安部设在其他部门，不属于各级人民政府公安机关的机构，负责监督管理本系统、本行业的消防安全工作。其主要包括：铁路公安、交通公安、民航公安、森林公安。他们与法律授权的特殊行业主管部门不同，他们仍属于公安序列。

二、非政府消防安全管理组织

非政府消防安全管理组织是指政府和企业以外的组织，在国外又称第三部门、非营利组织等。非政府消防组织是指政府消防机构以外的消防安全管理组织。其主要包括消防社团、消防技术服务机构以及社会单位内部的消防组织。

（一）消防社团组织

消防社团组织是指由从事消防职业的公民自愿组成的，为实现会员共同意愿，按照章程开展活动的非营利组织。其主要包括中国消防协会、地方消防协会、行业消防协会等。其主要职责为组织学术交流、开展消防安全宣传、进行消防职业培训等。

（二）消防技术服务机构

消防技术服务机构是指依法设立，并按照有关规定取得相应消防技术服务资质证书，在许可业务范围内提供有关消防技术服务的组织。相关业务范围包括：建筑消防设施检测、电

气防火检测、建筑消防设施维修保养、消防安全监测、消防安全评估及消防技术咨询等。据不完全统计，截至 2012 年年底，全国纳入监管的各类消防技术服务机构共有 2000 多家，从业人员 2 万余人。

（三）非公安消防队

非公安消防队主要有以下形式：

1. 企业专职消防队

企业专职消防队由企业单位出资兴办，管理人员为企业单位的职工，队员分两种情况，有的是单位正式职工，有的是聘任合同制。

2. 企业联合消防队

企业联合消防队由多家企业联合出资兴办，管理人员为企业单位的职工，队员分两种情况，有的是单位正式职工，有的是聘任合同制。

3. 志愿消防队

志愿消防队分为单位志愿消防队和社区、农村志愿消防队。其管理人员和队员全为兼职。

第二节　政府及政府部门的消防安全管理职责

政府及政府部门包括各级人民政府、政府中有关行政执法部门和政府中各行业主管部门，他们的消防安全管理职责因各自的权限不同而有所区别。

一、各级政府的消防安全管理职责

（一）中央人民政府（国务院）的消防安全管理职责

中央人民政府即国务院，是国家最高行政机关。消防工作是一项重要的社会事务，是中央人民政府的一项重要职能。《消防法》明确规定，消防工作由国务院领导。其具体职责是：

1）对全国的消防工作实行领导。
2）组织制定、批准全国消防发展规划和计划。
3）制定发布消防行政法规和法规性文件。
4）必要时组织对特大火灾事故调查、处理。

（二）地方各级人民政府的消防安全管理职责

地方人民政府是组织和管理一个地区的政治、经济、文化等社会事务的行政机关。消防工作具有很强的地方性，是一项重要的地方公共事务，是各级人民政府的一项重要职能。因此，《消防法》规定，消防工作由国务院领导，由地方各级人民政府负责。根据《消防法》的规定，地方各级人民政府消防工作的主要职责是：

1. 将消防工作纳入国民经济和社会发展计划，保障消防工作与经济建设和社会发展相适应

消防安全是国民经济发展与社会发展的重要保障，消防事业的发展应当与国民经济发展、社会发展同步。国民经济和社会发展计划是国家对国民经济和社会发展各项内容所进行的分阶段的具体安排，是党和国家发展国民经济的战略部署，是国家组织国民经济和社会发展的依据。将消防工作纳入国民经济和社会发展计划，有利于加快消防事业的发展，有利于扭转消防工作滞后于经济和社会发展的被动局面，提高全社会抗御火灾的能力，为经济建设和社会发展提供有力的安全保障。

2. 组织制定并落实城乡消防规划

消防规划是城市总体规划的重要组成部分。消防规划是否合理，是衡量一个城市总体规划是否合理的重要标志之一。在城市建设和发展中，如果片面追求城市发展速度和经济效益，忽视消防规划，不能保证消防安全布局的合理安排，不能确保消防站、消防供水、消防通信、消防车通道等消防基础设施与城市总体建设同步进行，一旦发生火灾，缺合理布局、缺防控设施、缺灭火装备，就会造成重大经济损失，甚至影响和阻碍城市的发展，在这方面，一些地方的教训是十分深刻的。因此，地方各级人民政府必须将消防规划纳入城市总体规划，使城市的消防安全布局、消防站、消防供水、消防通信、消防车通道以及消防装备等方面的建设与其他市政基础设施建设统一规划、统一设计、统一建设。公共消防设施、消防装备不足或者不适应实际需要的，应当增建、改建、配置或者进行技术改造。《消防法》对此作了明确规定。

乡镇、农村消防规划也是政府的一项重要职责。《国务院关于进一步加强消防工作的意见》（国发［2006］15号）指出："地方各级人民政府要结合实际编制城乡消防规划，确保公共消防设施建设与城镇和乡村建设同步实施。"

3. 组织消防科学研究，推广、使用先进消防技术、消防装备

随着城市建设的发展，高层建筑、大型商场、集贸市场不断涌现，新型建筑装饰材料被广泛应用，这给消防工作提出了新的要求。城市消防如果不采用先进设备，吸收先进的经验，应用先进技术和材料，而沿用老办法，就很难解决消防工作中出现的新问题。因此，各级人民政府的消防组织有必要在引进国外先进消防技术的同时，加强我国消防科学技术的研究，开发、推广、使用先进的消防技术，逐步运用科学的理论和现代化的技术、设备，改变我国消防科学研究和消防器材生产落后的状况。同时，也要使消防管理成为由多学科组成的综合性应用学科和科学管理，以便发挥最佳的消防安全效果，为保卫社会主义经济建设和人民生命财产安全做出贡献。

4. 组织开展各种形式的消防安全宣传教育，提高全民消防安全意识

消防安全宣传教育是提高全民消防安全素质的重要途径，是各级人民政府的职责之一。《消防法》第6条明确规定，各级人民政府应当组织开展经常性的消防宣传教育，提高公民的消防安全意识。无数的火灾事故表明，火灾的发生大多数是由于社会公民、岗位操作人员因缺乏消防常识引起的。如果说我国的消防基础设施和消防技术装备落后，那么我国的社会公民消防安全意识、消防法律知识和消防科学知识更加落后，要从根本上改变这种落后的局面，就必须下大力气进行消防安全宣传教育，建立消防职业学校或消防培训中心，健全职工消防安全培训制度，只有这样才能提高公民的消防安全意识，自觉地遵守消防法规，预防火灾事故发生。

5. 根据经济和社会发展的需要，建立多种形式的消防队伍

消防组织是抗御火灾、保卫经济建设和人民安居乐业的重要力量。我国从20世纪60年代开始创建兵役制的消防组织，目前共有约16万人。但是，随着城乡建设和经济建设的发展，火灾逐年增多，仅靠公安现役消防人员承担日益繁重的消防安全保卫任务，已难以适应

日益增长的对消防安全的需要，这就要求我们必须从我国实际情况出发，借鉴国际通行做法，充分发挥中央和地方政府以及社会各方面的积极性，解决消防力量不足的问题。各级人民政府应当把消防队伍建设作为一项重要职责，在加强公安消防队伍建设的同时，积极发展县办、镇办、乡办和企业专职消防队以及遍布城乡的志愿消防队，增强全社会抗御火灾的能力。

6. 针对本行政区域内的火灾特点制定应急预案，建立应急反应和处置机制，为火灾扑救和应急救援工作提供人员、装备等保障

这是《消防法》赋予地方各级人民政府的一项重要职责。根据经济社会发展对保障和改善民生、完善应急救援机制的需要，《消防法》在总则中明确消防法立法目的之一是"加强应急救援工作"，并进一步强化了公安消防队和专职消防队应急救援建设和保障措施，明确了地方人民政府应当针对本行政区域内的特点制定应急预案，建立应急反应和处置机制，并为火灾扑救和应急救援工作提供人员、装备等保障；规定了公安消防队、专职消防队依照国家规定组织实施专业技能训练，配备并维护保养装备器材，提高火灾扑救和应急救援的能力，承担重大灾害事故和其他以抢救人员生命为主的应急救援工作。

7. 统一指挥大型灭火抢险救援活动，调集所需要物资支援灭火

大型火灾的扑救，重大事故的抢险救援工作，是一项政策性强、危险性大、多专业力量参与的工作。要完成大型火灾扑救或重大事故的抢险救援工作，仅靠公安消防队的指挥和施救力量往往是不够的，必须在政府的统一指挥调度下实施。特别是在扑救大型火灾，进行重大事故处置，需要供水、电力、救护等方面力量和物资时，只有在政府的统一调集、指挥下，才能迅速调集，快速参战，及时完成火灾扑救和抢险救援任务。

8. 对本级人民政府有关部门履行消防安全职责的情况进行监督检查并根据季节特点和本地特点组织防火检查

这实际上包括两项：一是对本级人民政府有关部门履行消防安全职责的情况进行监督检查，督促其履行消防安全职责；二是在农业收获季节、森林和草原防火期间、重大节假日期间以及火灾多发季节，组织开展消防安全检查。

消防安全检查是做好消防工作的一项基本措施，也是一项长期的、经常性的工作。各级人民政府要在农业收获季节、森林和草原防火期间、重大节假日、重要活动期间以及火灾多发季节，组织消防安全检查，督促落实消防安全防控措施，确保消防安全。抓好了消防安全检查工作，消防工作就有了主动权。

9. 督促、协调解决本辖区的重大火灾隐患

地方各级人民政府及公安消防等部门要建立健全监督检查机制，依法督促有关单位及时整改和消除重大火灾隐患。公安消防部门对检查发现和群众举报、投诉并经认定的重大火灾隐患，要立案并抄报有关主管部门，及时提请当地人民政府挂牌督促整改。当地人民政府要明确整改责任，责令限期整改。下级人民政府要及时向上级人民政府报告重大火灾隐患整改情况，对未按期整改完毕的，上级人民政府要明确整改责任并备案督办。对严重威胁公共安全的重大火灾隐患，上级人民政府要直接挂牌督办，公安消防部门要依法报请当地人民政府决定责令停产停业，当地人民政府要在接报后 7 日内作出决定。对自身确无能力整改的严重威胁公共安全的重大火灾隐患，有关单位要及时报请本行业或本系统管理部门和当地人民政府确定整改措施，并认真落实。

10. 决定对经济和社会生活影响较大的停产停业的处罚

在消防安全方面，因严重违反消防法规，构成重大火灾隐患，需停产停业整改，对经济和社会生活影响较大的，如对供水、供气、供电等重要厂矿企业，重要的基建工程，交通、邮电通信枢纽，以及其他重要单位、场所的责令停产停业，公安机关消防机构必须报请当地人民政府，由当地人民政府依法作出责令停产停业决定后，公安机关消防机构再执行。

（三）乡、镇（办事处）人民政府的消防安全职责

乡、镇（办事处）人民政府的消防安全职责具体如下：

1）指导和监督社区（村民委员会、居民委员会）的消防工作。
2）根据需要建立专职消防队、志愿消防队。
3）组织消防安全检查。

二、有关行政执法部门的消防监管职责

（一）公安机关消防机构的消防监管职责

公安机关消防机构是公安机关的组成部分，经《消防法》授权，拥有独立执法权，是具体实施消防监督管理的主管部门。其主要职责是：

1. 参与编制城乡消防规划并监督实施

公安机关消防机构应督促政府和城乡规划部门在制定城乡规划时，同时制定消防规划，参与整个过程，并监督消防规划的实施。

2. 进行消防安全宣传教育

公安机关消防机构应制定消防安全宣传教育计划，督促政府有关部门、宣传机构开展消防安全宣传教育。

3. 对建设工程实施消防监督管理

公安机关消防机构应依据《消防法》和《建设工程消防监督管理规定》对建设工程进行消防设计审核、竣工消防验收以及备案管理。

4. 实施消防监督检查

公安机关消防机构应依据《消防法》《消防监督检查管理规定》和《消防产品监督管理规定》对机关、团体、企业、事业单位进行监督检查，对消防产品进行监督检查，对建设工程施工现场进行检查。

5. 发现火灾隐患、消防违法行为责令有关单位、个人改正，并实施行政处罚

公安机关消防机构应对在消防监督检查中发现的或群众举报的火灾隐患、消防违法行为进行查处，责令有关单位、个人改正，并实施行政处罚。

6. 确定本辖区内的消防安全重点单位，并报本级人民政府备案

《消防法》规定，县级以上地方人民政府公安机关消防机构应当将发生火灾可能性较大以及发生火灾可能造成重大的人身伤亡或者财产损失的单位，确定为本行政区域内的消防安全重点单位，并提请公安机关报本级人民政府备案。

7. 承担火灾扑救及其他灾害事故的抢险救援

公安机关消防机构所领导的消防部队，首要的任务是扑救火灾。除此之外，根据《消防法》和《公安消防部队执勤战斗条令》规定，公安消防部队还依法承担下列重大灾害事

故和其他以抢救人员生命为主的应急救援工作：①危险化学品泄漏事故；②道路交通事故；③地震及其次生灾害；④建筑坍塌事故；⑤重大安全生产事故；⑥空难事故；⑦爆炸及恐怖事件；⑧群众遇险事件。

另外，公安消防部队还参与配合处置水旱灾害，气象灾害，地质灾害，森林、草原火灾等自然灾害，矿山、水上事故，重大环境污染、核与辐射事故和突发公共卫生事件。

8. 对专职、志愿消防队进行业务指导，并有权调动其灭火

企业、事业单位根据消防工作的需要成立的专职消防队是补救本单位火灾的基本力量，是社会灭火救援的重要补充力量；社会各单位的志愿消防队是补救初起火灾的基本力量。但是，他们由于缺乏专业消防知识和技能，其作用往往受到限制，因此，公安机关消防机构有责任、有义务对他们进行业务指导。同时，在需要时可以调动他们参与社会灭火救援任务。

9. 组织火灾事故调查，认定火灾原因与火灾事故责任，统计火灾损失，查明火灾事故责任

《消防法》规定，公安机关消防机构负责调查火灾原因、统计火灾损失。火灾扑灭后，发生火灾的单位和相关人员应当按照公安机关消防机构的要求保护现场，接受事故调查，如实提供与火灾有关的情况。公安机关消防机构根据火灾现场勘验、调查情况和有关的检验、鉴定意见，及时制作火灾事故认定书，作为处理火灾事故的证据。

10. 对举办具有火灾危险的大型群众活动进行检查

大型群众活动是指大型体育活动、大型文艺演出、重要的庆典活动等，这类活动由于参加的人员众多，场地内使用可燃物多，使用电多等，易引发火灾且易造成重大人员伤亡。因此，根据《消防法》第20条的规定，承办人应当依法向公安机关申请安全许可，制定灭火和应急疏散预案并组织演练，明确消防安全责任分工，确定消防安全管理人员，保持消防设施和消防器材配置齐全、完好有效，保证疏散通道、安全出口、疏散指示标志、应急照明和消防车通道符合消防技术标准和管理规定。公安机关消防机构收到公安机关治安管理部门的通知时，派消防执法人员到现场进行消防监督检查，并将检查意见报治安管理部门。

11. 对消防技术服务机构进行监督管理

消防技术服务机构是依法成立的从事消防技术服务的社会组织，其应当依法开展消防技术服务，公开竞争，为自己的行为负责。公安机关消防机构对其有监督管理职责。

12. 对注册消防工程师进行注册管理

我国已经实行了注册消防工程师制度。注册消防工程师应当遵守消防法规，在自己从业的机构中依法开展业务，接受公安机关消防机构的监督管理。

（二）其他有关行政执法部门的消防监管职责

其他有关行政执法部门是指各级公安、安全生产监督管理、建设、工商、质检、文化等承担日常社会管理的政府部门。依照法律法规和政策规定，这些部门应当依法履行相应的消防安全监管职责。

1. 安全生产监督管理部门的主要消防监管职责

《安全生产法》第9条规定："各级政府安全生产监督管理部门对安全生产工作实施综合监督管理。"消防安全是安全生产的重要组成部分，根据《安全生产法》第54条、第71条、第76条以及《危险化学品安全管理条例》（国务院令第344号）第5条、《安全生产许

可证条例》（国务院令第397号）第2条的规定，安全生产监督管理部门在对本行政区域内安全生产工作实施综合监督管理，以及在对生产经营单位的安全生产情况实施检查、审查、验收，对危险化学品进行监督管理、发放安全生产许可证时，应当依法对相关的消防安全内容进行监督管理。

2. 建设行政主管部门的主要消防监管职责

建设行政主管部门包括城市规划、城市建设、城市管理、房地产行政主管部门。根据《中华人民共和国建筑法》第6条规定："各级政府建设行政主管部门对建筑活动实施统一监督管理。"《建设工程质量管理条例》（国务院令第279号）第43条规定："国家实行建设工程质量监督管理制度。建设行政主管部门对建设工程质量实施统一监督管理。"《中华人民共和国城市规划法》第15条规定："编制城市规划应当符合城市防火、防爆、抗震、防洪、防泥石流和治安、交通管理、人民防空建设等要求。"建设部《建设领域安全生产行政责任规定》（建法〔2002〕223号）第4条规定："县级以上人民政府建设行政主管部门（含城市规划、城市建设、城市管理、房地产行政主管部门，以下简称建设行政主管部门）应当依照有关法律、法规和规章的规定履行行政管理职责，实施安全监督管理。"根据相关法律、法规，建设行政主管部门在实施城市详细规划审批、建设项目选址审批、建设用地规划许可、建设工程规划许可、施工图设计文件审查、建筑工程施工许可、乡（镇）村企业、乡（镇）村公共设施、公益事业等建设开工审批、建筑工程竣工验收备案等涉及消防安全的行政管理事项时，应当依法对有关的消防安全内容进行监督管理。

3. 工商行政管理机关的主要消防工作职责

工商行政管理机关作为政府市场监管和行政执法的职能部门，依据有关法律、法规，承担相应的消防工作职责。首先，根据《消防法》第25条的规定，工商行政管理部门负责流通领域的消防产品质量监督管理职责。其次，在企业登记、注册时，要审核其消防安全条件，对不符合消防安全条件的不予登记、注册。根据《企业法人登记管理条例》（国务院令第1号）、《乡村集体所有制企业条例》（国务院令第59号）、《城镇集体所有制企业条例》（国务院令第88号）等行政法规，包括消防安全条件在内的安全生产条件是设立各类企业应当具备的条件之一，也是工商行政管理机关核发《企业法人营业执照》时应当审查的内容。根据《无照经营查处取缔办法》（国务院令第370号）第3条、第4条、第6条的规定，依法须经许可审批的涉及人体健康、公共安全、安全生产等的经营活动，工商行政管理机关必须凭有关部门颁发的许可证或其他批准文件办理注册登记手续，核发营业执照，对应当取得而未依法取得许可证或其他批准文件和营业执照，擅自从事经营活动的无照经营行为，工商行政管理机关应当依法查处。再次，对于不符合消防安全条件，公安机关消防机构建议吊销企业营业执照的，应及时依法办理。根据国家工商行政管理总局《关于工商行政管理机关能否依据有关部门的建议实施行政处罚问题的答复》（工商企字〔2002〕185号），有关部门依法取消企业相关经营资格后，法律、行政法规明确规定应吊销营业执照的，工商行政管理机关在收到有关部门的建议后应依法吊销营业执照；对依照法律、行政法规和国务院决定需办理企业登记前置审批的项目，有关部门依法取消企业该类项目经营资格后，企业应依法办理变更登记，逾期不办理的，工商行政管理机关应当依法查处。根据国家工商行政管理总局《关于加强和改进企业年度检验工作的通知》（工商企字〔2007〕33号），工商行政管理机关对企业进行年度检验时，必须严格执行《企业年度检验办法》，严格审查娱乐场所等涉及人民生命财产安全及社会公共利益行业的企业的前置许可证件，对不符合法律、法规要求的，要依法责令变更经营范围登记或者注销登记。综上所述，工商行政管理机关在审定、批准、颁发《企业法人营业执照》等有关证照并实行监督管理时，应当依法对有关的消防安全条件进行监督管理。同时，工商行政管理机关应当依法对流通领域消防产品的质量实施监督管理。

4. 质检行政管理部门的主要消防工作职责

根据《消防法》第25条的规定，质检行政管理部门负责生产领域的消防产品质量监督管理职责。《产品质量法》第8条规定："产品质量监督部门主管产品质量监督工作。"国务院"三定"方案规定："国家质检部门依法监督管理质量检验机构；管理产品质量监督工作；管理和指导质量监督检查；负责对国内生产企业实施产品质量监控和强制检验；组织实施国家产品免检制度，管理产品质量仲裁的检验、鉴定；管理工业产品生产许可证工作；组织依法查处违反标准化、计量、质量法律、法规的违法行为，打击假冒伪劣违法活动；管理国家认证认可监督管理委员会和国家标准化管理委员会。"根据上述规定，质检部门对消防产品质量的检验、监督检查和假冒伪劣消防产品的查处，对消防产品生产企业，对消防产品质量检验机构，对有关消防技术标准的制定和实施等工作，负有相应的监督管理责任。

5. 文化行政部门的主要消防工作职责

《互联网上网服务营业场所管理条例》（国务院令第363号）第4条、第8条、第11条规定，设立互联网上网服务营业场所经营单位，应当具有符合国家规定的消防安全条件的营业场所，申请人应当持公安机关批准文件向文化行政部门申请最终审核，文化行政部门经实地检查并审核合格的，发给《网络文化经营许可证》。《娱乐场所管理条例》（国务院令第458号）第7条、第8条、第9条规定，文化主管部门在对拟设立的娱乐场所颁发娱乐经营许可证之前，应当进行实地检查，确认拟设立的娱乐场所未设立在居民楼、博物馆、图书馆和被核定为文物保护单位的建筑物内，未设立在建筑物地下一层以下，未设立在与危险化学品仓库毗连的区域。根据上述规定，文化行政部门对互联网上网服务营业场所的设立进行审批时，应当对营业场所的消防安全条件是否经公安机关批准进行审查；在向娱乐场所颁发娱乐经营许可证之前，应当就拟设立娱乐场所的建筑的选址是否符合基本的消防安全条件进行实地检查。

三、有关行业主管部门的消防安全职责

各级人民政府的教育、民政、交通、农业、文化、卫生、体育、旅游、文物、人防等部门以及铁路、民航单位对本行业、系统负有相应的监管职责。《企业事业单位内部治安保卫条例》（国务院令第421号）第3条规定："对行业、系统有监管职责的国务院有关部门指导、检查本行业、本系统的单位内部治安保卫工作。"同时，该《条例》第8条第四款规定，单位内部的消防安全管理是治安保卫的重要内容。因此，对行业、系统有监管职责的部门对本行业、系统的消防安全工作负有相应的领导和监督管理责任：教育部门对学校等各类教育机构的消防安全工作负有监管职责；民政部门对养老院、福利院等社会福利机构的消防安全工作负有监管职责；农业部门对农村、乡镇企业、草原的消防安全工作负有监管职责；文化部门对文化活动、演出活动的消防安全工作负有监管职责；卫生部门对医院等各类医疗机构的消防安全工作负有监管责任；铁路部门对列车、铁路沿线建筑、设施和有关单位的消防安全工作负有监管职责；交通部门对船舶、港口、码头、水上运输等方面的消防安全工作

负有监管职责；民航部门对飞机、机场及相关单位的消防安全工作负有监管责任；林业部门负责组织协调、指导监督森林防火工作；体育部门对体育场馆、设施和有关单位的消防安全工作负有监管责任；旅游部门对有关宾馆、饭店和相关单位的消防安全工作负有监管责任；文物部门对文物古建筑和有关单位的消防安全工作负有监管责任；人防部门对人防工程和有关单位的消防安全工作负有监管责任。

上述部门消防安全工作职责的主要内容：

一是建立健全消防安全工作领导机制和责任制，明确消防安全工作分管领导，明确负责消防安全工作的部门、机构和人员，及时研究解决涉及消防安全的重大问题，通过制定规范性文件、签订消防安全责任状等形式落实消防安全工作责任制，将消防安全工作责任落实到部门、单位和个人，对消防安全工作成绩突出的单位和个人给予奖励，对违反消防法律、法规、规章与规定的单位和个人及时予以处理。

二是结合本行业、系统特点，研究制定行业、系统消防安全管理办法，推进本行业、系统消防安全管理工作的规范化、法制化建设。

三是针对影响本行业、系统消防安全工作的突出问题，及时组织开展消防安全检查，督促整改火灾隐患，尤其要加强对本行业、系统单位重大火灾隐患整改工作的领导，努力消除不安全因素。

四、法律授权的其他特殊行业消防监管职责

法律授权的其他特殊行业的消防工作由其主管部门进行监督管理，而各级政府中的公安机关消防机构不承担对其消防工作的监督管理。对此，《消防法》有明确的规定。

（一）军事设施

军事设施的消防工作由解放军内设保卫部门负责。非军事设施、对外营业的社会服务设施由当地公安机关消防机构监督管理。

（二）核电站

核电站消防工作由核电主管部门负责。核电站的生活设施的消防工作由当地公安机关消防机构监督管理。

（三）矿井地下部分

矿井地下部分的消防工作由其主管部门负责，地上部分由当地公安机关消防机构监督管理。

（四）海上石油天然气设施

海上石油天然气设施的消防工作由其主管部门负责监督管理。

（五）森林消防

根据1989年国家森林防火总指挥部、公安部、林业部《关于划分森林消防监督职责范围的通知》：

1）城市市区以外的森林、林木、林地的防火由当地森林防火总指挥部负责。未设森林防火总指挥部的由林业主管部门负责。

2）东北、内蒙古国有林区林业城镇和职工聚居点的消防监督管理由当地林业公安机关负责。

(六) 草原消防

草原的消防工作由农牧业主管部门负责,地方草原的消防工作由地方人民政府确定的部门负责。

(七) 铁路消防

列车、车站、直接为其服务的设施、仓库等的消防工作由铁路公安机关消防机构负责,其他由当地公安机关消防机构负责。

(八) 交通消防

沿海、内河的船舶、水上设施、港口、码头的消防工作由交通部公安机关消防机构负责。

(九) 机场消防

民用机场内的一切建筑、设施、航空器和所属单位,机场外直接为航空运营服务的油库、仓库、导航台、发射台,军民合用的民用部分的消防工作由民航主管部门负责监督。

第三节 社会各单位(社区)的消防安全职责

社会单位是指机关、团体、企业、事业单位,是相对于个人和家庭而言的。社会单位与家庭是组成社会的最基本的单元。所有的火灾不是发生在家庭,就是发生在单位。因此,加强社会单位的消防安全管理,强化社会单位的消防责任主体意识对于公共消防安全意义重大。

一、单位的消防安全职责

(一) 一般单位的消防安全职责

根据《消防法》第16条规定,机关、团体、企业、事业单位应当履行下列职责:

1) 落实消防安全责任制,制定本单位的消防安全制度、消防安全操作规程,制定灭火和应急疏散预案。

2) 按照国家标准、行业标准配置消防设施、器材,设置消防安全标志,并定期组织检验、维修,确保完好有效。

3) 对建筑消防设施每年至少进行1次全面检测,确保完好有效,检测记录应当完整准确,存档备查。

4) 保障疏散通道、安全出口、消防车通道畅通,保证防火防烟分区、防火间距符合消防技术标准。

5) 组织防火检查,及时消除火灾隐患。

6) 组织进行有针对性的消防演练。

7) 法律、法规规定的其他消防安全职责。

(二) 消防安全重点单位的消防安全职责

《消防法》第17条规定,县级以上地方人民政府公安机关消防机构应当将发生火灾可能性较大以及发生火灾可能造成重大的人身伤亡或者财产损失的单位,确定为本行政区域内的消防安全重点单位,并由公安机关报本级人民政府备案。

消防安全重点单位除应当履行一般单位的消防安全职责外,还应当履行下列消防安全职责：

1）确定消防安全管理人，组织实施本单位的消防安全管理工作。

2）建立消防档案，确定消防安全重点部位，设置防火标志，实行严格管理。

3）实行每日防火巡查，并建立巡查记录。

4）对职工进行岗前消防安全培训，定期组织消防安全培训和消防演练。

（三）相关单位的消防安全职责

相关单位是指多产权单位或实行承包、租赁或者委托经营的单位等，在许多情况下由于职责划分不清，易导致消防管理失控漏管，因此，必须对相应的消防安全职责进行明确。

1. 多产权建筑相关单位的消防安全职责

《消防法》第18条规定，同一建筑物由两个以上单位管理或者使用的，应当明确各方的消防安全责任，并确定责任人对共用的疏散通道、安全出口、建筑消防设施和消防车通道进行统一管理。

住宅区的物业服务企业应当对管理区域内的共用消防设施进行维护管理，提供消防安全防范服务。

2. 对于实行承包、租赁或者委托经营的单位的消防安全职责

1）产权单位应当提供符合消防安全要求的建筑物。

2）当事人在订立的合同中明确各方的消防安全责任。

3）消防车通道、涉及公共消防安全的疏散设施和其他建筑消防设施应当由产权单位管理，或者是委托统一管理。

4）承包、承租或者受委托经营、管理的单位应当遵守消防法律法规的规定，在其使用、管理范围内履行消防安全职责。

二、社区（居民委员会、村民委员会）的消防安全职责

社区是指聚居在一定地域范围内的人们所组成的社会生活共同体。社区是构成社会的有机组成单位之一，但它与一般单位——机关、团体、企业、事业单位又有所不同，它一般不具有法人资格，有时它可能是多个单位的集合。它对辖区内的单位、公民个人（家庭）拥有组织、管理义务，是消防安全管理的一个重要层级。根据《消防法》的规定，社区应当履行下列消防安全职责：

1）确定消防安全管理人。

2）开展群众性消防安全宣传教育工作。

3）组织制定防火公约。

4）督促居民做好消防安全工作。

5）组织消防安全检查。

6）根据需要，建立志愿消防队，开展群众性自防自救工作。

三、新闻媒体的宣传与监督职责

新闻媒体既是一个社会单位，应当履行社会单位应当履行的消防安全职责，同时它又是一个具有一定公权力的监督部门，对政府和社会其他单位具有舆论监督的职责，对公众具有宣传教育的职责。

（一）消防安全宣传教育职责

《消防法》第 6 条规定，新闻、广播、电视等有关单位，应当有针对性地面向社会进行消防安全宣传教育。

（二）舆论监督职责

新闻媒体对政府和社会承担着舆论监督的功能。就消防工作而言，它一方面可能监督政府及有关部门履行消防安全职责的情况；另一方面可以监督社会各单位履行消防安全职责的情况，对于社会单位存在的重大火灾隐患进行曝光，督促政府、有关单位履行消防工作职责，整改火灾隐患。

四、社会单位申报有关行政许可的内容和程序

社会单位在正常运行过程中有些事项需要向公安机关消防机构申请行政许可，有些事项需要向公安机关消防机构申报备案。主要包括：

（一）建设工程消防设计审核、验收及备案

根据《消防法》第 10～13 条规定，需进行消防设计的建设工程，其消防设计与竣工消防验收需要向公安机关消防机构申报或备案。

1. 申请

符合《建设工程消防监督管理规定》第 13 条、第 14 条的建设工程，建设单位应当向当地公安机关消防机构申请消防设计审核与消防验收。

建设单位申请消防设计审核应当提供下列材料：

1）建设工程消防设计审核申报表。
2）建设单位的工商营业执照等合法身份证明文件。
3）设计单位资质证明文件。
4）消防设计文件。
5）法律、行政法规规定的其他材料。

依法需要办理建设工程规划许可的，应当提供建设工程规划许可证明文件；依法需要城乡规划主管部门批准的临时性建筑，属于人员密集场所的，应当提供城乡规划主管部门批准的证明文件。

具有下列情形之一的，建设单位除提供规定的材料外，应当同时提供特殊消防设计文件，或者设计采用的国际标准、境外消防技术标准的中文文本，以及其他有关消防设计的应用实例、产品说明等技术资料：

1）国家工程建设消防技术标准没有规定的。
2）消防设计文件拟采用的新技术、新工艺、新材料可能影响建设工程消防安全，不符合国家标准规定的。
3）拟采用国际标准或者境外消防技术标准的。

建设单位申请消防验收应当提供下列材料：

1）建设工程消防验收申报表。
2）工程竣工验收报告和有关消防设施的工程竣工图样。
3）消防产品质量合格证明文件。
4）具有防火性能要求的建筑构件、建筑材料、装修材料符合国家标准或者行业标准的

证明文件、出厂合格证。

5）消防设施检测合格证明文件。
6）施工、工程监理、检测单位的合法身份证明和资质等级证明文件。
7）建设单位的工商营业执照等合法身份证明文件。
8）法律、行政法规规定的其他材料。

2. 受理

对符合条件、申报资料齐全的，公安机关消防机构应当登记受理，并出具受理回执；对不符合条件（资料不全）的要一次告知需要补充的材料，并出具不予受理回执。

3. 审查与检查

公安机关消防机构应当自受理消防设计审核申请之日起 20 日内出具书面审核意见。但是依照有关规定需要组织专家评审的，专家评审时间不计算在审核时间内。

公安机关消防机构应当自受理消防验收申请之日起 20 日内组织消防验收，并出具消防验收意见。

公安机关消防机构对申报消防验收的建设工程，应当依照建设工程消防验收评定标准对已经消防设计审核合格的内容组织消防验收。

4. 填写法律文书

不论是否合格，公安机关消防机构都要出具《建设工程消防设计审核意见书》或《建设工程消防验收意见书》。

对于不符合消防标准要求的，公安机关消防机构提出变更设计建议，设计单位根据《建设工程消防设计审核意见书》修改设计；修改后重新申报审核。

对于验收不合格的，施工单位根据公安机关消防机构整改意见进行整改，整改完毕申请复验。

5. 备案

对《建设工程消防监督管理规定》第 13 条、第 14 条规定以外的建设工程，建设单位应当在取得施工许可、工程竣工验收合格之日起 7 日内，通过省级公安机关消防机构官方网站进行消防设计、竣工验收消防备案，或者到公安机关消防机构业务受理场所进行消防设计、竣工验收消防备案。

建设单位在进行建设工程消防设计或者竣工验收消防备案时，应当分别向公安机关消防机构提供备案申报表、《建设工程消防监督管理规定》第 15 条规定的相关材料及施工许可文件复印件或者《建设工程消防监督管理规定》第 21 条规定的相关材料。按照住房和城乡建设行政主管部门的有关规定进行施工图审查的，还应当提供施工图审查机构出具的审查合格文件复印件。

依法不需要取得施工许可的建设工程，可以不进行消防设计、竣工验收消防备案。

公安机关消防机构收到消防设计、竣工验收消防备案申报后，对备案材料齐全的，应当出具备案凭证；备案材料不齐全或者不符合法定形式的，应当当场或者在 5 日内一次告知需要补正的全部内容。

公安机关消防机构应当在已经备案的消防设计、竣工验收工程中，随机确定检查对象并向社会公告。对确定为检查对象的，公安机关消防机构应当在 20 日内按照《消防法》规定和国家工程建设消防技术标准完成图样检查，或者按照建设工程消防验收评定标准完成工程检查，制作检查记录。检查结果应当向社会公告，检查不合格的，还应当书面通知建设单位。

建设单位收到通知后，应当停止施工或者停止使用，组织整改后向公安机关消防机构申请复查。公安机关消防机构应当在收到书面申请之日起 20 日内进行复查并出具书面复查意见。

建设、设计、施工单位不得擅自修改已经依法备案的建设工程消防设计。确实需修改的，建设单位应当重新申报消防设计备案。

建设工程的消防设计、竣工验收未依法报公安机关消防机构备案的，公安机关消防机构应当依法处罚，责令建设单位在 5 日内备案，并确定为检查对象；对逾期不备案的，公安机关消防机构应当在备案期限届满之日起 5 日内通知建设单位停止施工或者停止使用。

（二）公众聚集场所投入使用、营业的申报

1. 申请

公众聚集场所在投入使用、营业前，建设单位或者使用单位应当向场所所在地的县级以上人民政府公安机关消防机构申请消防安全检查，并提交下列材料：

1）消防安全检查申报表。
2）营业执照复印件或者工商行政管理机关出具的企业名称预先核准通知书。
3）依法取得的建设工程消防验收或者进行竣工验收消防备案的法律文件复印件。
4）消防安全制度、灭火和应急疏散预案、场所平面布置图。
5）员工岗前消防安全教育培训记录和自动消防系统操作人员取得的消防行业特有工种职业资格证书复印件。
6）法律、行政法规规定的其他材料。

依照《建设工程消防监督管理规定》不需要进行竣工验收消防备案的公众聚集场所申请消防安全检查的，还应当提交场所室内装修消防设计施工图、消防产品质量合格证明文件，以及装修材料防火性能符合消防技术标准的证明文件、出厂合格证。

公安机关消防机构对消防安全检查的申请，应当按照行政许可有关规定受理。

2. 检查

对公众聚集场所投入使用、营业前进行消防安全检查，应当检查下列内容：

1）建筑物或者场所是否依法通过消防验收合格或者进行竣工验收消防备案抽查合格；依法进行竣工验收消防备案但没有进行备案抽查的建筑物或者场所是否符合消防技术标准。
2）消防安全制度、灭火和应急疏散预案是否制定。
3）自动消防系统操作人员是否持证上岗，员工是否经过岗前消防安全培训。
4）消防设施、器材是否符合消防技术标准并完好有效。
5）疏散通道、安全出口和消防车通道是否畅通。
6）室内装修材料是否符合消防技术标准。
7）外墙门窗上是否设置影响逃生和灭火救援的障碍物。

（三）举办大型群众性活动申报

1. 申请

举办大型群众性活动，承办人应当依法向公安机关申请安全许可，制定灭火和应急疏散预案并组织演练，明确消防安全责任分工，确定消防安全管理人员，保持消防设施和消防器

材配置齐全、完好有效，保证疏散通道、安全出口、疏散指示标志、应急照明和消防车通道符合消防技术标准和管理规定。

对大型群众性活动现场在活动举办前进行的消防安全检查，公安机关消防机构应当在接到本级公安机关治安管理部门书面通知之日起 3 个工作日内进行检查，并将检查记录移交本级公安机关治安管理部门。

2. 检查

在大型群众性活动举办前对活动现场进行消防安全检查，应当重点检查下列内容：

1）室内活动使用的建筑物（场所）是否依法通过消防验收或者进行竣工验收消防备案，公众聚集场所是否通过使用、营业前的消防安全检查。

2）临时搭建的建筑物是否符合消防安全要求。

3）是否制定灭火和应急疏散预案并组织演练。

4）是否明确消防安全责任分工并确定消防安全管理人员。

5）活动现场消防设施、器材是否配备齐全并完好有效。

6）活动现场的疏散通道、安全出口和消防车通道是否畅通。

7）活动现场的疏散指示标志和应急照明是否符合消防技术标准并完好有效。

（四）被临时查封或停止施工、停止使用、责令停产停业，申请解除或恢复

被临时查封或责令停止施工、停止使用、停产停业处罚的，当火灾隐患整改完毕拟恢复施工、使用或经营的，当事人应当向原公安机关消防机构提出申请。当事人提出申请的，公安机关消防机构应当自收到书面申请之日起 3 个工作日内进行检查，自检查之日起 3 个工作日内作出决定，送达当事人。

第四节 公民的消防安全权利与义务

公民是构成社会的最基本单元之一。社区是由家庭组成的，家庭是由个人组成的；社会单位都是由许多人组成的。所以，提高每个人的消防安全意识和素质，对于提高整个社会的消防安全水平具有重要意义。

一、公民个人在消防安全管理中的地位

公民个人是消防安全管理的基础，是消防安全管理创新的源泉，是消防安全管理服务的基本对象。

（一）高水平的消防安全管理，是建立在全体公民的消防安全高素质基础之上

公民是构成社会的基本单元之一，公民个人的素质高低决定着一个国家的文明程度。同样，一个国家消防安全管理水平的高低，在很大程度上取决于全体公民的消防安全素质和其参与程度。只有公民消防安全素质提高了，消防安全管理水平才能提高。

（二）公民的积极参与是消防社会化的必然要求

《消防法》规定消防工作实行"政府统一领导、部门依法监督、单位全面负责、群众积极参与"的原则。消防工作没有群众的参与，便是空中楼阁。

（三）公民参与消防安全管理是公民管理国家的重要方式之一

公民有参与管理国家的权利。消防安全管理是公共管理的组成部分，公民通过参与消防

安全管理是实现参与公共管理的渠道之一。

（四）消防安全管理的重要任务之一是保护公民的生命健康安全

在消防安全管理中要充分尊重和保护公民的合法权益，如果采取侵权的方式维护消防安全是不符合消防监管目标的。

二、公民的消防安全权利

《国务院关于进一步加强消防工作的意见》第 13 条指出："切实维护公民的消防安全权益。地方各级人民政府要切实采取措施保障公民对火灾危险的知情、监督、投诉、举报等权利，并定期向社会公布本地区的重大火灾隐患及整改情况。公安消防部门要公布举报电话、信箱或者电子邮件地址，认真受理并及时依法处理公民对火灾隐患和消防违法行为的投诉、举报；工会、共青团、妇联、残联、消费者权益保护组织等要切实承担起依法维护相关人员消防安全权益的责任。存在重大火灾隐患的生产经营场所和为公众服务的场所，要采取公告、广播、设置警示牌等方式告知公民火灾危险和保护生命财产安全的方法。"公民的消防安全权利包括实体权利和程序权利。

（一）公民的消防实体权利

公民的消防实体权利主要包括：

1）获得消防行政许可的权利。
2）获得消防安全信息、了解身边消防安全状况的权利。
3）免费获得火灾扑救的权利。
4）获得消防行政赔偿和补偿（包括医疗、抚恤）的权利。
5）接受消防安全教育和培训的权利。

（二）公民的消防程序权利

公民的消防程序权利主要包括：

1）申辩权、陈述权。
2）听证的权利。
3）申请回避的权利。
4）要求执法人员出示执法证件的权利。
5）行政救济权（行政复议、行政诉讼、行政赔偿）。
6）检举权、举报权、控告权。
7）为保护自身合法权益而抵抗消防行政主体非法侵害的权利。

三、公民的消防安全义务

公民的消防安全义务包括：

1）维护消防安全、遵守消防法规的义务。
2）保护消防设施、保障消防通道畅通的义务。
3）报告火警的义务。
4）成年公民有参加有组织的灭火工作的义务。
5）协助消防行政的义务。

自学指导

本章学习重点：社会各单位的消防安全职责；社会单位申报有关行政许可的内容和程序。

社会各单位的消防安全职责包括：一般单位的消防安全职责、消防安全重点单位的消防安全职责、相关单位的消防安全职责。

社会单位申报有关行政许可的内容和程序包括：建设工程消防设计审核、验收及备案程序；公众聚集场所投入使用、营业的申报程序；举办大型群众性活动申报程序和被临时查封或停止施工、停止使用、责令停产停业，申请解除或恢复的程序。

本章学习难点：政府有关执法部门的消防安全职责。

政府有关执法部门包括公安机关消防机构、安全生产监督管理部门、建设行政主管部门、工商行政管理部门、质检行政管理部门、文化行政部门等，它们在各自的职权范围内依法实施消防监管职责。

复习思考题

一、单项选择题（将正确的答案填写在括号内，错选、多选或未选均不得分）

1. 下列属于政府安全管理消防组织的是（   ）。
   A. 消防协会   B. 消防技术服务机构
   C. 公安机关消防机构   D. 企业专职消防队

2. 下列不属于消防社团组织的职责是（   ）。
   A. 组织学术交流   B. 开展消防宣传
   C. 进行消防执法监督   D. 进行行业自律

3. 下列不属于技术服务机构的业务范围的是（   ）。
   A. 建筑消防设施检测   B. 电气防火检测
   C. 建筑消防设施维修保养   D. 消防监督检查

4. 督促、协调解决本辖区的重大火灾隐患是（   ）的职责。
   A. 地方县级以上各级人民政府   B. 乡镇人民政府
   C. 社会各单位   D. 中央人民政府

5. 决定对经济和社会生活影响较大的停产停业的处罚是（   ）的职责。
   A. 地方县级以上各级人民政府   B. 乡镇人民政府
   C. 社会各单位   D. 中央人民政府

6. 下列不属于公安机关消防机构职责的是（   ）。
   A. 消防技术服务   B. 消防行政许可
   C. 消防行政处罚   D. 消防行政强制

7. 对危险化学品进行监督管理、发放安全生产许可证时，应当依法对相关的消防安全内容进行监督管理是（   ）的职责。
   A. 公安机关   B. 安全生产监督管理部门
   C. 建设行政主管部门   D. 工商行政管理部门

8. 下列不属于消防产品质量监管主体的是（   ）。
   A. 质检行政管理部门   B. 工商行政管理部门
   C. 公安机关消防机构   D. 安全生产监督管理部门

9. 建设单位应当在取得施工许可、工程竣工验收合格之日起（   ）日内，通过省级公安机关消防机构网站进行消防设计、竣工验收消防备案，或者到公安机关消防机构业务受理场所进行消防设计、竣工验收消防备案。

A. 5　　　　　　B. 7　　　　　　C. 10　　　　　　D. 20

10. 建设工程的消防设计、竣工验收未依法报公安机关消防机构备案的，公安机关消防机构应当依法处罚，责令建设单位在 5 日内备案，并确定为检查对象；对逾期不备案的，公安机关消防机构应当在备案期限届满之日起（   ）日内通知建设单位停止施工或者停止使用。

A. 5　　　　　　B. 7　　　　　　C. 10　　　　　　D. 20

二、简答题

1. 非公安消防队主要有哪几种类型？
2. 简述对于实行承包、租赁或者委托经营的单位的消防安全职责。
3. 建设单位申请建设工程消防设计审核应当提供哪些材料？
4. 建设单位申请建设工程消防验收应当提供哪些材料？
5. 公众聚集场所投入使用、营业的，应当向公安机关消防机构申请消防安全检查，要提交哪些材料？
6. 对公众聚集场所投入使用、营业前进行消防安全检查，应当检查哪些内容？
7. 对大型群众性活动现场在活动举办前进行的消防安全检查，应当检查哪些内容？
8. 公民的消防实体权利有哪些？
9. 公民的消防程序权利有哪些？
10. 公民的消防安全义务有哪些？

三、论述题

论述公民个人在消防安全管理中的地位与作用。

第四章　消防安全宣传教育与培训

学习目标
1. 应了解、知道的内容
◇ 消防安全宣传教育与培训的含义。
◇ 消防安全宣传教育与培训的作用。
◇ 消防安全宣传教育与培训工作的特点。
◇ 消防行业特有职业（工种）教育培训。
2. 应理解、清楚的内容
◇ 消防安全宣传教育与培训的基本原则。
◇ 消防安全宣传教育的主体及对象。
◇ 消防安全宣传教育的要求。
3. 应掌握、学会的内容
◇ 消防安全宣传教育与培训的责任主体及职责。
◇ 消防安全培训对象。
◇ 消防安全宣传教育基本内容。
◇ 消防安全培训的内容。
4. 应熟练掌握的内容
◇ 消防安全宣传教育的主要形式。
◇ 消防安全培训的形式。

自学时数　8学时。
老师导学

本章的内容主要是对政府及其行政部门、社会各单位开展消防安全宣传教育与培训工作的职责、内容和要求作了详细介绍。在本章的学习中，应重在应用，能够熟悉消防安全宣传教育与安全培训的内容，掌握开展消防安全宣传教育与培训的技能，熟练运用各种形式开展消防安全宣传教育与培训。

《消防法》明确规定了各级人民政府和机关、团体、企业、事业单位开展和组织消防安全宣传教育与消防安全培训的法定职责。《社会消防安全教育培训规定》和《全民消防安全宣传教育纲要》又具体明确了开展消防安全宣传教育与培训的工作要求。广泛开展消防安全宣传教育与培训对于强化全民消防意识，提高消防安全素质、增强全社会抗御火灾能力，最大限度地防止和减少火灾危害，促进社会和谐稳定具有十分重要的意义。

第一节　消防安全宣传教育与培训概述

一、消防安全宣传教育与培训的含义及特点

（一）消防安全宣传教育与培训的含义

消防安全宣传教育与培训是指各级政府、有关行政部门、新闻媒体、社会团体和各单位

以增强消防法制观念、消防安全意识和消防安全素质为目的，运用各种宣传教育、基础教育和短期培训形式，普及消防法律、法规和消防安全知识及技能的行为。

（二）消防安全宣传教育与培训工作的特点

1. 法定性

在消防法律、法规中，上至国家法律下至政府、部门的规章均对消防安全宣传教育与培训工作的开展做出了相关规定。《消防法》第 6 条明确规定了各级人民政府、机关、团体、企业、事业单位，公安机关及其消防机构，教育、人力资源行政主管部门和学校，新闻、广播、电视等有关媒体单位，工会、共产主义青年团、妇女联合会等团体，村民委员会、居民委员会等基层自治组织开展或协助进行消防安全宣传教育的法定义务。《社会消防安全教育培训规定》又具体明确了各个消防安全宣传教育主体的职责和工作要求。1992 年 10 月公安部消防局向全国发出了《关于开展"119"消防宣传活动的通知》，将每年的 11 月 9 日定为全国的"消防宣传日"。

2. 广泛性

消防安全宣传教育与培训工作的广泛性一方面体现为主体的广泛性，此项工作涉及部门多、社会面广，必须依靠各级政府、各单位的重视和支持，依靠广大群众的积极参与，依靠全社会的共同努力；另一方面体现在消防安全宣传教育工作对象的广泛性，消防安全宣传教育是一项全民性教育活动，从儿童到老人，从学校到家庭，从城市到农村，进而到整个社会，只有广大群众都能受到广泛的消防安全教育，才能普遍提高人们的消防安全素质。

3. 灵活性

消防安全宣传教育与培训没有制式的模式，需要从实际出发，结合教育对象的群体特性和个体差异，以及所具备的主客观条件，有针对性地选择消防安全宣传教育与培训内容，采用灵活多样、喜闻乐见的方式，以取得良好的消防宣传教育与培训效果。

4. 长期性

人们消防安全意识和素质的提高是一个较为漫长的过程，不可能一蹴而就、立竿见影。消防安全宣传教育与培训必须坚持不懈、扎扎实实地开展，这是一项长期的战略性任务。

二、消防安全宣传教育与培训的作用

消防安全宣传教育与培训是预防和减少火灾事故和危害的一项治本措施，也是促进社会主义政治文明和精神文明建设的重要举措，具有不可替代的先导性、基础性地位。

（一）有利于增强消防安全意识

通过消防安全宣传教育与培训工作的广泛开展，可以增强人们对消防工作及其重要性的认识，了解消防，重视消防，参与消防，有利于提高各级领导和公众的消防安全意识，树立维护消防安全的责任感。

（二）有利于提高消防安全素质

通过防火知识和灭火基本技能教育普及，可以使人们了解基本的防火知识，掌握扑救初起火灾、火场逃生、自救及互救技能，提高消防安全素质，减少火灾发生，降低火灾事故危害程度。

（三）有利于推进消防社会化工作

通过宣传贯彻消防法律、法规及消防工作的方针、政策，可以让各级政府、各部门、各单位和广大人民群众了解消防法律法规和各项消防规章制度，明确单位和个人在消防工作中应当履行的职责和义务，使每一个人在做好本职岗位的消防安全工作的同时，又能自觉遵守好社会公共消防安全秩序，为消防社会化工作推进奠定坚实基础。

（四）有利于营造良好的消防安全环境

通过对忽视消防安全、酿成重大恶果的典型火灾案例的公开曝光，可以充分发挥社会舆论的引导、推动、监督作用，使人们思想上受到震动和警示，促进各行各业、千家万户加强自我管理、自我约束，杜绝消防违法违章行为，积极消除火灾隐患，从而在根本上改善消防安全环境。

三、消防安全宣传教育与培训的基本原则

消防安全教育与培训应以实事求是、因地制宜、循序渐进、以人为本、注重实效为根本。具体而言应遵循以下原则：

（一）坚持社会化原则

在消防工作社会化的大环境下，消防安全宣传教育与培训应由各级人民政府统一领导，公安机关消防机构组织实施和指导督促，有关部门密切协作，社会各单位、团体主动开展，广大人民群众广泛参与，形成"政府主导、媒体联动、教育渗透、全民参与"的社会化工作格局，仅此，才能真正广泛、深入、持久地做好消防安全宣传教育与培训工作。

（二）坚持正面宣传教育原则

公安部《关于加强消防宣传工作的通知》中强调指出"消防宣传要面向社会、面向基层、面向群众，以正面宣传为主"。我国新闻界对正面宣传的辨析定位大致有两种方法：一是以报道题材来衡量区分；二是从社会效果来衡量区分。一般而言，正面宣传教育应具备以下四要素：①焦点集中在社会积极部分或光明一面；②基调是提倡和鼓励；③依据是当前的社会道德水平和社会秩序；④目标是追求平衡、和睦和稳定的效果。

（三）坚持针对性、实效性原则

针对性、实效性是消防安全宣传教育与培训工作的着力点和努力方向，也是衡量消防安全教育工作效果的一个重要尺度。首先，要针对不同时期、不同地域、不同对象的特点，形成有地方特色、全方位、立体型、覆盖全社会、科学合理的消防安全宣传教育与培训布局和规划，尽可能地扩大消防安全宣传教育与培训的社会影响。其次，要突出重点，针对不同对象开展有的放矢的消防安全宣传教育与培训，推动重大消防安全问题的解决。最后，要针对火灾的一般规律和火灾发展形势，采取灵活多样、扎实有效的多种形式进行消防安全宣传教育与培训，增强吸引力、感染力，取得最佳效果。

（四）坚持经常性、广泛性原则

消防安全宣传教育与培训要经常、广泛开展。各级政府相关部门、社会各单位不仅要把消防安全宣传教育内容渗透到消防工作方方面面，向公众普及消防法律、法规和消防安全常识；还要广泛发动相关教育机构以及志愿者参与，使消防安全宣传教育与培训由"要我做"变成"我要做"，建立层层消防安全宣传教育与培训网络，环环紧扣，层层联网，逐步形成常态消防安全宣传教育与专项消防安全培训活动相结合、互促进的良性循环。

四、消防安全宣传教育与培训的责任主体及职责

消防安全宣传教育与培训是一项系统工程，涉及方方面面的部门和人员，需要共同协作

和配合，因此，消防安全宣传教育与培训的责任主体呈现多元性，《消防法》和《社会消防安全教育培训规定》及其他规范性文件明确了消防安全宣传教育与培训相关责任主体的职责及工作要求。

（一）各级人民政府

各级人民政府要履行消防安全宣传教育工作的领导职责，应当组织开展经常性的消防安全宣传教育，提高公民的消防安全意识。

（二）公安部门

1. 公安机关消防机构

公安机关作为实施消防监督管理的专门机关，消防安全宣传教育与培训工作是监督管理的主要内容之一，由公安机关消防机构具体实施。各级公安机关消防机构应履行的消防安全宣传教育职责与要求有：

1）掌握本地区消防安全宣传教育与培训工作情况，根据消防安全形势和中心工作，研究制定消防安全宣传教育与培训工作重点，向本级人民政府及相关部门提出工作建议。

2）加强消防法律、法规的宣传，策划开展大型消防安全宣传教育活动，协助固定消防安全宣传教育阵地建设。

3）督促、指导、协助有关单位做好消防安全宣传教育工作，协调有关部门指导和监督社会消防安全教育培训工作。

4）会同教育行政部门、人力资源和社会保障部门对消防安全专业培训机构实施监督管理。

5）定期对社区居民委员会、村民委员会的负责人和专（兼）职消防队、志愿消防队的负责人开展消防安全培训。

2. 公安派出所

公安派出所作为公安机关的基层单位，深入社会基层，在开展消防安全宣传教育工作中具有基层工作经验丰富、群众基础深厚的优势。《消防法》第53条规定，公安派出所可以负责日常消防监督检查、开展消防安全宣传教育。具体要求有：

1）将消防安全宣传教育工作纳入日常消防监督检查内容，预防与矫治相结合。

2）将消防安全宣传教育纳入社区警务室工作职责，社区民警要指导督促社区、住宅小区开展消防安全宣传教育工作。

（三）其他行政部门

教育、民政、文化、旅游、人力资源和社会保障、住房城乡建设、安全监管、广播电影电视主管部门等要根据教育培训对象的特点和实际需要，结合各自行业的工作特点，将消防安全知识纳入其开展的宣传、教育和培训内容，并督促管辖单位和下设单位开展消防安全教育培训。

1. 教育部门

教育部门的消防安全宣传与培训的职责主要有：

1）将学校消防安全教育培训工作纳入教育培训规划，并进行教育督导和工作考核。

2）指导和监督学校将消防安全知识纳入教学内容。

3）将消防安全知识纳入学校管理人员和教师在职培训内容。

4）依法在职责范围内对消防安全专业培训机构进行审批和监督管理。

2. 民政部门

民政部门的消防安全宣传与培训的职责主要有：

1）将消防安全教育培训工作纳入减灾规划并组织实施，结合救灾、扶贫济困和社会优抚安置、慈善等工作开展消防安全教育。

2）指导社区居民委员会、村民委员会和各类福利机构开展消防安全教育培训工作。

3）负责消防安全专业培训机构的登记，并实施监督管理。

3. 人力资源和社会保障部门

人力资源和社会保障部门的消防安全宣传与培训的职责主要有：

1）指导和监督机关、企业和事业单位将消防安全知识纳入干部、职工教育、培训内容。

2）依法在职责范围内对消防安全专业培训机构进行审批和监督管理。

4. 住房和城乡建设行政部门

住房和城乡建设行政部门的消防安全宣传与培训的职责主要有：

1）指导和监督勘察设计单位、施工单位、工程监理单位、施工图审查机构、城市燃气企业、物业服务企业、风景名胜区经营管理单位和城市公园绿地管理单位等开展消防安全培训工作。

2）将消防法律、法规和工程建设消防技术标准纳入建设行业相关执业人员的继续教育和从业人员的岗位培训及考核内容。

5. 文化、文物行政部门

文化、文物行政部门的消防安全宣传与培训的职责主要有：

1）积极引导创作优秀消防安全文化产品。

2）指导和监督文物保护单位、公共娱乐场所和公共图书馆、博物馆、文化馆、文化站等文化单位开展消防安全培训工作。

6. 广播影视行政部门

广播影视行政部门的消防安全宣传与培训的职责主要有：

1）指导和协调广播影视制作机构和广播电视播出机构，制作、播出相关消防安全节目，开展公益性消防安全宣传教育。

2）指导和监督电影院开展消防安全教育培训工作。

7. 安全生产监督管理部门

安全生产监督管理部门的消防安全宣传与培训的职责主要有：

1）指导、监督矿山、危险化学品、烟花爆竹等生产经营单位开展消防安全培训工作。

2）将消防安全知识纳入安全生产监管监察人员和矿山、危险化学品、烟花爆竹等生产经营单位主要负责人、安全生产管理人员以及特种作业人员培训考核内容。

3）将消防法律、法规和有关消防技术标准纳入注册安全工程师培训及执业资格考试内容。

8. 旅游行政部门

旅游行政部门的消防安全宣传与培训的职责主要有：

1）指导和监督相关旅游企业开展消防安全培训工作，督促旅行社加强对游客的消防安全教育。

2）将消防安全知识纳入旅游从业人员的岗位培训及考核内容，督促旅行社及导游对游客开展消防安全教育。

3）将消防安全条件纳入旅游饭店、旅游景区等相关行业标准。

（四）社会各单位

1. 单位开展消防安全宣传教育和培训的基本职责

机关、团体、企业、事业等单位是消防安全宣传教育的重要实施者，应当按照《消防法》等法律、法规要求，加强对本单位人员的消防安全教育。具体应履行以下职责：

1）根据本单位的特点，建立健全消防安全教育培训制度，明确机构和人员，保障教育培训工作经费，通过多种形式开展经常性的消防安全宣传教育与培训。

2）在单位内部设置消防宣传阵地，配备消防安全宣传教育资料，并利用宣传栏、文化橱窗、单位广播、楼宇电视、闭路电视、电子屏幕、局域网等普及消防安全知识。

3）组织新上岗和进入新岗位的员工进行上岗前的消防安全培训，消防安全重点单位对每名员工应当至少每年进行一次消防安全培训；公众聚集场所至少每半年对员工进行一次消防安全培训。

4）制定灭火和应急疏散预案，张贴逃生疏散路线图，消防安全重点单位至少每半年、其他单位至少每年组织一次灭火、逃生疏散演练。

2. 特殊单位和场所的消防安全宣传教育和培训职责

《全民消防安全宣传教育纲要》和《社会消防安全教育培训规定》具体规定了对外开展消防安全教育与培训的主要单位和特殊场所的职责和要求。

（1）学校　学校、幼儿园应当通过寓教于乐等多种形式对学生和幼儿进行消防安全常识教育。学校至少应确定一名熟悉消防安全知识的教师担任消防安全课教员，并选聘消防专业人员担任学校的兼职消防辅导员，并开展下列消防安全教育工作：

1）在开学初、寒（暑）假前、学生军训期间，对学生普遍开展专题消防安全教育。

2）结合不同课程实验课的特点和要求，对学生进行有针对性的消防安全教育。

3）组织学生到当地消防站参观体验。

4）每学年至少组织学生开展一次应急疏散演练。

5）对寄宿学生开展经常性的安全用火用电教育和应急疏散演练。

（2）新闻媒体单位　作为公众获取信息重要渠道之一的新闻、广播、电视等媒体单位应利用传播速度快、覆盖范围大、内容生动形象、社会影响力强等自身优势，积极开设消防安全宣传教育栏目，制作节目，对公众开展公益性消防安全宣传教育。

（3）工会、共产主义青年团、妇女联合会等社会团体　工会、共产主义青年团、妇女联合会作为社团组织应利用其在特定群体中具有的广泛影响，结合各自工作对象的特点，组织开展有针对性的消防安全宣传教育。

（4）社会消防安全培训机构　社会消防安全培训机构是国家机构以外的社会组织或者个人利用非国家财政性经费，面向社会从事消防安全专业培训的机构。其具体消防安全培训职责有：

1）消防安全专业培训机构应当按照有关法律法规、规章和章程规定，开展消防安全专业培训，保证培训质量。

2）将消防安全管理、建筑防火和自动消防设施施工、操作、检测、维护技能作为培训的重点，对经理论和技能操作考核合格的人员，颁发培训证书。

3）消防安全专业培训的收费标准，应当符合国家有关规定，并向社会公布。

（5）公共场所　歌舞厅、影剧院、宾馆、饭店、商场、集贸市场、体育场馆、会堂、医院、客运车站、客运码头、民用机场、公共图书馆和公共展览馆等公共场所应通过张贴图画、广播、闭路电视等向公众宣传防火、灭火、疏散逃生等常识，具体职责和要求有：

1）在安全出口、疏散通道和消防设施等处的醒目位置设置消防安全标志，向顾客提示场所火灾危险性、疏散出口和路线、灭火和逃生设备器材位置及使用方法。

2）根据需要编印场所消防安全宣传资料供公众取阅。

3）文化娱乐场所、商场市场、宾馆饭店以及大型活动现场应通过电子显示屏、广播或主持人提示等形式向顾客告知安全出口位置和消防安全注意事项。

4）公共交通工具的候车（机、船）场所、站台等应在醒目位置设置消防安全提示，宣传消防安全常识；电子显示屏、车（机、船）载视频和广播系统应经常播放消防安全知识。

（6）建设工程施工现场　建设单位应当配合施工单位进行消防安全宣传教育工作，施工单位应当开展下列消防安全宣传教育工作：

1）建设工程施工前应当对施工人员进行消防安全宣传教育。

2）在建设工地醒目位置、施工人员集中住宿场所设置消防安全宣传栏，悬挂消防安全挂图和消防安全警示标志。

3）对明火作业人员进行经常性的消防安全宣传教育。

4）组织灭火和应急疏散演练。

（7）旅游景区及大型活动现场　旅游景区及大型活动现场人员密集，环境复杂，相关单位和人员有向公众针对现场情况进行消防提示和宣传教育的职责。

1）城市公园绿地的经营管理单位、大型群众性活动主办单位应当在景区、公园绿地、活动场所醒目位置设置疏散路线、消防设施示意图和消防安全警示标志，利用广播、视频设备、宣传栏等开展消防安全宣传教育。

2）导游人员、旅游景区工作人员应当向游客介绍景区消防安全常识和管理要求。

（8）物业服务企业　物业服务企业应当在物业服务范围内，面向居民积极开展经常性消防安全宣传教育，每年至少组织一次本单位员工和居民参加的灭火和应急疏散演练。

（9）养老院、福利院、救助站　养老院、福利院、救助站等单位，应当对服务对象开展经常性的用火用电和火场自救逃生安全教育。

（五）居（村）民委员会

村民委员会、居民委员会是村民和居民自我管理、自我教育、自我服务的基层群众性自治组织。《社会消防安全教育培训规定》明确指出社区居民委员会、村民委员会应当确定至少一名专（兼）职消防安全员，具体负责消防安全宣传教育工作。具体内容包括：

1）组织制定防火安全公约。

2）在社区、村庄的公共活动场所设置消防宣传栏，利用文化活动站、学习室等场所，对居民、村民开展经常性的消防安全宣传教育。

3）组织志愿消防队、治安联防队和灾害信息员、保安人员等开展消防安全宣传教育。

4）利用社区、乡村广播、视频设备定时播放消防安全常识，在火灾多发季节、农业收获季节、重大节日和乡村民俗活动期间，要有针对性地开展防火知识宣传。

第二节　消防安全宣传教育

消防安全宣传教育是指对公众说明、讲解消防安全常识，让公民认识火灾的危害，提高防火警惕性和消防安全意识的教育工作。消防安全宣传教育工作在整个消防事业中占有重要地位并发挥着巨大作用，人们常用"消防工作，宣传先行"和"消防工作，宣传系于一半"来形容消防宣传工作的重要性。

一、消防安全宣传教育的主体及对象

（一）消防安全宣传教育主体

消防安全宣传教育的主体包含范畴广泛，既有各级人民政府、政府有关行政部门、基层自治组织，也有社会团体、企事业单位以及消防志愿者。

（二）消防安全宣传教育对象

消防安全宣传教育与培训的目的，是普及消防安全知识，增强全社会消防安全意识和消防安全素质。公民作为消防安全实践的主体，对全民普遍开展消防安全宣传教育，是提升全社会整体消防安全素质的重要途径。所以，消防安全宣传教育的对象必须是广大的社会民众，这也是由消防安全宣传教育与培训的广泛性特点所决定的。

二、消防安全宣传教育的基本内容

消防安全宣传教育内容涉及面广、内容丰富。通常包括以下几个方面的内容：

（一）国家消防工作方针、政策

国家消防工作方针、政策包括消防工作方针、原则；有关消防工作的重大决策、部署和号召；各级党委、政府领导关于消防工作的批示、讲话和指示精神等。消防工作方针、政策、决策和部署关系到消防事业发展全局和社会安定、人民生命财产安全，因此，应贯穿在整个消防安全宣传教育工作中。这将有利于全民了解消防安全整体形势，为政策法规的顺利推行和实施奠定舆论基础。

（二）消防法律、法规

消防法律、法规是"依法治火"的重要依据，是所有社会成员必须遵循的行为准则。消防安全宣传教育应侧重于消防法律、法规的不可违背性和遵守的必要性，以及社会各单位和公民的消防安全责任和义务。通过消防法律、法规的宣传教育，不仅可以使全社会了解消防法律、法规的内容和要求，明确单位和公民享有的消防安全权利，应履行的职责和义务以及消防违法责任，从而使公民自觉地遵守消防法律、法规。同时，还可以提高广大人民群众防范火灾的警惕性、与火灾作斗争的自觉性，增强社会责任意识，主动维护公共消防安全，从而促进消防法制建设和社会公共安全建设，在全社会营造良好的消防法治氛围。

（三）火灾预防知识

火灾预防知识主要是指人们日常生活中用火、用油、用电、用气等方面的消防安全知识以及火灾多发时节的防火注意事项等，具体包括：燃烧基础知识，防火基本原理，家庭防火常识以及建筑消防设施功能等。向社会公众普及火灾预防知识，目的是提高群众消防安全意识，尽可能减少由于人的不安全行为引起的火灾，从源头上杜绝火灾的发生。

（四）火灾扑救、人员疏散逃生和自救互救知识

1. 火灾扑救知识

火灾扑救知识主要是指灭火基本原理和方法以及灭火器、消火栓使用方法和常见火灾扑救的方法及注意事项等。向社会公众开展初起火灾扑救知识的宣传，有助于提高扑救初起火灾的战斗力，对于减少人员伤亡和财产损失具有十分重要的意义。

2. 疏散逃生和自救互救知识

疏散逃生知识主要是指安全疏散路线、疏散指示标志识别，火场逃生的各种途径和正确方法及火场自救与互救的方式、方法。宣传疏散逃生知识和技能，能够提高公众应对火灾的自救、互救能力，最大限度地减少火灾中的人员伤亡。

（五）其他消防安全宣传教育内容

除以上宣传教育内容外，重大消防事件和消防工作动态，消防科学技术以及消防部队队伍建设和英模事迹也是常见的消防安全宣传教育内容。

1. 重大消防事件和消防工作动态

重大消防事件主要是指群死群伤火灾和可能引起社会震动的重大灾害事件以及国务院、公安部和各级地方政府、公安机关召开的重要消防会议、重大消防工作部署等重要消防活动。消防工作动态主要是指阶段性火灾情况，火灾形势研判报告及经验教训等。通过及时对重大消防事件和消防工作动态的宣传报道可使公众了解国内外消防工作动态和相关消防信息，扩大消防工作的影响。

2. 消防科学技术

消防科学技术主要包括消防科普知识、国内外消防科技动态和消防科研最新成果。宣传消防科学技术的目的是让社会了解和应用消防科技新成果、新技术、新方法，推进消防科技成果转化为现实消防力量。

3. 消防英模事迹

消防英模事迹不仅包括灭火战斗、抢险救援中涌现出的英雄人物事迹，还包括在消防安全管理等过程中表现突出的人物事迹。通过对英雄人物事迹的宣传，可以激励民众以此为榜样，向英雄学习。

消防安全宣传教育内容涉及面广、内容丰富，但实施时应当针对宣传教育的不同对象有所侧重，使消防安全宣传教育具有较强的针对性；同时，也应选择适合的宣传形式更好地表现消防安全宣传教育内容。

三、消防安全宣传教育的主要形式

消防安全宣传教育应采用多种形式，不拘一格，凡是能够使群众了解消防知识，增强消防安全意识，提高消防安全素质和防控火灾能力的各种形式都可以运用。但应尽量因地制宜，选择新颖独特的消防宣传形式，增强吸引力和感召力。常见的宣传教育形式有以下几种：

（一）利用新闻媒体宣传

媒体传播具有承载信息量大、覆盖面广、传播速度快等优势，通常用于宣传消防法律法规、普及消防科普知识、开展全民消防教育。媒体宣传也是消防安全宣传教育最常用的一种形式，它包括电视宣传教育、广播宣传教育、报刊宣传教育、网络宣传教育和移动电话宣传

教育五种方式。

1. 电视宣传教育

电视宣传教育的方式是将消防安全宣传教育内容制作成公益广告、专题访谈、公共讲座、娱乐视听、科教服务等各种类型的电视节目，多方位、多视角、多样化地展现消防安全宣传教育内容。在利用电视开展消防安全宣传教育时，应根据宣传内容采用恰当的电视节目类型，力求取得最佳宣传效果。

2. 广播宣传教育

广播宣传教育的方式是利用无线广播和有线广播进行消防新闻播报、现场报道，或利用专题广播栏目开办消防安全知识讲座、对话及热线等方式，向广大群众普及消防法律、法规和消防安全常识。

3. 报刊宣传教育

报刊宣传教育方式是利用各类报纸和杂志开辟固定消防专版、专栏或发表各类新闻稿件普及消防法律、法规和安全知识，宣传消防工作的方针和政策。其主要表现形式有：消息、通讯、评论、调查报告、新闻图片和典型事故案例剖析等。消防报刊是报刊宣传的重要组成部分，也是消防宣传的专业阵地。具有公开刊号的全国性消防报刊有《人民公安报·消防周刊》《中国消防》《消防技术与产品信息》《消防科学与技术》四种，此外还有众多的主要由各省、自治区、直辖市消防总队或消防协会、部分市级消防支队主办的内部发行的地方性消防报刊。

4. 网络宣传教育

网络宣传教育方式是利用计算机网络发布有关消防法律法规、安全知识以及相关新闻事件，争取最广泛公众关注的宣传教育形式。其主要方式有：在互联网上开设消防网站，制作消防网页；利用公共网站发布消防文字或图片新闻、消防法律法规、各种消防安全常识、英模事迹、科技成果、装备信息；组织开展网络消防知识竞赛、网上答疑、网上评选、网络消防动漫大赛等，形式灵活多样。

5. 移动电话宣传教育

移动电话消防安全宣传教育方式是利用手机发送短信、接收短信、传送图片、接受视频节目等功能，宣传消防法律、法规及安全常识。移动电话宣传教育采取的方式主要是通过通信运营商向用户群发布简短的具有提示性的消防安全警示、消防法规公告、火灾预警通知和防火措施等。

（二）开展消防安全宣传教育活动

消防安全宣传教育活动是一项有目的、有计划、有步骤地组织众多人参与消防宣传的社会活动。它通过立体生动的方式传递消防安全宣传教育内容，具有鲜明的目的性、广泛的社会传播性、寓教于乐的趣味性等特点。消防安全宣传教育活动能够使人们在实物观摩、亲身体验或娱乐互动中潜移默化地渗透消防知识，是人们乐于接受的消防安全宣传教育形式，是公众获得消防安全知识的重要渠道。

1. 消防竞赛活动

消防竞赛活动是利用竞赛的方式，调动群众主动了解消防法规、学习消防知识及掌握技能的积极性。竞赛宣传方式适用范围广、组织策划简便，适宜于国家机关、企事业单位自发组织。常见的消防宣传竞赛活动有消防运动会、消防知识竞赛、灭火逃生技能竞赛、消防摄影、书画比赛活动等。

2. 消防文艺演出活动

消防文艺演出活动是通过文艺演出的形式宣扬对消防工作的重视及消防事业的巨大发展，赞扬消防员出生入死、抢救人民生命财产的光辉事迹，揭示部分公民因麻痹大意或违反操作规程造成重特大火灾所带来的血的教训。以文艺演出的形式普及消防安全宣传教育内容是群众喜闻乐见的方式，具有生动活泼、寓教于乐、内涵丰富、发人深省的独特魅力。

3. 消防公开咨询活动

消防公开咨询活动是以有问有答的方式宣传消防法规和消防科学技术知识，是与人民群众零距离接触的宣传教育形式。消防公开咨询通常选择在周末或节假日，在繁华的市区开展，由消防专业人员组成消防咨询小组，多以口头宣讲、回答提问、发放宣传图书和资料等方式进行。

（三）建设消防安全宣传教育阵地

消防宣传阵地是消防宣传专用建筑物或相对固定的宣传设施，常见的消防宣传阵地有：

（1）消防科普教育基地　它主要是指面向公众免费开放消防博物馆、展览馆、防灾教育馆、消防体验馆等。

（2）消防宣传专栏　它主要是指在城市社区、农村、厂矿区、公共场所以及高速公路、城市制高点等有宣传价值的部位，设置消防宣传牌匾、灯箱、橱窗、板报、电动字幕，时刻提醒公众注意防火，提高消防安全意识。

（3）面向社会开放的消防站　它主要是指利用消防站的基础设施、添置必要的宣传板画、演示防护逃生器材使用、讲解抢险救援器材和装备、模拟报警、灭火系统等。

（4）消防安全宣传教育一条街　它主要是指由政府部门、公安消防和街道办事处联合组织，选择人流量大、街容繁华、商业网点密集的街道，结合消防灭火应注意的问题和街道的实际火灾隐患情况，采用张贴标语口号，悬挂过街条幅，设置消防宣传展板、展览消防文化作品、组织消防文艺节目演出等方式进行循环宣传。

（5）消防宣传车　消防宣传车是专门用于开展消防安全宣传教育的专用车辆，通常包括若干系统模块，如119报警体验、图文并茂的消防知识查询系统、重特大火灾案例、消防安全知识宣讲视频、电气火灾演示台等。消防宣传车使用简单，而且可根据需要随时移动，是十分便捷的消防安全宣传工具和载体。

（四）设置消防安全标志

消防安全标志是由安全色、边框、图像、图形、符号、文字所组成，能够充分体现消防安全内涵、传达消防安全信息的标志。张贴消防安全标志的目的，是通过这些醒目的标志提醒人们什么场所应当注意什么，引导人们认识什么是灭火器材，什么地方可以疏散逃生等信息，培育社会单位消防安全自我管理教育能力，提高单位自我宣传教育水平的一个重要途径；是对员工进行消防安全教育的一个重要手段。设置消防安全标志部位主要有：

1. 主要出入口

在单位的主要出入口醒目位置应设置总平面布局标志，标明单位的消防水源、天然水源、单位室外消火栓、可利用的市政消火栓、水泵接合器、消防车通道、消防安全重点部位、安全出口和疏散路线、主要消防设施位置等内容。对多层营业场所，应当在每层出入口设置平面布局标志，着重标明本层的疏散路线、安全出口、室内消防设施位置等内容。

2. 危险场所和重点防火部位

在具有火灾和爆炸危险的场所和重点防火部位应设置安全警示标志以及安全操作提示。例如,"进入消防安全须知""禁止吸烟""严禁使用明火"等。

3. 防火安全设施

在设有防火安全设施的部位应设置说明和提示性标志。例如,安全出口和疏散通道设置疏散指示标志;安全出口门上设置"严禁锁闭"标志;常闭式防火门上设置"防火门请随手关闭"标志;普通电梯应在电梯门及附近设置"火灾时不要使用电梯逃生"标志;防火卷帘下方设置"严禁堆放物品"标志;消防车通道上设置"禁止占用"标志等。

4. 灭火设施、器材

在设有灭火设施、器材的部位应设置简单使用说明性标志。例如,灭火器放置点、灭火器箱的箱盖上方,应设置灭火器型号、操作使用方法;室内消火栓箱门应设置设施名称、操作使用方法;室外消火栓、水泵结合器应设置为只提示和不得圈占、遮挡的警示;手动火灾报警按钮附近,应设置设施名称,并标明使用方法的标志;消防水泵房、消防控制室门上应设置房间名称和"消防重点部位闲人免进"标志。

(五)召开消防安全宣传教育会议

会议宣传是采用会议形式,将相关人员聚集,围绕一个共同的主题,进行消防信息交流的活动。具体表现形式有:

1)根据消防宣传工作实际需要,组织召开年度或季度消防工作会议、消防宣传表彰会、消防宣传座谈会、消防宣传现场会等。

2)定期或不定期召开消防新闻发布会、记者招待会、重大火灾报告会、英雄事迹报告会等。

(六)开发消防文化艺术作品

开发消防文化艺术作品的目的是借助文化艺术作品的丰富形式承载消防安全宣传教育内容并进行传播,从而对群众的消防安全观念产生潜移默化的影响。常见的消防文化艺术作品有以下几种:

1. 消防影视作品

消防影视作品是指将消防宣传内容制作成视频资料。常见的消防影视作品包括消防常识宣传教育短片、特大火灾事故专题片以及以消防人员日常工作为基础素材的电影、电视剧、戏曲、动画片。

2. 消防文学作品

消防文学作品是指将消防宣传内容融入到文学作品中,如小说、诗歌、散文等,把死板、枯燥的消防宣传内容故事化、通俗化、生活化、艺术化。

3. 消防曲艺作品

消防曲艺作品是通过群众喜闻乐见的艺术手段和形式来承载消防法律法规和消防安全常识,如相声、小品、快板、戏剧作品等。

4. 消防书画作品

消防书画作品是以静态的文化艺术形式展现消防知识、消防精神和文化以及精彩瞬间。常见的作品形式有消防图片摄影、消防雕塑、消防漫画图集、消防个性化邮票、消防动漫形象等,目的是将宣传内容形象化、生动化、富于感染力。

5. 消防游戏作品

消防游戏作品是以消防安全科学知识为主线，开发的电子游戏程序，目的是增强消防宣传的趣味性。

（七）聘请消防形象大使

聘请消防形象大使，由其代为宣传消防知识和法律法规，是消防宣传的新方式。消防形象大使可以是在社会上有广泛影响的人物，如知名艺术家、影视、曲艺明星，也可以是普通百姓。形象大使应是百姓所熟悉的人物，目的是借助形象大使的明星效应或良好的人际关系，使消防安全宣传教育能够更广泛、更深入地进行。

四、消防安全宣传教育的要求

（一）消防安全宣传教育内容设计要求

消防安全宣传教育的内容设计要本着求真务实的原则，具备知识性、真实性和针对性。

1. 知识性

任何事物的发生、发展都有其内在的原因和规律，火灾的发生也不例外。在进行消防安全宣传教育时就必须设法让人们知道火灾发生、发展的原因和规律性，掌握防止火灾发生的有效措施，因此，要求在消防安全宣传教育的方法和内容上要有知识性。例如，在居民日常生活中，常见有人因电表熔丝熔断而用铜丝代替，如果只是说这样做很不安全，不说或说不出为什么不安全的道理来，那么是不会达到消防安全宣传教育的根本目的，应当将知识性寓于其中。通过知识性的宣传教育，使群众掌握消防安全科学原理，自然就能举一反三，自觉注意消防安全。

2. 真实性

由于消防安全宣传教育工作是教育人的工作，是通过各种渠道和形式的教育活动来提高人们的消防安全意识。所以，宣传材料的内容、讲授例证必须按照事物的本来面目加以说明，用事实真相教育人，不可随意夸大或扭曲客观事实，这样群众才会信服并乐于接受教育，从中获得知识，受到启迪，取得良好的教育效果。

3. 针对性

消防安全宣传教育工作在不同时期应有不同的重点，所以，在进行消防安全宣传教育时，要注意区别，抓住其中的主要矛盾，有针对性、有重点地设计宣传内容。

（1）重大节假日期间的教育内容　每年的元旦、春节、五一、国庆等节日来临之前或节日期间，消防安全监管部门可以在辖区内利用张贴条幅的形式，提醒居民节日期间注意安全用电、用气、用火，加强安全检查，防止火灾发生。

（2）火灾多发季节的教育内容　夏、冬两季由于是用电高峰季节，所以也是火灾多发季节；清明、冬至时节，城镇居民有烧香祭祖的惯例，农村有清明上坟烧纸的风俗，此时也极易引发火灾。此外，春季也是精神病患者高发季节，少数神志不清者会玩火而引起火灾。因此，消防安全监管部门在此时段要加大对重点对象的教育力度。

（3）寒暑假期间的教育内容　寒暑假期间，中、小学生在家休假，玩火、谎报火警等现象时有发生，利用寒暑假期间举办夏令营、冬令营等活动，加强对中、小学生进行防火、灭火知识的宣传也尤为重要。

（4）重大国事、外事活动期间的教育内容　在举行重大国事、外事活动期间，消防安全监管部门应加强消防安全宣传教育,杜绝重特大火灾的发生,减少一般火灾的发生,避免由此产生不良的社会影响。

(二) 消防安全宣传教育形式的要求

1. 坚持经常性

消防安全宣传教育工作要经常开展,把消防安全宣传教育内容渗透到消防工作方方面面。消防安全宣传教育工作还要广泛发动群众参与,使消防宣传活动由"要我做"变成"我要做",逐步建立互动关系,形成宣传常态化。

2. 注重趣味性

消防安全宣传教育的形式应具有趣味性。所谓趣味性,就是通过对教育内容的加工,针对不同的对象、时间、地点、内容,用形象、生动、活泼的艺术性手法或语言,将不同的听众或观众的注意力都聚集于宣传内容上。同样的内容,同一件事物,不同的宣传方式会产生不同的效果,所以要掌握趣味性的手法,使所宣讲的内容对听者、看者具有吸引力,使人想听、想看,达到启发群众、教育听者目的。

3. 讲究时效性

消防工作的重心是根据某一时期火灾形势确定的,火灾的发生,总是在某种条件下形成的,它往往反映某个时期消防工作的特点。所以,消防安全宣传教育工作的开展应特别注意利用一切机会,结合不同时段的工作重心,抓住切入点,开展及时有效的消防安全宣传教育。例如,火灾事故是用金钱和生命换来的教训,一旦发生了重、特大火灾事故,消防安全监管部门应及时召开火灾现场会进行活生生的宣传教育,报纸、电台、电视台也要配合进行宣传报道,向人们敲响警钟,以引起广大群众对火灾的高度警惕,增强消防法制观念,提高做好消防工作的自觉性。

第三节　消防安全培训

一、消防安全培训的含义和分类

(一) 消防安全培训的含义

消防安全培训是结合工作岗位,对培训对象进行消防专业知识培训,使其掌握从事本岗位工作必备的消防知识和技能。消防安全培训教育具有一定的专业技术性。

(二) 消防安全培训的种类

消防安全培训可分为消防安全基本培训和消防安全专门培训两类。

1. 消防安全基本培训

消防安全基本培训是指社会单位、行业主管部门结合本单位或本行业的火灾危险性和消防安全责任对从业人员进行消防安全职责、制度,岗位安全操作规程以及防火、灭火基本知识和技能的培训。目的是确保参训人员了解基本消防常识,掌握消防设施、器材使用方法和逃生自救技能,会查找火灾隐患、扑救初起火灾和组织人员疏散逃生。

2. 消防安全专门培训

消防安全专门培训,又称消防安全专业培训,是指公安机关消防机构或者其他具有消防安全培训资质机构,对具有火灾危险性岗位的从业人员以及与消防安全相关的工作岗位从业人员，组织的消防安全专业知识和技能的培训。目的是培养和训练消防安全技术人员、专业干部和业务骨干。

二、消防安全培训的主体及对象

（一）消防安全培训的主体

消防安全培训工作应在地方政府的领导下，公安机关消防机构与劳动和社会保障部门密切配合，借助消防中介组织、大专院校、科研机构及社会各单位自身的力量，多渠道、多形式开展消防安全培训工作。

1. 相关行政部门的培训机构

公安、教育、民政、人力资源和社会保障、住房和城乡建设、安全监管、旅游部门管理的培训机构，应当根据教育培训对象的特点和实际需要进行消防安全培训。

2. 社会各单位

社会各单位应当依法建立健全消防安全教育培训制度，明确实施机构和人员，保障教育培训工作经费；根据本单位的特点，组织以本单位的火灾危险性、防火措施、消防设施及灭火器材的操作使用方法、人员疏散逃生知识等作为培训重点内容的消防安全基本培训。

3. 社会消防安全培训机构

社会消防安全培训机构是经省级教育行政部门或者人力资源和社会保障部门依法批准，专门面向社会开展消防安全专门培训的机构。

4. 消防院校及科研机构

消防院校及科研机构是从事消防学历教育、开展消防科学技术研究的消防知识密集型组织，具有开展消防安全培训的师资和教学软硬件设施的优势，因此，可以接受单位委托开展专业性和技术性较强的短期消防安全培训。

（二）消防安全培训的对象

1. 消防安全基本培训

依据《消防法》和《单位消防安全管理规定》，单位新上岗和进入新岗位的员工以及消防安全重点单位每名在岗员工都应接受消防安全基本培训。

2. 消防安全专门培训

消防安全专门培训的对象主要有：

1）单位的消防安全责任人、消防安全管理人。
2）专、兼职消防管理人员。
3）消防控制室的值班、操作人员。
4）其他依照规定应当接受消防安全专门培训的人员，如消防安全巡查和检查人员、专职消防队和志愿消防队的队员，消防工程设计、施工、维修人员，消防设备的安装、维修、检测及操作人员，消防技术服务机构从业人员，企业的锅炉工、电气焊工、电工、保安以及重点单位的重点工种工作人员等。

其中，消防控制室的值班、操作人员还应经过标准学时的消防安全专业培训，并通过职业技能鉴定，才能持证上岗。

三、消防安全培训内容

消防安全培训的内容要针对培训对象的特点及工种进行设计。公安部、教育部、人力资源和社会保障部联合印发的《社会消防安全教育培训大纲（试行）》针对13类人员的特点，从消防安全基本知识、消防法规基本常识、消防工作基本要求和消防基本能力训练四个方面，进一步明确了消防教育培训的具体要内容。

（一）社会单位消防安全责任人、管理人和专职消防安全管理人员

消防安全教育的对象主要是指机关、团体、企业、事业单位消防安全责任人、消防安全管理人、专（兼）职消防安全人员。消防安全教育的目的是通过教育，使其熟悉消防法律、法规、规章和有关标准，知晓消防工作法定职责，掌握消防安全基本知识和消防安全管理基本技能，提高检查消除火灾隐患、组织扑救初起火灾、组织人员疏散逃生和消防宣传教育能力。

1. 消防安全基本知识

（1）火灾基本知识　火灾基本知识主要包括：火灾的概念及分类，火灾发生的原因，防火的基本原理，火灾的危害，火灾蔓延的途径，不同类别火灾的特点以及火灾等级划分的标准。

（2）火灾扑救基本知识　火灾扑救基本知识主要包括：火灾报警的方法、内容和要求，火灾扑救的基本原则，冷却、隔离、窒息、抑制等灭火原理，常见灭火剂的种类及适用范围，常用灭火设施、器材的种类及使用方法。

（3）火场疏散逃生基本知识　火场疏散逃生基本知识主要包括：疏散逃生的基本方法和要求，消防自救呼吸器、救生绳（袋）、缓降器等救生器材的使用方法，疏散指示标志的识别，安全出口、疏散通道、应急照明、防火门、防火卷帘、火灾警报装置等常见疏散逃生相关设施的识别。

（4）典型火灾案例分析　典型火灾案例分析主要包括：不同类型社会单位火灾的原因及应该吸取的教训。

2. 消防法规基本常识

消防法规基本常识包括：消防法规体系及主要消防法规；消防工作的方针和原则；《消防法》《国务院关于特大安全生产事故行政责任追究的规定》《单位消防安全管理规定》等法律、法规有关单位消防工作职责的规定；法律、法规规定的有关消防行政、刑事责任。

3. 消防工作基本要求

消防工作基本要求的内容包括：消防工作在单位生产经营、管理和发展中的重要作用；单位组织开展消防工作的方法、内容及要求；单位消防安全组织、制度建设的内容及要求；掌握单位消防安全责任人、消防安全管理人等消防安全职责；消防安全重点单位管理的内容及要求；单位重点部位、重点工种、火源、电器、易燃易爆危险品（设备）等消防安全管理的方法、内容及要求；单位员工消防安全教育的方法、内容及要求；消防设施、器材特点、用途及检查、维护、保养的基本要求；消防安全检查、巡查、岗位自查的方法、内容及要求；火灾隐患的判定标准及整改要求；《人员密集场所消防安全管理》《消防控制室通用技术要求》《建筑消防设施的维护管理》等行业标准的相关规定；单位专职消防队、志愿消防队建设、管理的内容及要求；单位灭火和应急疏散预案的内容及演练要求；组织扑救初起火灾的基本原则和基本方法；单位消防档案的内容及管理要求。

4. 消防基本能力训练

消防基本能力训练内容包括：常用消防设施、器材操作训练；扑救初起火灾训练；火场

疏散逃生、自救互救基本方法训练；消防安全宣传教育和消防安全检查训练。

（二）自动消防系统操作、消防安全监测人员

消防安全教育对象主要是指机关、团体、企业、事业单位从事自动消防系统操作的从业人员和消防安全监测执业人员，如消防控制室的值班、操作人员。该工种人员应经过标准学时的消防安全专业培训并通过职业技能鉴定，持证上岗。通过教育，使其熟悉消防法律、法规和有关标准规定，知晓消防工作法定职责，掌握消防安全基本知识和操作消防设施的基本技能，提高消防控制室值班人员管理水平和应急处置能力。

1. 消防安全基本知识

（1）燃烧基本知识　燃烧基本知识包括：燃烧的概念和条件，燃烧的类型和特点，燃烧的主要产物及其毒性，热传播的途径。

（2）火灾基本知识　火灾基本知识包括：火灾的概念及分类，火灾发生的原因，防火的基本原理，火灾的危害，火灾蔓延的途径，不同类别火灾的特点以及火灾等级划分的标准。

（3）爆炸基本知识　爆炸基本知识包括：爆炸的种类及特点，爆炸的原因、发生条件及危害。

（4）电气防火基本知识　电气防火基本知识包括：电气线路、电气设备的防火要求，防雷电、防静电和电气防爆的主要措施。

（5）建筑防火基本知识　建筑防火基本知识包括：建筑火灾发展和蔓延的基础知识，建筑材料的燃烧性能及分级，防火门、防火阀等防火分隔设施的基础知识，建筑物防火、防烟分区的基础知识，总平面布局和防火间距等的基础知识，安全出口、疏散通道等安全疏散的基础知识。

（6）有关消防基础学科的知识　它包括：电工学、水力学、建筑学、燃烧学、有机化学等有关消防基础学科的常识

（7）火灾扑救基本知识　火灾扑救基本知识包括：火灾报警的方法、内容和要求，火灾扑救的基本原则，冷却、隔离、窒息、抑制等灭火原理，常见灭火剂的种类及适用范围，常用灭火设施、器材的种类及使用方法。

（8）火场疏散逃生基本知识　火场疏散逃生基本知识包括：疏散逃生的基本方法及要求，消防自救呼吸器、救生绳（袋）、缓降器等救生器材的使用方法，疏散指示标志的识别，安全出口、疏散通道、应急照明、防火门、防火卷帘、火灾警报装置等常见疏散逃生相关设施的识别。

（9）典型火灾案例分析　典型火灾案例分析包括：不同类型火灾的原因及应该吸取的教训。

2. 消防法规基本常识

消防法规基本常识包括：消防法规体系及主要消防法规；消防工作的方针和原则；《消防法》《中华人民共和国刑法》（以下简称《刑法》）、《治安管理处罚法》《单位消防安全管理规定》等法律法规的有关条款；《消防控制室通用技术要求》《建筑消防设施的维护管理》等行业标准的相关规定；法律、法规规定的有关消防行政、刑事责任。

3. 消防工作基本要求

消防工作基本要求的内容包括：自动消防系统操作人员、消防安全监测人员的消防安全

职责；建筑防火、防烟分区划分和防火门、防火窗、防火卷帘以及安全疏散设施、消防电梯等设置、操作使用和维护管理要求；火灾自动报警系统的基本形式及使用范围、主要组件工作原理及主要功能，火灾报警控制器的分类及主要功能；消防控制室设备的基本组成，了解其设计要求；消防控制室对消防联动控制器、自动喷水灭火系统、消火栓系统、防烟排烟系统及通风空调系统、防火门及防火卷帘系统、电梯、消防电话、消防应急广播、消防电源等控制和显示功能及操作要求；火灾应急处置程序和要求，消防控制室的资料管理和信息记录要求；消火栓系统的分类、构成及组件，系统的消防用水量、工作压力要求，系统供水、消火栓、增压措施等设置、操作使用和维护管理要求；自动喷水灭火系统的类型及其组成、组件工作原理及其特性，系统的设置场所、组件及配件设置、喷头布置及工作压力、供水、操作控制等要求，系统设置场所火灾危险等级划分、设计喷水强度、作用面积等要求，系统的操作使用和维护管理要求；气体灭火系统、泡沫灭火系统等类型及其组成、组件工作原理及其特性，系统的设置、操作使用和维护管理要求；防烟排烟系统的类型及其组成、组件工作原理及其特性，系统的设置、操作使用和维护管理要求；暖通空调的防火要求；灭火器配置设计、配置验收和检查的技术标准要求；消防安全检查的方法和内容；一般火灾隐患的认定标准与整改要求；引导火灾现场人员疏散逃生的基本原则和方法；扑救初起火灾的基本方法。

4. 消防基本能力训练

消防基本能力训练包括：常用消防设施、器材操作训练；火场逃生、自救互救基本方法训练；消防控制室应急处置训练；火灾报警控制器操作、自动灭火系统控制装置操作、室内消火栓系统控制装置操作、防烟排烟系统及空调通风系统控制装置操作、常开防火门防火卷帘控制装置操作、电梯回降控制装置操作、火灾应急广播控制装置操作、火灾警报装置控制装置操作、火灾应急照明与疏散指示标志控制装置操作等消防控制室监控装置操作训练；引导火灾现场人员疏散逃生训练。

（三）易燃易爆危险化学品从业人员

消防安全教育对象主要是指从事易燃易爆危险化学品经营、储存、运输、销毁的从业人员。消防安全教育的目的是通过教育，使其熟悉消防法律、法规、规章和有关标准，知晓消防安全法定职责，掌握消防安全基本知识和易燃易爆危险化学品危险特性、消防安全措施，提高预防和处置易燃易爆危险化学品火灾的能力。

1. 消防安全基本知识

（1）燃烧基本知识　燃烧基本知识包括：燃烧的概念和条件，燃烧的类型和特点，燃烧的主要产物及其毒性，了解热传播的途径。

（2）火灾基本知识　火灾基本知识包括：火灾的概念及分类，火灾发生的原因，防火的基本原理，火灾的危害，火灾蔓延的途径，不同类别火灾的特点，火灾等级划分的标准。

（3）爆炸基本知识　爆炸基本知识包括：爆炸的种类及特点，爆炸的原因、发生条件及危害。

（4）火灾扑救基本知识　火灾扑救基本知识包括：火灾报警的方法、内容和要求，火灾扑救的基本原则，冷却、隔离、窒息、抑制等灭火原理，常见灭火剂的种类及适用范围，常用消防设施、器材的种类及使用方法。

（5）火场疏散逃生基本知识　火场疏散逃生基本知识包括：疏散逃生的基本方法及要

求,消防自救呼吸器、救生绳(袋)、缓降器等救生器材的使用方法,疏散指示标志的识别,安全出口、疏散通道、应急照明、防火门、防火卷帘、火灾警报装置等常见疏散逃生相关设施的识别。

(6) 典型火灾案例分析　典型火灾案例分析包括:易燃易爆危险化学品火灾原因及应该吸取的教训。

2. 消防法规基本常识

消防法规基本常识包括:消防法规体系及主要消防法规;消防工作的方针和原则;《刑法》《消防法》《治安管理处罚法》《危险化学品安全管理条例》《单位消防安全管理规定》等法律、法规有关易燃易爆危险化学品从业人员消防安全职责等规定;法律、法规规定的有关消防行政、刑事责任。

3. 消防工作基本要求

消防工作基本要求包括:易燃易爆危险化学品的分类、编号、标志及火灾危险性;易燃易爆危险化学品的包装要求;易燃易爆危险化学品生产、储存场所的平面布置、危险性分类、防火间距、防火分区、建筑防火分隔设施、建筑疏散设施等建筑防火基本常识;易燃易爆危险化学品仓库的消防安全管理措施和消防安全检查要求;易燃易爆危险化学品的出入库检查、安全装卸和储存要求;易燃易爆危险化学品仓库的一般配电线路、常用电气设备、防爆电器的防火要求以及静电、雷电防护要求;点火源的种类及控制要求;简易防护面具、空气呼吸器等常用防护器材的使用方法;警戒器材和警戒标志使用要求;常用堵漏器材、输转器材、洗消器材、侦毒测爆器材的使用方法;室内外消火栓系统、火灾自动报警系统、自动灭火系统、泡沫灭火系统等易燃易爆危险化学品场所常用固定消防设施的工作原理并掌握其操作方法;易燃易爆危险化学品泄漏事故和火灾事故处置程序及要求;易燃易爆危险化学品中毒预防与现场急救常识;组织、引导储存易燃易爆危险化学品的人员密集场所现场人员安全疏散的方法、程序及要求。

4. 消防基本能力训练

消防基本能力训练包括:常用消防设施、器材操作训练;火场疏散逃生、自救互救基本方法训练;易燃易爆危险化学品生产、储存场所消防安全检查训练;扑救易燃易爆危险化学品初起火灾训练;处置易燃易爆危险化学品泄漏训练;心肺复苏、创伤救护等初级急救技能训练。

(四) 电工、电气焊工等特殊工种作业人员

消防安全教育对象主要是指从事电工、电气焊工等特殊工种作业人员。消防安全教育的目的是通过教育,使其熟悉消防法律、法规的有关规定,知晓消防安全法定职责,掌握消防安全基本知识和电工、电气焊等作业的消防安全措施及要求,提高预防和处置初起火灾能力。

1. 消防安全基本知识

(1) 燃烧基本知识　燃烧基本知识包括:燃烧的概念和条件,燃烧的类型和特点,燃烧的主要产物及其毒性,热传播的途径。

(2) 火灾基本知识　火灾基本知识包括:火灾的概念及分类,火灾发生的原因,防火的基本原理,火灾的危害,火灾蔓延的途径,不同类别火灾的特点,火灾等级划分的标准。

(3) 火灾扑救基本知识　火灾扑救基本知识包括：火灾报警的方法、内容和要求，火灾扑救的基本原则，冷却、隔离、窒息、抑制等灭火原理，常见灭火剂的种类及适用范围，常用消防设施、器材的种类及使用方法。

(4) 火场疏散逃生基本知识　火场疏散逃生基本知识包括：疏散逃生的基本方法及要求，消防自救呼吸器、救生绳（袋）、缓降器等救生器材的使用方法，疏散指示标志的识别，安全出口、疏散通道、应急照明、防火门、防火卷帘、火灾警报装置等常见疏散逃生相关设施的识别。

(5) 典型火灾案例分析　典型火灾案例分析包括：电器、电气焊火灾原因及应该吸取的教训。

2. 消防法规基本常识

消防法规基本常识包括：消防法规体系及主要消防法规；消防工作的方针和原则；《消防法》《治安管理处罚法》《建筑工程安全管理条例》《建设工程安全生产管理条例》《单位消防安全管理规定》等法律、法规有关电工、电气焊工消防安全职责等规定；法律、法规规定的有关消防行政、刑事责任。

3. 消防工作基本要求

消防工作基本要求包括：电工、电气焊工的特种作业人员上岗资格证书管理要求；《化学品生产单位动火作业安全规程》（AQ 3022—2008）、《焊接与切割安全》（GB 9448—1999）的相关规定；电气设备及线路安装、电气调试、施工现场变（配）电及维修、施工现场照明安装等作业火灾危险性及防火措施；电工作业、电气焊作业相关安全操作规程；动火的分级、固定动火区的划分及动火审批制度的具体要求；电气焊作业的火灾危险性及消防安全检查的方法、内容和要求；各种作业环境下电气焊作业前、作业过程中、作业结束后的火灾危险性与防范措施；作业现场火灾处置程序及措施；发生火灾时，电工的应急处置程序；电气防火检查的方法、内容和要求。

4. 消防基本能力训练

消防基本能力训练包括：常用消防设施、器材操作训练；火场疏散逃生、自救互救基本方法训练；消防安全检查训练；扑救电器、电气焊引发的初起火灾训练。

（五）保安员

消防安全教育对象主要是指保安服务公司和单位自行招用的保安人员。消防安全教育的目的是通过教育，使其熟悉消防法律、法规、规章，知晓消防工作职责，掌握消防安全基本知识和消防安全管理要求，提高消防安全巡查检查、初起火灾扑救、引导人员疏散和消防宣传的能力。

1. 消防安全基本知识

(1) 燃烧基本知识　燃烧基本知识包括：燃烧的概念和条件，燃烧的类型和特点，燃烧的主要产物及其毒性，热传播的途径。

(2) 火灾基本知识　火灾基本知识包括：火灾的概念及分类，火灾发生的原因，防火的基本原理，火灾的危害，火灾蔓延的途径，不同类别火灾的特点，火灾等级划分的标准。

(3) 火灾扑救基本知识　火灾扑救基本知识包括：火灾报警的方法、内容和要求，火灾扑救的基本原则，冷却、隔离、窒息、抑制等灭火原理，常见灭火剂的种类及适用范围，常用消防设施、器材的种类及使用方法。

(4）火场疏散逃生基本知识　火场疏散逃生基本知识包括：疏散逃生的基本方法及要求，消防自救呼吸器、救生绳（袋）、缓降器等救生器材的使用方法，疏散指示标志的识别，安全出口、疏散通道、应急照明、防火门、防火卷帘、火灾警报装置等常见疏散逃生相关设施的识别。

（5）典型火灾案例分析　典型火灾案例分析包括：不同类型社会单位火灾的原因及应该吸取的教训。

2. 消防法规基本常识

消防法规基本常识包括：消防法规体系及主要消防法规；消防工作的方针和原则；《刑法》《消防法》《治安管理处罚法》《危险化学品安全管理条例》《单位消防安全管理规定》等法律、法规有关易燃易爆危险化学品从业人员消防安全职责等规定；法律、法规规定的有关消防行政、刑事责任。

3. 消防工作基本要求

消防工作基本要求包括：防火检查、巡查、岗位自查的方法、内容及要求；各类场所人员疏散的基本方法和要求；初起火灾扑救的基本原则和方法；安全用火、用电、用油、用气常识；灭火器的种类、适用范围、使用方法、设置及日常维护保养要求；消火栓工作原理、操作方法及日常维护保养要求；消防控制室的控制功能及控制室值班人员的职责和任务；《人员密集场所消防安全管理》的相关内容；《建筑灭火器配置验收及检查规范》（GB 50444—2008）等相关消防技术规范的相关规定。

4. 消防基本能力训练

消防基本能力训练包括：常用消防设施、器材操作训练；扑救初起火灾训练；火场疏散逃生、自救互救基本方法训练；消防宣传教育和消防安全巡查检查训练。

（六）社会单位员工

消防安全教育对象主要是指机关、团体、企业、事业单位员工。消防安全教育的目的是通过教育，使其熟悉基本消防法律、法规和规章，知晓消防工作法定职责，掌握消防安全基本知识和消防基本技能，提高火灾预防、初起火灾处置及火场疏散逃生能力。

1. 消防安全基本知识

（1）燃烧基本知识　燃烧基本知识包括：燃烧的概念和条件，燃烧的类型和特点，燃烧的主要产物及其毒性，热传播的途径。

（2）火灾基本知识　火灾基本知识包括：火灾的概念及分类，火灾发生的原因，防火的基本原理，火灾的危害，火灾蔓延的途径，不同类别火灾的特点，火灾等级划分的标准。

（3）火灾扑救基本知识　火灾扑救基本知识包括：火灾报警的方法、内容和要求，火灾扑救的基本原则，冷却、隔离、窒息、抑制等灭火原理，常见灭火剂的种类及适用范围，常用消防设施、器材的种类及使用方法。

（4）火场疏散逃生基本知识　火场疏散逃生基本知识包括：疏散逃生的基本方法及要求，消防自救呼吸器、救生绳（袋）、缓降器等救生器材的使用方法，疏散指示标志的识别，安全出口、疏散通道、应急照明、防火门、防火卷帘、火灾警报装置等常见疏散逃生相关设施的识别。

（5）典型火灾案例分析　典型火灾案例分析包括：不同类别火灾的原因及应该吸取的教训。

2. 消防法规基本常识

消防法规基本常识包括：消防法规体系及主要消防法规；消防工作的方针和原则；《刑法》《消防法》《治安管理处罚法》《危险化学品安全管理条例》《单位消防安全管理规定》等法律、法规有关易燃易爆危险化学品从业人员消防安全职责等规定；法律、法规规定的有关消防行政、刑事责任。

3. 消防工作基本要求

消防工作基本要求包括：本岗位火灾危险性及检查、消除火灾隐患的基本方法及要求；根据本单位制定的灭火和应急疏散预案，掌握扑救初起火灾和组织、引导在场人员安全疏散的方法、程序及要求；住宅区物业服务企业人员应当掌握消防安全巡查检查、消防设施维护管理、消防安全防范服务、消防安全宣传教育的方法、内容及要求。

4. 消防基本能力训练

消防基本能力训练包括：常用消防设施、器材操作训练；扑救初起火灾训练；火场疏散逃生、自救互救基本方法训练；消防安全巡查检查训练。

（七）居（村）民

消防安全教育对象主要是指社区居民、农村村民。消防安全教育的目的是通过教育，使其掌握消防安全基本知识和消防法规基本常识，增强消防安全意识，提高防火、灭火和疏散逃生能力。

1. 消防安全基本知识

消防安全基本知识包括：燃烧的条件；火灾的危害，火灾发生的原因；火灾报警的方法、内容和要求；发生火灾时，影响逃生的心理和行为误区，逃生自救的基本原则和方法；常见的消防安全标志；常见的建筑消防设施、器材；日常生活防火的基本方法；家庭安全用火、用电、用油、用气的常识；家庭常见火灾隐患的查找方法和整改要求；农村、社区消防安全管理的基本要求；家庭常见火灾的灭火方法；灭火器、缓降器、救生绳等家庭常备消防器材的使用方法；室内消火栓等建筑灭火设施的使用方法；农村、社区典型火灾发生的原因及应该吸取的教训。

2. 消防法规基本常识

消防法规基本常识包括：《消防法》有关公民的基本消防法律义务和禁止性规定；《刑法》《治安管理处罚法》的有关规定；法律、法规规定的有关消防行政、刑事责任。

3. 消防基本能力训练

消防基本能力训练包括：常用消防设施、器材操作训练；火场疏散逃生、自救互救基本方法训练；农村、社区及家庭消防安全检查训练；家庭常见火灾扑救训练。

四、消防安全培训形式

（一）纳入职业技能培训

职业技能培训是按照国家职业分类和职业技能标准进行的规范性培训。按照有关规定一些职位必须要经过职业培训，获得技能等级证书后方可上岗。消防安全内容可以纳入相关行业的职业技能培训的内容中，并与职业技能培训和考核一并进行。例如，消防行业特有工种、导游、注册安全工程师、教师等职业的从业人员的职业技能培训应增加必要的消防安全知识。

（二）结合岗位培训

岗位培训包括岗前培训和在岗培训。岗前培训是为使受培训的新员工能正确掌握岗位"应知应会"的内容和要求，对员工进行工作内容、要领、方法和程序的培训。在岗培训是为使员工掌握新技术或提高从业素质。岗位培训按培训的不同层次，可分为厂（单位）、车间（工段）、班组（岗位）三级。在每一级的培训内容中应结合操作岗位的实际情况和特点，组织专门的消防安全培训或在岗前培训中增加必要的消防安全知识和技能。

1. 厂（单位）级

新员工来单位报到后，首先要由单位的领导、消防安全部门和有关技术人员给他们上消防安全知识课，介绍本单位的特点、重点部位、安全制度、灭火方法；从事易燃易爆生产、储存、销售和使用的单位，还要组织他们学习基本的化工知识，了解全部的工艺流程。经消防安全培训，考试合格后，填写"消防安全培训登记卡"，然后持卡到车间、部门报到。未经过厂级消防安全培训的新员工，车间可以拒绝接收。

2. 车间（工段）级

新员工到车间（工段）后，还要进行车间（工段）一级的培训，介绍本车间（工段）的生产特点、具体的安全制度及消防器材分布情况等。培训后同样要在"消防安全培训登记卡"上登记。

3. 班组（岗位）级

班组（岗位）消防安全培训主要是结合新员工的具体工种，介绍操作中的防火知识操作规程，以及发现了事故苗头后的应急措施等。对在易燃易爆岗位操作的员工及特殊工种人员，只经过基本的消防安全教育培训还是不能单独上岗操作的，上岗操作还要先在老员工的监护下进行，在经过一段的时间实习后，经考核确认已具备独立操作的能力时，才可独立操作。

五、消防安全培训方法

（一）课堂授课

课堂授课是开展消防安全教育培训最常用的形式，通过生动、明确的语言，系统而有重点地向听者传授教材内容和相关知识，常用于理论教学。讲授时应做到内容全面、材料丰富；层次分明，突出重点；语言生动，表达准确；评议精炼，注重实效；提纲挈领，善于归纳；观察神态，把握心理。

（二）模拟演练

模拟演练是通过模拟演示、技术示范和实际操作使受训者掌握设备工作原理、器材使用方法以及其他专门技术和技能的培训方式。模拟演示要求模拟演示内容生动形象、接近实物或实战；技术示范要求示范动作标准规范、突出要领；实际操作要求落实训练安全措施，自我体验与重点辅导相结合。模拟训练的手段有利用器材装备训练，利用建（构）筑物训练，利用模拟设施训练，利用计算机模拟或多媒体电教设备训练等。例如，对企事业单位专职消防队、社区志愿消防队开展灭火技能、战术训练等方面的实战训练以及对公众进行灭火器材使用、火场逃生技能的操作演练等。

六、消防行业特有职业（工种）教育培训

（一）消防行业特有职业（工种）

随着我国经济和消防事业的快速发展，社会上逐渐形成了一个专门从事消防安全服务工作的新兴职业群体，称之为消防行业特有职业（工种）。2005年，劳动和社会保障部印发了《消防行业特有工种职业技能鉴定实施办法（试行）》，列出消防行业特有职业名称有灭火员、消防抢险救援员、建（构）筑物消防员。

这一职业群体从事着直接关系到人民生命财产安全的工作，而且人数众多，分布广泛，已经成为我国消防工作社会化的一支重要力量，在防止火灾、确保一方平安方面发挥着越来越大的作用。目前，在我国消防行业特有工种推行国家职业资格证书制度的工作已经开始启动，即把包括社会消防职业培训、职业资格认证和消防行业职业准入纳入国家职业资格证书制度的体系进行管理和运行。

（二）消防职业教育培训

消防行业特有工种具有很强的专业性和技术性。消防职业教育培训是指针对消防行业特有从业人员或预就业人员履行某一岗位所需的专业知识、职业技能和管理能力进行的教育培训活动。消防职业教育培训属于消防安全专业培训的范畴，其系列工作的开展也应在政府部门的监督、引导下通过市场化、社会化的运作方式得以实现。公安部门负责结合行业自身特点制定消防行业特有工种的职业教育培训发展规划和相关政策、法规，为消防职业教育培训发展把握方向；劳动保障部门制修订消防安全职业标准，为消防职业教育培训提供技术指导；消防院校、消防训练基地、消防中介组织以及大型消防企业可整合教学资源，为高质量消防职业教育培训创造教学条件，并依法成立社会消防职业教育培训实体，按照全国统一的教育培训大纲实施培训和考核。

（三）消防职业资格证书制度

1. 消防职业资格

消防职业资格是某一消防职业对任职者的各种要求，包括学历、专业、工作经验等内容，是任职角色必须具备的知识、经验、技能及行为要素的总和。消防职业资格通常以国家职业标准的形式进行明确，例如《建（构）筑物消防员国家职业标准》对从事建（构）筑物消防安全管理、消防安全检查和建筑消防设施操作与维护等工作人员的职业功能、工作内容、技能要求和知识水平进行了明确，并将建（构）筑物消防员的职业等级划分为五级，即初级建（构）筑物消防员（国家职业资格五级）、中级建（构）筑物消防员（国家职业资格四级）、高级建（构）筑物消防员（国家职业资格三级）、建（构）筑物消防技师（国家职业资格二级）、建（构）筑物消防高级技师（国家职业资格一级）。

2. 消防职业资格认证

消防职业资格认证是对一个人能否胜任某一消防行业特有职业所需的资格进行测试和认可的活动。消防行业国家职业资格认证实行政府指导下的社会化运行机制。具体而言就是根据国家的法律、法规和方针、政策，在国家人力资源和社会保障部及公安部消防局的综合管理和指导下，依托中国消防协会成立消防行业职业技能鉴定指导中心，组织、协调和指导各地设立消防行业特有工种职业技能鉴定站，负责具体实施消防行业特有职业鉴定工作，即按照消防行业国家职业标准对消防行业特有工种从业人员的职业技能水平进行客观评价和认

证,并且对考核场所、试题、考评人员、考务和证书核发实施有效管理。

3. 消防职业准入

目前,我国《消防法》仅对"进行电焊、气焊等具有火灾危险作业的人员和自动消防系统的操作人员",要求必须经过专门培训并进行资格认证合格后,持证上岗,即规定了职业准入要求。其中自动消防系统操作人员属于"建(构)筑物消防员"的职业范畴,因此,从事和即将从事自动消防系统操作的人员应按照《建(构)筑物消防员职业标准》,经过相应职业等级规定的标准学时培训,并取得培训《结业证》后申报相应等级的消防职业资格鉴定,在通过鉴定,并获得建(构)筑物消防员职业资格证书后,才能从事该项工作。

自学指导

本章学习重点:消防安全宣传教育的基本内容;消防安全培训的对象;岗位消防安全三级培训。

消防安全宣传教育的基本内容包括:国家消防工作方针、政策,消防法律、法规,火灾预防知识,火灾扑救、人员疏散逃生和自救互救知识,其他消防安全宣传教育内容。

消防安全培训分为消防安全基本培训和消防安全专门培训。单位新上岗和进入新岗位的员工以及消防安全重点单位在岗每名员工都应接受消防安全基本培训。消防安全专门培训的对象主要有:单位的消防安全责任人、消防安全管理人,专(兼)职消防安全管理人员;消防控制室的值班、操作人员;其他依照规定应当接受消防安全专门培训的人员。

岗位消防安全三级培训是结合厂(单位)、车间(工段)、班组(岗位)三级岗位培训教育对新员工或调入新岗位的员工开展的消防安全培训。

本章学习难点:消防安全宣传教育的主要形式。

消防安全宣传教育的主要形式有利用新闻媒体宣传,开展消防安全宣传教育活动,建设消防安全宣传教育阵地,设置消防安全标志;召开消防安全宣传教育会议;开发消防文化艺术作品;聘请消防形象大使。

复习思考题

一、填空题(将正确的答案填写在括号中)

1. 公共场所应通过张贴图画、广播、闭路电视等向公众宣传防火、灭火、(　　　)等常识。

2. 《社会消防安全教育培训规定》明确指出社区居民委员会、村民委员会应当确定至少一名专(兼)职(　　　),具体负责消防安全宣传教育工作。

3. 消防安全培训可分为消防安全基本培训和(　　　)两类。

4. 岗位消防培训教育按教育的不同层次,可分为厂级、(　　　)、班组三级。

二、单项选择题(将正确的答案填写在括号内,错选、多选或未选均不得分)

1. 消防安全重点单位应当按照灭火和应急疏散预案组织演练的最低频次是(　　　)。
   A. 每半年一次　　　　　　　B. 每季度一次
   C. 每年一次　　　　　　　　D. 每两年一次

2. 按照规定应经过消防职业资格认证,才能持证上岗的从业人员是(　　　)。
   A. 消防安全责任人　　　　　B. 消防安全管理人
   C. 消防控制室操作人员　　　D. 消防安全巡查人员

3. 物业服务企业应当在物业服务范围内,面向居民积极开展经常性消防安全宣传教育,

(　　)至少组织一次本单位员工和居民参加灭火和应急疏散演练。

A. 每半年　　　　　　　　B. 每季度

C. 每年　　　　　　　　　D. 每月

三、简答题

1. 消防安全宣传教育与培训的原则是什么？
2. 单位组织员工参加消防安全培训的要求有哪些？
3. 哪些人员应当接受消防安全专门培训？
4. 消防安全宣传教育与培训的作用是什么？
5. 建设工程施工现场的消防安全宣传教育职责有哪些？

四、论述题

结合你单位的实际情况，请设计设置消防安全标志的部位和标志的主要内容。

第五章 消防安全检查

学习目标
1. 应了解、知道的内容
◇ 消防监督检查与防火检查的区别。
◇ 消防安全检查的作用。
◇ 政府的消防监督检查。
2. 应理解、清楚的内容
◇ 消防安全检查的含义及分类。
◇ 单位开展防火检查的要求。
◇ 公安机关消防机构消防监督检查。
◇ 公安派出所消防监督检查。
3. 应掌握、学会的内容
◇ 单位防火检查的形式。
◇ 单位防火检查的组织流程。
◇ 单位防火检查的内容。
◇ 单位在消防监督检查过程中的职责。
4. 应熟练掌握的内容
◇ 消防安全检查表分析法。
◇ 消防安全检查实施手段。

自学时数 12 学时。

老师导学

本章的内容主要是对消防安全检查的分类、形式、作用、内容、方法和实施手段作了详细介绍。在本章的学习中,应重在应用,能够熟悉单位开展防火检查的组织流程,掌握消防安全检查表的编制和应用。

消防安全检查是实施消防安全管理的一项重要工作内容,是及时发现和消除火灾隐患、预防火灾发生的重要措施,也是督促相关消防安全制度和操作规程得到落实的有效手段。《消防法》明确规定了政府、各行政主管部门、社会各单位开展消防安全检查的法定职责。《消防监督检查规定》具体规定了公安机关消防机构和公安派出所进行消防监督检查的形式、内容和要求,《单位消防安全管理规定》明确了单位开展防火检查的内容和要求。

第一节 消防安全检查概述

一、消防安全检查的含义及分类

消防安全检查是指消防安全检查主体采用一定的方法和手段,对单位消防安全情况进行的考察、核实与指导的行为。它包括消防监督检查和社会单位防火检查两类。

（一）消防监督检查

消防监督检查是指政府及有关部门、公安机关消防机构、公安派出所、法律规定的其他消防监管主体依法对公民、法人或者其他组织遵守消防法律、法规情况所进行的检查、了解，并督促其履行义务的执法行为。消防监督检查是政府对社会消防安全实施监控的主要手段之一。

（二）防火检查

防火检查是指社会单位依照有关规定对单位消防安全状况进行的检查。防火检查是单位在消防安全方面进行自我管理、自我约束的一种主要形式。

（三）消防监督检查与防火检查的区别

1. 性质不同

防火检查不属于行政执法的范畴，而是单位内部消防安全管理的一种手段，目的是保证单位的消防安全，降低发生火灾的风险；而消防监督检查是一种行政执法行为，具有强制性。

2. 检查的内容不同

防火检查更侧重于检查是否存在不安全的火灾因素和内部安全规章制度、安全操作规程是否落实，以及是否采取相应的防火措施；消防监督检查的检查内容则是对单位守法情况的检查，重点是发现、纠正、处罚违法行为。

3. 法律效力不同

防火检查的结论不具有法律效力，一般只作为改进管理的依据或内部奖惩的参照；而消防监督检查的结果一旦以法律文书的形式下发给被检查对象，则具有法律效力，被检查对象有义务遵照执行。

二、消防安全检查的作用

消防安全检查具有较强的目的性，在维护社会消防安全方面发挥着非常重要的作用，具体表现在以下几个方面：

（一）督促检查对象落实消防安全责任

实行消防安全责任制是预防火灾的有效措施。社会各单位、各部门、各岗位是消防安全责任主体，应依法落实各项消防安全制度和措施。消防安全检查的作用之一就是督促和提醒检查对象切实执行国家消防法律、法规和技术标准，贯彻"预防为主、防消结合"的消防工作方针，履行自身的消防安全职责，落实各项消防安全措施。

（二）纠正违反消防法律、法规和各项安全规定、规程的行为

随着我国经济建设的不断发展，人们对消防安全的重视程度普遍提高。然而，由于种种原因也存在着大量违反消防法律、法规的行为和现象，行为人或单位对这些违法违规行为并不能自行纠正或不愿自行纠正，成为火灾事故的诱因。通过消防安全检查可以及时发现、纠正与处理消防违法行为，使公众免受消防违法行为所造成的侵害，充分保障公民人身和财产安全。

（三）及时发现并消除潜在的火灾隐患

火灾隐患有隐蔽性，通常非消防专业人员不易发现，通过专业的消防安全检查可以及时

发现潜在的火灾隐患，提出火灾隐患的整改措施并督促消除隐患，营造良好的消防安全环境。

（四）提高全社会的消防安全意识

消防安全检查的过程也是宣传消防法律、法规和消防安全知识的过程，开展消防监督检查有助于强化全社会的消防安全宣传教育效果，循序渐进地提高全社会的消防安全意识，进一步提高全社会抗御火灾的能力。

（五）获取社会消防安全基础资料

通过消防安全检查可以准确了解和掌握被检查单位或场所的消防安全状况，发现消防安全存在的共性问题或突出问题，为国家制定与修订消防法律、法规和技术标准提供基础数据，为消防决策提供依据和指导。

三、消防安全检查的主体

（一）政府及有关部门

地方各级人民政府应对本级人民政府有关部门履行消防安全职责的情况进行监督检查；在农业收获季节、森林和草原防火期间、重大节假日期间以及火灾多发季节，政府及有关部门应组织采取防火措施，进行消防安全检查。县级以上地方人民政府有关部门应当根据本系统的特点，有针对性地开展消防安全检查，及时督促整改火灾隐患。

（二）公安机关消防机构及公安派出所

公安机关消防机构应当对机关、团体、企业、事业等单位遵守消防法律、法规的情况依法进行监督检查。公安派出所对管辖范围内的单位、村（居）民委员会、物业服务企业进行日常消防监督检查。

（三）村（居）民委员会

村（居）民委员会应当确定消防安全管理人，组织制定防火安全公约，进行防火检查。

（四）社会各单位

《消防法》第16条规定，机关、团体、企业、事业单位应当履行的消防安全职责之一就是组织防火检查，及时消除火灾隐患。

（五）保险机构

保险公司的消防技术人员可对投保财产（火灾）保险的单位，进行定期或不定期的消防检查，此种检查是保险公司对投保火灾保险的客户进行保中管理、降低承保风险的重要手段。

（六）消防技术服务组织

市场机制被引入到公共服务领域以来，消防行政部门的职能逐步转变，消防服务事项可以采用市场的运作模式，从而产生了一类专门从事消防技术服务的企业和机构，如消防设施检测事务所（公司）、电气防火检测公司、消防安全监测公司、消防安保服务公司等。这些机构和组织对所服务单位进行约定服务项目的消防安全检查。

四、消防安全检查方法

消防安全检查表分析法是消防安全检查常用的方法，也是安全检查中行之有效的基本方法。根据有关消防安全规范、标准、制度及其他系统分析方法分析的结果，系统地对一个生产系统或设备进行科学分析,找出各种潜在火险因素,依据检查项目把找出的潜在火险因素以问题清单的形式编制成表格,以便于实施消防安全检查,这种表格称为消防安全检查表(Fire Safety Checklist, FSCL)。所谓消防安全检查表分析法就是编制消防安全检查表,并依据此表实施消防安全检查和诊断的系统消防安全分析方法。

(一) 消防安全检查表分析法的优点

消防安全检查表分析法可以有效地避免由于对检查内容和项目不明确、受检查者个人素质影响,检查效果不稳定、深层问题难于发现等弊端,使消防安全检查工作具有较强的针对性和目的性,检查工作更深、更细、更全面。具体优点表现为:

1) 根据有关法规、安全规程和标准,针对不同的检查对象和要求编制的消防安全检查表,有助于实现消防安全检查工作的标准化、科学化和规范化。

2) 通过预先对检查对象进行详细调查研究和全面分析,概括出控制火灾事故发生的各种因素后所编制的消防安全检查表比较系统、完整,可避免检查过程的盲目性,从而提高消防安全检查工作的效果和质量。

3) 检查人员应用拟定的检查项目进行逐项检查,使检查按照预定的目的、要求和检查要点实施,避免遗漏和疏忽,便于发现和查明各种火灾隐患。

4) 消防安全检查表可以作为消防安全检查人员和岗位作业人员履行消防安全职责的凭据,有利于落实消防安全责任制,检查后能够做到事故清、责任明、整改措施落实快。

5) 消防安全检查表是通过问答的形式进行检查的过程,使用起来简单易行,消防安全管理人员和员工易于掌握和接受,是自我检查的有效工具;检查结果标明是否符合安全要求,能使检查者知道如何做才是正确的,可起到消防安全教育的作用。

(二) 消防安全检查表的形式和分类

1. 消防安全检查表的基本形式

消防安全检查表的形式很多,可根据不同的消防安全检查分类项目进行设计,也可按照统一要求的标准格式制作。在进行消防安全检查时,利用消防安全检查表能做到目标明确、要求具体、查之有据,对发现的问题做出简明确切的记录,并提出解决的方案,同时落实责任人,以便及时整改。

消防安全检查表一般包括检查分类项目,检查内容及要点,检查合格标准,检查依据,检查结果,检查处理意见,检查日期及检查者,被检查者,记事、备注等栏目,消防安全检查表的基本格式式样如图5-1所示。对班(组)或岗位用消防安全检查表,由于检查频率较高,检查结果栏目可根据需要再分成若干,制成每周或每月用消防安全检查表。

2. 消防安全检查表的分类

在实际使用中,因为消防安全检查目的和对象不同,消防安全检查表应根据其具体需要编制。常用消防安全检查表的类型有以下几种:

(1) 设计用消防安全检查表 某一工程项目的设计是否合理,将直接影响到以后的生产与消防安全,所以,从工程项目设计开始,就应该考虑消防安全问题,否则,若待工程项目设计完成后再进行消防安全方面的修改,不仅会浪费大量的资金,而且往往收不到预期的效果。这种消防安全检查表可供设计人员进行工程项目设计时使用,也可作为消防安全人员审查消防安全设计的依据。

设计用消防安全检查表的内容应该系统、全面。其主要包括:厂址选择、平面布置、工

××消防安全检查表

检查分类项目	检查内容及要点	检查合格标准	检查依据	检查结果		检查处理意见	备注
				是(√)	否(×)		
记事							
被检查单位及负责人			(签字) 年 月 日	检查机关及检查人			(签字) 年 月 日

图 5-1 消防安全检查表基本格式式样

艺过程安全性、装置的配置、建筑物与建筑结构、安全装置与设施、操作的安全性、危险物品的储存与运输、消防设施等方面。

（2）局级（或行业）消防安全检查表　局级（或行业）安全检查表可供行业主管部门、消防监督管理部门或上级单位进行全局性消防安全检查或预防性消防安全检查时使用。其内容包括消防安全的方方面面。

（3）厂级（单位）消防安全检查表　厂级（单位）消防安全检查表用于单位内部进行定期或不定期消防安全检查和预防性检查。内容应针对单位内部消防安全技术要求和管理制度等。

厂级（单位）消防安全检查表的内容主要包括：厂区内各种产品的工艺装置安全性、重点部位、主要安全装置与设施、危险物品的储存与运输、消防设施、消防组织与制度等方面。

（4）车间（工段）级消防安全检查表　车间（工段）为工厂或企业的下属机构。车间（工段）级消防安全检查表可供单位消防安全管理部门或安全技术部门对车间的防火检查和车间（工段）内部自查。

车间（工段）级消防安全检查表的内容主要包括：工艺布置、安全通道、安全标志、消防设施及操作管理等方面。

（5）班组、岗位级消防安全检查表　班组及岗位为车间（工段）的下属单位，某些建筑、安装、维修等施工操作场所也属于岗位。班组及岗位级消防安全检查表可用于企业消防保卫或安全技术部门对企业重点部位的巡回检查，还可以用于车间对班组或岗位的日常防火检查以及消防安全教育。

班组、岗位级消防安全检查表内容应针对不同岗位、班组的实际工作的具体操作规程、异常情况处理措施及岗位消防安全责任制所要求的内容来确定，其内容应更具体、简洁、明了和易行。

（6）专业性消防安全检查表　专业性消防安全检查表由专业机构或职能部门编制，可供行业主管部门、消防监督管理部门或上级单位以及企业进行专项消防安全检查或季节性消防安全检查时使用。例如，对消防设施和器材的检查验收，对企业各级领导和操作人员消防安全责任落实的检查，对特殊设备，如锅炉、压力容器、气瓶的消防安全检查等。企业安全技术和消防安全管理部门可利用这种专业性消防安全检查表对本单位的重要设备或器材进行定期检查。

（7）事故分析消防安全检查表　对某些危害性大或经常、重复发生的火灾、爆炸事故，如违章作业事故、电气火灾事故等，可编制事故分析消防安全检查表，查找导致火灾、爆炸事故发生的原因，以便有的放矢地采取措施进行预防。

（三）消防安全检查表的编制

消防安全检查表分析法的核心是检查表的编制。

1. 消防安全检查表编制内容

消防安全检查表必须包括系统或子系统的全部主要检查要点，不能仅列出主要的危险因素，而且还应从检查要点中发现与之有关的其他因素以及潜在的致灾因素。同时，由于火灾事故致灾因素中既有物的因素，也有人的因素，因此，消防安全检查表不但应列出所有可能导致事故发生的物的不安全因素，还应该列出相关岗位的全部消防安全职责，以便对人是否正确履行其消防安全职责进行检查。

2. 消防安全检查表编制依据

编制消防安全检查表的依据主要有以下几个方面：

（1）相关法规及制度　国家、各行业颁布有关法规、技术标准和规范以及单位内部的安全规章制度、操作规程等。

（2）本单位的消防安全管理经验　组织有关技术人员、管理人员、操作人员和安全技术人员等，共同总结本单位生产作业的消防安全实践经验，分析潜在的危险因素和外界环境条件，以及过去消防安全检查发现的问题。

（3）有关火灾、爆炸事故的案例和剖析　通过剖析以往发生的火灾、爆炸事故的教训，导致火灾、爆炸事故的各种原因，结合本单位实际，提炼出能够导致火灾爆炸事故的各种不安全状态。

（4）系统安全分析的结果　根据其他系统安全分析方法，如事故树分析、事件树分析、故障类型及影响分析和预先危险分析等，对系统进行分析，得出导致火灾事故的各个基本事件。

3. 消防安全检查表编制步骤

根据检查对象，消防安全检查表编制小组可由熟悉系统安全分析的本行业专家，管理人员、安全技术人员以及生产技术人员、经验丰富的操作人员组成。编制主要步骤如下：

（1）确定检查对象　该步骤主要明确检查的对象、范围以及包含的项目内容。

（2）剖切系统　消防安全检查表是用系统的观点编制的，将检查对象作为复杂的大系统，把系统分成若干子系统或更小的单元。

（3）分析可能的危险性　对各子系统或单元进行分析，找出被分析子系统或单元存在的危险因素，评定其危险程度和可能造成的后果，做到周密全面而不漏项，然后经过编制人员从单元、子系统以致整个系统详细推敲后，按要求编制出消防安全检查的详细提纲。

（4）检查要点　根据危险性大小及重要度顺序，对应所定出的检查项目，以提问的方式列出消防安全检查要点并制成表格。

（5）修改完善　消防安全检查表的最终完善和适用，往往需要经过反复多次的推敲、修改，并随着形势的发展及使用中暴露出来的问题，不断修改和完善。

4. 消防安全检查表编制要求

一个好的消防安全检查表必须具备以下条件：

1）项目齐全，检查内容和检查要点明确、精炼。

2）切合实际，内容具体。

3）充分考虑到火灾、爆炸事故发生的各种潜在因素。

4）重点突出，检查要点尽可能少，文字表达准确。

5）符合国家及公安部颁布的有关消防安全技术标准和消防安全法规。

（四）消防安全检查表的应用

消防安全检查表操作简单、实用，易于掌握，便于推广和普及。具体应用方法是将检查结果在表中用"是（√）"（表示符合要求）或"否（×）"（表示还存在问题，有待进一步改进）来回答检查要点的提问。另外，也可用其他简单的参数来进行回答。有改进措施栏的应填上整改措施意见，需要说明的内容在备注和记事栏中补充。

五、消防安全检查实施手段

为了达到消防安全检查的目的，消防安全检查人员应根据检查对象的实际情况，灵活运用各种消防安全检查方式和手段，同时还应善于观察与思考，做到应查尽查，确实掌握被检查对象的真实情况。检查手段选取正确与否，直接关系到消防安全检查的效果。

（一）询问了解

1. 适用内容

询问是向有关人员进行发问，了解本单位消防安全工作的开展情况和各项制度措施的执行落实情况等，这种方法是消防安全检查中不可缺少的手段之一。通过询问不仅可以在有限的时间内，直接而快速地获得相关的信息，还可以了解到其他手段查不出来的火灾隐患。询问对象不同，检查内容也有所差别。

1）询问消防安全责任人或消防安全管理人员，了解其实施和组织落实消防安全管理工作的概况以及领导对消防工作的熟悉和重视程度。

2）询问消防安全重点部位的人员，了解单位对其培训的概况以及消防安全制度和操作规程的落实情况。

3）询问消防控制室的值班、操作人员，了解其是否具备其岗位资格。

4）随机抽询员工，了解单位开展消防安全宣传教育情况，对于人员密集场所，还应向员工了解其组织引导现场人员疏散的知识和技能以及报告火警和扑救初起火灾的知识和技能。

2. 注意事项

询问可以采用随机抽查的方式，边检查、边询问、边记录情况。采用这种方法时，消防安全检查人员应在事前作好充分准备，避免盲目性，如预先设计询问或测试哪些人员、哪些方面的问题，问题的难易度与普遍性等。

（二）查阅资料

1. 适用内容

查阅的主要资料是单位的消防档案。消防档案是单位履行消防安全职责、反映单位消防工作基本情况和消防安全管理情况的载体，其中包括单位消防安全有关的文件、资料。消防安全检查人员可以通过查阅单位消防档案，全面了解单位的消防安全状况。有关消防安全的文件、资料包括：

1) 有关建设工程消防设计审核、消防验收的文件、资料，消防设计审核、消防验收备案及抽查的文件、资料。
2) 公众聚集场所营业前的消防许可资料。
3) 各项消防安全责任制度和安全管理制度；防火检查、巡查及消防培训教育记录。
4) 新增消防产品、防火材料的合格证明材料。
5) 消防设施定期检查记录和建筑自动消防系统全面测试及维修保养的报告。
6) 与消防安全有关的电气设备检测（包括防静电、防雷）记录资料。
7) 燃油、燃气设备安全装置和容器检测的记录资料。
8) 其他与消防安全有关的文件、资料。

2. 注意事项

在查阅消防安全资料时应注意以下事项：

1) 制定的各种消防安全制度和操作规程是否全面，并符合有关消防法律、法规的规定和实际需要。
2) 各种检查记录，值班记录的填写是否详细、规范。
3) 单位制定的灭火、应急疏散预案是否具有合理性和可操作性。
4) 注意辨别资料的真实性和有效性以及与实际情况是否一致，必要时，应对有疑问的内容通过实际检查加以确认。

（三）实地查看

1. 适用内容

实地查看是消防安全检查人员通过用眼看、手摸、耳听、鼻嗅等人的感官直接观察的消防安全检查方法。这是消防安全日常检查采用的最基本方法。消防安全检查人员可以通过实地查看方式检查的内容有：

1) 疏散通道是否畅通。
2) 防火间距是否被占用。
3) 安全出口是否锁闭、堵塞。
4) 消防车通道是否占用、堵塞。
5) 使用性质和防火分区是否改变。
6) 消防设施和器材是否被遮挡。
7) 设备组件是否齐全，有无损坏，阀门、开关等是否按要求处于启闭位置。
8) 各种仪表显示屏显示的位置是否在正常的允许范围。
9) 危险品存放是否符合规定，燃料、物料有无泄漏。
10) 是否存在违反消防安全规定的用火、用电行为，操作作业是否符合安全规程等。

2. 注意事项

消防安全检查人员必须亲临现场，特别是建筑物内安全出口和疏散通道要求逐一检查。查看过程中要充分发挥人的感官功能，认真细致观察，如在防火巡查时，用眼看一看有哪些不正常的现象，用手摸一摸有无过热等不正常的感觉，用耳听一听有无不正常的声音，用鼻子嗅一嗅有无不正常的气味等。对于通过观察方法不能确定的问题，要借助工具和仪器进行测量，予以确认。

（四）仪器检测

1. 适用内容

仪器检测方式主要是借助专业检查、测试的设备、仪器对消防设施、设备进行功能抽查测试，对电气设备、线路，可燃气体、液体等相关参数等进行测量。具体检查内容有：

1) 室内外消火栓压力、远程启泵测试。
2) 消防电梯紧急停靠测试。
3) 火灾报警器报警和故障功能测试。
4) 压力开关和水力警铃、末端试水装置测试。
5) 防火门、防火卷帘启闭测试。
6) 消防水泵启动测试。
7) 通风与防排烟系统启动及排烟量、压力测试。
8) 应急照明灯具启动及照度测试。
9) 电气设备、线路负荷测试。
10) 可燃气体、液体挥发浓度测量等。

2. 注意事项

抽样测试前，检查人员应先通过眼看、耳听、手摸等方法，做抽样性外观检查，判断系统是否处于准工作状态；系统组件是否完整，有无损坏；对于消防设施，还应查阅单位所提供的消防设施定期检查记录及自动消防系统的全面检查测试维修保养报告，确定单位消防设施运行情况；与被检查单位的消防设施专业维护管理人员一同，借助于专业检查、测试的设备、仪器，按照《建筑消防设施检测技术规程》（GA 503—2004）、《消防产品现场检查判定规则》（GA 588—2012）等标准的要求，对建筑消防设施、器材进行功能抽查测试。

（五）现场检验

1. 适用内容

消防安全检查人员除通过查阅资料、询问相关人员了解情况外，还可以采用现场检验的方式进行消防安全检查。主要适用如下检查内容：

1) 开展灭火应急疏散预案的演练情况。
2) 消防队伍训练情况。
3) 员工安全操作情况等。

2. 注意事项

现场检验是检查消防安全应急处置能力的重要手段。例如，对单位灭火应急疏散预案和组织演练情况的检查，不能局限于仅检查单位是否制定了灭火疏散预案，而且应检验单位消防安全责任人、消防安全管理人、专（兼）职消防管理人员、志愿消防队员和员工对灭火疏散预案的熟悉及掌握程度。因此，可以采取实地演练的方式，对某一重点部位进行模拟演练，检查消防安全责任人或消防安全管理人的指挥能力，志愿消防队员的灭火和协作能力以及员工疏散等情况；同时，应针对现场检验过程发现的问题，及时提出有益的指导与建议。

第二节　单位防火检查

单位开展的防火检查是单位实施消防安全管理的一项重要工作内容，是及时发现消除火灾隐患、预防火灾发生的重要措施，也是确保相关消防安全制度和操作规程得到落实的有效手段。

一、单位防火检查的形式

单位开展防火检查的形式灵活多样，按照不同的标准可以有不同的分类。

（一）按照防火检查实施的主体不同分类

1. 单位自查

单位自查是单位内部根据工作安排或需要，组织单位部门或车间班组、岗位工作人员进行的消防安全自检自纠，或单位领导组织安全技术、保卫等部门对车间、重点部位进行检查等。单位自查是单位组织群众开展经常性防火安全检查的最基本形式，有利于基层单位自觉履行消防安全管理的职责义务。

2. 上级检查

上级检查是由单位的上级主管部门或总公司组织安全检查组对其所属基层单位进行联合检查。通过上级组织的检查可以使单位之间相互交流切磋，达到相互促进，共同提高的目的。还可以制定一系列的评比标准，通过检查评比，起到鼓励先进，鞭策后进的作用。它对推动和帮助基层单位或子公司落实防火安全措施、及时消除火灾隐患，具有重要指导和督促作用。

（二）按照防火检查组织的形式不同分类

1. 防火巡查

防火巡查是组织一定的人力在一定区域内巡回观察重点部位、重点地区及周围的各种消防安全情况，发现、处理各种火灾隐患和纠正各种违法违规行为的防火检查形式。通过巡查不仅可以实现全天候、全方位的消防安全防控，还能及时对火险、火情做出应对。

2. 日常检查

日常检查是按照岗位防火安全责任制的要求，以班组长、安全员、消防员为主，对所在岗位每日所进行的防火检查。这种检查通常在班前、班后和交接班时进行，特别是公众聚集场所营业结束时应当对营业现场进行检查，以便及时发现火险因素，消除遗留火种。

3. 定期检查

定期检查是单位在一定的时间周期内、重大节日前或火灾多发季节，对单位消防安全工作涉及的方方面面进行的较为细致的防火排查。定期的全面防火检查有利于提高领导和员工对消防安全的重视，同时能够发现潜在的火灾隐患，并通过集体讨论整改火灾隐患。

4. 专项检查

专项检查是根据单位的实际情况和当前的主要任务，针对消防安全的薄弱环节或重点防火工作进行的检查。常见的有电气防火检查、用火检查、安全疏散检查、消防设施设备检查、危险品储存与使用检查、防雷设施检查等。专项检查是实施重点管理的手段之一，可以实现对检查内容的重点管控。

二、单位防火检查的内容

社会各单位应当根据本单位的实际情况和检查的组织形式灵活确定符合本单位行业特点的检查内容。《单位消防安全管理规定》列举了单位开展防火检查的一般内容：

- 火灾隐患的整改情况以及防范措施的落实情况。
- 安全疏散通道、疏散指示标志、应急照明和安全出口情况。
- 消防车通道、消防水源情况。
- 灭火器材配置及有效情况。
- 用火、用电有无违章情况。
- 重点工种人员以及其他员工消防知识的掌握情况。
- 消防安全重点部位的管理情况。
- 易燃易爆危险物品和场所防火防爆措施的落实情况以及其他重要物资的防火安全情况。
- 消防（控制室）值班情况和设施运行、记录情况。
- 防火巡查情况。
- 消防安全标志的设置情况和完好、有效情况。
- 其他需要检查的内容。

具体检查内容可概括为以下几个方面：

（一）消防安全制度

单位对消防安全制度的检查内容包括消防组织机构及人员，消防安全责任制度，消防安全管理制度和消防安全操作规程。

1. 消防组织机构及人员

对消防组织机构及人员的检查内容包括：

1）是否确定负责本单位消防安全的职能部门，机构是否健全。

2）消防安全重点单位和村（居）民委员会是否确定消防安全管理人员，组织实施本单位的消防安全管理工作。

3）根据消防法规的有关规定，是否建立专职消防队、志愿消防队。

2. 消防安全责任制度

对消防安全责任制度的检查内容包括：

1）是否确定法人单位的法定代表人或者非法人单位的主要负责人作为单位的消防安全责任人，对本单位的消防安全工作全面负责。

2）是否确定各级、各岗位的消防安全责任人。

3）是否建立消防安全责任制，明确各部门及岗位的消防安全职责和逐级落实消防安全的责任制度。

3. 消防安全管理制度

对消防安全管理制度的检查内容包括：

1）有关消防安全教育、防火检查巡查、安全疏散设施管理、消防（控制室）值班、消防设施器材维护管理、火灾隐患整改、用火用电安全管理、易燃易爆危险品和场所防火防爆、专职和志愿消防队的组织管理、灭火和应急疏散预案演练、燃气和电气设备的检查和管理、消防安全工作考评和奖惩等消防安全管理制度是否制定且内容完善。

2）日常消防安全管理是否落实。

4. 消防安全操作规程

对消防安全操作规程的检查内容包括：

1）是否结合单位实际的火灾危险性制定生产、经营、储运、科研等过程中保障消防安全的操作规程。

2）单位员工是否遵守岗位的消防安全操作规程。

（二）消防安全重点部位

单位内火灾预防的重点是易发生火灾的部位，如动火作业的区域、电气设备集中的部位和涉及易燃易爆危险物品的岗位等。各单位可根据本单位消防重点部位的情况制定检查内容。

1. 火源控制

火源管理是消防管理的重点，应检查如下内容：

1）是否存有用火区域管理范围外用火。

2）对于储存或处理可燃气体、液体、粉尘的设备，动火检修前是否进行清洗、置换等安全处理。

3）是否制定并落实火炉取暖场所和吸烟场所的防火要求和措施。

4）是否划分动火作业级别，规定动火作业审批权限和手续。

5）动火作业前，是否按照单位的用火管理制度办理审批手续，落实现场监护人，并确认无火灾、爆炸危险。

6）动火过程中，动火施工人员是否遵守消防安全规定，并落实相应的消防安全防护措施。如将施工区和使用区进行防火分隔，清除动火区域的易燃、可燃物，配置消防器材，专人监护，保证施工及使用范围的消防安全。

7）公共娱乐场所在营业期间是否存在违禁动火作业情况。

2. 电气防火

电气火灾是起火火灾原因中最主要的原因之一，电气防火是防火检查的重点内容之一，应检查如下内容：

1）敷设电气线路、安装和维修电气设备，是否由专业电工操作，是否符合安全技术要求。

2）电加热设备是否有专人负责使用和监管，离开时是否切断电源。

3）能够产生静电而引起火灾、爆炸事故的设备，是否安装消除静电的装置和采取消除静电的措施。

4）遭到雷击容易引起火灾、爆炸事故的场所，是否安装防雷装置。

5）爆炸危险场所是否遵照国家的有关规定安装相应的防爆电气设备。

6）电气线路和设备是否有专人负责监管，定期检查等。

3. 易燃易爆危险物品

易燃易爆危险物品火灾危险性大，一旦发生事故后果严重，是单位防火检查的重点内容之一，应检查的内容如下：

1) 易燃易爆危险物品贮存、运输、使用是否符合安全要求。

2) 贮存容器、管道有无定期测试，有无跑、冒、滴、漏现象。

3) 室内可燃气体、可燃液体管道是否按规定采用金属管道，并设有紧急事故切断阀。

4) 是否指定专人负责保管易燃易爆危险物品，是否制定易燃易爆危险物品的收发登记制度，对携带易燃易爆危险物品的人员是否把关等。

5) 各类易燃易爆危险物品的防火和灭火措施是否制定并落实。

6) 易燃易爆场所是否有明显提示或警示标志，是否有烟头或遗留火种。

7) 危险场所动火是否按规定办手续，焊工操作时是否达到动火安全制度的要求。

8) 使用多种可燃、易燃油类是否符合安全操作要求，以及残油、残气的处理情况是否符合安全规定。

9) 易燃易爆场所与周边建筑的防火间距是否符合规范要求。

10) 易燃易爆场所是否采用防爆电气设备，防爆泄压设施是否符合要求。

（三）消防设施和器材

消防设施主要指用于灭火的消防设备、器材等，包括固定消防设施和移动消防器材。固定消防设施一般是指固定的消防系统及设备，包括火灾自动报警系统、自动灭火系统、消火栓系统、防排烟系统、消防水池、水箱、消防沙池等；消防器材是指移动的灭火器材、自救逃生器材，如灭火器、防烟面罩、缓降器、消防水桶、铁锹等。单位可根据具体情况进行如下内容的检查。

1. 消防设施和器材的配置和管理

对消防设施和器材的配置和管理应检查如下内容：

1) 消防器材的配置种类、数量及安装或放置是否符合技术要求。

2) 各消防设施的组件、设备的永久性铭牌和按规定设置的标志，其文字和数据是否齐全、符号是否清晰、色标是否正确。

3) 配置地点是否有明显标志，是否被圈占、遮挡等。

4) 消防设施和器材系统组件、配件是否齐全、完好，是否被挪作他用。

5) 消防设施和器材是否由专人负责。

6) 消防设施是否定期检查、检测、维护保养，并有详细完整的记录。

2. 灭火设施及器材的功能

(1) 火灾自动报警系统　对火灾自动报警系统应检查如下内容：

1) 检查故障报警功能　摘掉一个探测器，控制设备能否正确显示故障报警信号。

2) 检查火灾报警功能　任选一个探测器进行吹烟或加热，控制设备能否正确显示火灾报警信号。

3) 检查火警优先功能　摘掉一个探测器，同时给另一探测器吹烟或加热，控制设备能否优先显示火灾报警信号。

(2) 湿式自动喷水灭火系统　对湿式自动喷水灭火系统应检查如下内容：

1) 报警阀组件是否完整，报警阀前后的阀门、通向延时器的阀门是否处于开启状态。

2) 对自动喷水灭火系统进行末端试水。将消防控制室联动控制设备设置在自动位置，任选一楼层，进行末端试水，水流指示器动作，控制设备能否正确显示水流报警信号；压力开关动作，水力警铃发出警报，喷淋泵启动，控制设备能否正确显示压力开关动作及启泵信号。

(3) 消火栓、水泵接合器　对消火栓、水泵接合器应检查如下内容：

1) 室内消火栓接好消防水带、消防水枪，检查消防水枪出水是否正常。

2) 将消防控制室联动控制设备设置在自动位置，按下消火栓箱内的启泵按钮，消火栓泵能否启动，控制设备能否正确显示启泵信号，消防水枪出水是否正常。

3) 室外消火栓是否有专用开启工具，阀门开启是否灵活、方便，出水正常。

4) 水泵接合器控制阀是否常开，且启闭灵活，单向阀安装方向是否正确，止回阀是否严密关闭，寒冷地区防冻措施是否完好。

(4) 消防水泵房、给水管道、储水设施　对消防水泵房、给水管道、储水设施应检查如下内容：

1) 配电柜上控制消火栓泵、喷淋泵、稳压（增压）泵的开关是否设置在自动（接通）位置。

2) 消火栓泵和喷淋泵进、出水管阀门，高位消防水箱出水管上的阀门，以及自动喷水灭火系统、消火栓系统管道上的阀门是否保持常开。

3) 高位消防水箱、消防水池、气压水罐等消防储水设施的水量是否达到规定的水位。

4) 北方寒冷地区的高位消防水箱和室内外消防管道是否有防冻措施。

(5) 防烟排烟系统　对防烟排烟系统应检查如下内容：

1) 检查加压送风系统　自动、手动启动加压送风系统，相关送风口能否开启，送风机能否启动，送风是否正常，反馈信号是否正确。

2) 检查排烟系统　自动、手动启动排烟系统，相关排烟口能否开启，排烟风机能否启动，排风是否正常，反馈信号是否正确。

(6) 消防控制室　对消防控制室应检查如下内容：

1) 值班员是否经过培训，持证上岗，且不少于2人。

2) 每日是否有值班记录，记录是否完整准确。

3) 是否有设备检查记录，记录是否完整准确。

4) 值班员能否熟练掌握《消防控制室管理及应急程序》，能否熟练操作消防控制设备。

5) 消防控制设备是否处于正常运行状态，能否正确显示火灾报警信号和消防设施的动作、状态信号，能否正确打印有关信息。

(7) 消防供电设施　对消防供电设施应检查如下内容：

1) 切换消防主、备电源，检查其供电功能，设备运行是否正常。

2) 启动发电机，查看输出指标及信号是否正常。

3) 储油箱内的油量是否能满足发电机运行3~8h的用量，油位显示是否正常；燃油标号是否正确。

(8) 灭火器　对灭火器应检查如下内容：

1) 灭火器配置类型是否正确，如有液体可燃物的场所应配有能扑灭B类火灾的灭火器。

2) 储压式灭火器压力是否符合要求，压力表指针是否在绿区。

3) 灭火器是否为国家明令淘汰或禁止使用的产品。

4) 灭火器内药剂是否在有效期内。

(9) 其他消防设施和器材　对其他消防设施和器材应检查如下内容：

1）干式自动喷水灭火系统是否设置在自动控制状态；开启末端试水装置阀门后，报警阀、压力开关是否动作，联动启动排气阀入口电动阀与消防水泵，水流指示器报警；报警阀动作后，水力警铃是否报警；消防联动控制设备是否显示水流指示器、压力开关、电动阀及消防水泵的反馈信号。

2）预作用自动喷水灭火系统是否设置在自动控制状态；火灾报警控制器确认火灾后，是否自动启动雨淋阀、排气阀入口电动阀及消防水泵；水流指示器、压力开关是否动作，水力警铃是否报警；消防联动控制设备是否显示电磁阀、电动阀、水流指示器及消防水泵的反馈信号。

3）能否自动和手动启动雨淋系统的消防水泵和雨淋阀；当采用传动管控制系统时，传动管泄压后，是否联动消防水泵和雨淋阀，压力开关是否动作，水力警铃是否报警；消防联动控制设备是否显示电磁阀、消防水泵与压力开关的反馈信号；并联设置多台雨淋阀组的系统，逻辑控制关系是否符合设计要求。

4）能否自动和手动启动水幕系统的消防水泵和雨淋阀；当采用传动管控制系统时，传动管泄压后，是否联动消防水泵和雨淋阀，压力开关是否动作，水力警铃是否报警；人为操作的系统，控制阀的启闭是否灵活可靠。

5）泡沫灭火系统是否能按设定的控制方式正常启动泡沫消防泵，比例混合器、泡沫产生器、泡沫枪，以及喷发的泡沫是否正常。

6）气体灭火系统的气体灭火控制器是否达到火灾报警控制器的技术要求；自动、手动转换功能是否正常，无论装置处于自动或手动状态，手动操作启动是否均有效；装置所处状态是否有明显的标志或灯光显示，反馈信号显示是否正常。

7）消防专用电话分机是否以直通方式呼叫；消防控制室是否能接受消防水泵房、发电机房等处插孔电话的呼叫；消防控制室、消防值班室、企业消防站等处是否设置外线电话。

8）首层的消防电梯迫降按钮，是否用透明罩保护；当触发按钮时，能否控制消防电梯下降至首层，此时其他楼层按钮是否能暂时限制呼叫控制消防电梯；轿厢内的专用对讲电话是否正常；联动控制的消防电梯，能否由消防控制设备手动和自动控制电梯回落首层，并接收反馈信号。

（四）建筑防火措施

1. 建筑耐火等级和耐火构件

对建筑耐火等级和耐火构件应检查如下内容：

1）建筑物主要承重构件是否符合耐火等级要求。

2）疏散楼梯间及其前室和安全出口的门厅，其顶棚、墙面和地面是否采用不燃材料装修。

3）房间、走道的顶棚、墙面、地面使用的装修材料是否符合规范规定。

4）有爆炸危险的厂房、仓库的防爆泄压措施是否符合要求。

2. 防火分隔

对防火分隔应检查如下内容：

1）防火分区和防火分隔设施是否符合技术规范要求。

2）建筑物外有无临时搭建的违章建筑物占用防火间距。

3）封闭楼梯、防烟楼梯及其前室的防火门是否向疏散方向开启，是否具有自闭功能；

防火门外观及闭门器、顺序器、密封条、门扇等零部件是否完整好用，能否关闭密实；常闭式防火门是否张贴"常闭"提示性标语，是否处于常闭状态；常开防火门的启闭状态在消防控制室能否正确显示。

4）防火卷帘密封是否完好，下方有无障碍物，测试防火卷帘能否通过自动、手动、联动的方式启闭顺畅。

5）管道井、电缆井，以及管道、电缆穿越楼板和墙体处的孔洞是否封堵密实。

6）厨房、配电室、锅炉房、柴油发电机房等火灾危险性较大的部位是否与周围其他场所采取严格的防火分隔，且有严密的火灾防范措施和严格的消防安全管理制度。

3. 救援和疏散设施

对救援和疏散设施应检查如下内容：

1）建筑周边是否设置消防车通道，消防车通道上是否停放车辆、摆放物品，占用、堵塞消防车通道；消防车通道上部4m范围内是否设置影响通行或操作的障碍物。

2）疏散通道是否畅通，两侧有无误导人员安全疏散的反光镜子、玻璃等装修材料；疏散指示标志的数量、类型、安装高度是否符合要求；疏散指示标志在疏散路线上是否醒目，有无遮挡，并明确指向安全出口；按下测试按钮或切断正常供电电源，检查灯光疏散指示标志是否启动。

3）安全出口是否锁闭、堵塞，安全出口标志是否醒目、有无遮挡；安全出口处是否设置安全出口标志；平时需要控制人员随意出入的疏散门，不用任何工具能否从内部开启，并有明显标志和使用提示。

4）消防控制室（值班室）、设备机房、疏散通道、人员聚集场所等部位是否设置应急照明灯具，是否完好有效；按下测试按钮或切断主电源，应急照明灯具能否正常发光。

5）火灾应急广播能否分区播放，正确引导人员疏散。

6）人员密集场所外墙门窗上是否设置影响逃生和灭火救援的障碍物。

（五）消防安全教育和培训

消防安全教育和培训的主要检查内容包括：

1）是否对员工开展经常性消防安全宣传教育和四个能力建设，是否至少每年组织一次火灾应急疏散演练。

2）是否组织新上岗和进入新岗位的员工进行上岗前的消防安全培训，公众聚集场所是否至少每半年对员工进行一次消防安全培训。

3）消防控制设备操作人员是否经过消防安全专门培训，持证上岗。

4）消防安全教育内容的针对性、实用性如何。

5）员工是否知道本单位（场所）火灾危险性，是否会报火警，是否会扑救初起火灾，是否会火场逃生自救。

6）灭火和应急疏散预案是否完备，并有定期演练的记录。

7）值班员或专（兼）职消防员是否能及时准确处置火警。

（六）根据需要其他应检查的内容

根据需要其他应检查的内容包括：

1）火灾隐患的整改情况以及防范措施的落实情况。

2）单位灭火力量建设情况。

3) 火灾事故处理情况。

4) 配合消防监督管理部门进行的执法工作情况等。

三、单位防火检查的组织流程

单位开展防火检查的形式不同,检查组织的流程也不尽相同。在此仅介绍防火巡查和定期防火检查的组织流程。

(一) 防火巡查流程

由于防火巡查是一种频次较高的检查形式,巡查的组织流程应通过建立防火巡查制度加以明确。

1. 确定巡查的人员和范围,规定巡查的频次

确定巡查的人员和范围,规定巡查的频次的主要内容有:

1) 防火巡查首先应确定巡查的人员,可以是专职消防安全员,也可以是兼有安全保卫职责的安保人员。防火巡查员应经过消防安全培训,熟悉巡查范围内重点部位的消防安全要求,能够查找火灾隐患、辨识违规或危险的行为,会处置火灾险情、报告火警。

2) 防火巡查的范围应是本单位、部门(车间)的地域范围,辅助巡查周边情况,巡查的重点应是火灾危险部位和消防安全重点部位,如危险品存放部位、动火作业工段、配电室、燃气调压设备,等等。

3) 巡查的频次应根据巡查人员数量和巡查范围合理确定。频次间隔过长,不能充分发挥巡查的作用;巡查频次间隔过短,巡查人员容易消极怠工。《单位消防安全管理规定》明确要求,消防重点单位应进行每日防火巡查;公众聚集场所在营业期间应至少每2h一次防火巡查;医院、养老院、寄宿制的学校、托儿所、幼儿园应进行夜间防火巡查。

2. 实施防火巡查

防火巡查人员按照时间安排进行防火巡查,《单位消防安全管理规定》规定了单位开展防火巡查的主要内容有:

1) 用火、用电有无违章情况。

2) 安全出口、疏散通道是否畅通,安全疏散指示标志、应急照明是否完好。

3) 消防设施、器材和消防安全标志是否在位、完整。

4) 常闭式防火门是否处于关闭状态,防火卷帘下是否堆放物品影响使用。

5) 消防安全重点部位的人员在岗情况。

6) 其他消防安全情况。

3. 违章行为及火险处理

在巡查过程中发现违章行为应当及时纠正,妥善处置火灾危险;无法当场处置的,应当立即报告。发现初起火灾应当立即报警并及时扑救。

4. 填写巡查记录

巡查过程中应当填写巡查记录,巡查人员及其主管人员应当在巡查记录上签名。图5-2所示为防火巡查记录表式样。各单位或部门(车间)可根据具体情况对以上内容有所增加。

(二) 定期防火检查流程

单位开展定期防火检查的基本流程如图5-3所示。

1. 拟订计划

防火巡查记录表

巡查人：　　　　　主管人：

巡查时间	巡查情况							整改情况
	用火、用电情况	安全出口、疏散通道	疏散辅助设施	消防设施、器材	防火门防火卷帘	重点部位人员	其他情况	

图 5-2　防火巡查记录表式样

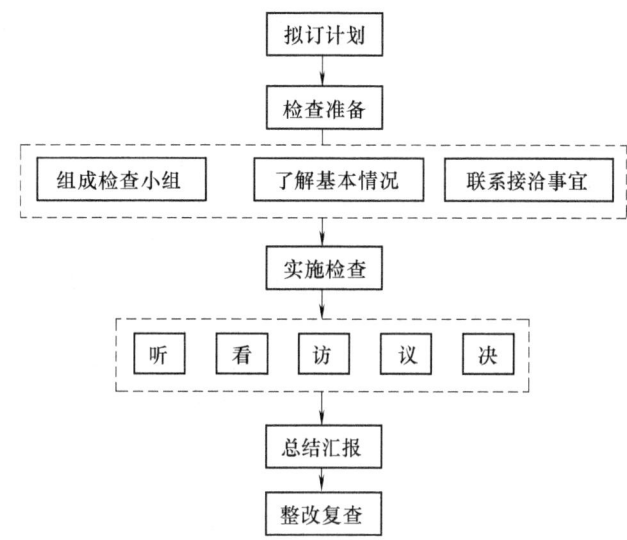

图 5-3　定期防火检查流程图

单位可以根据法律、法规或单位内部规定以及实际需要，制订检查工作计划，确定检查目标和主要目的。单位主管部门应每季度对所属重点单位进行一次检查，并应向当地公安机关消防机构报告检查情况。单位自查应坚持单位月查，车间（工段）周查，班（组）日查的三级检查制度。

《单位消防安全管理规定》明确要求单位开展防火检查的频次至少应符合以下规定：

1）机关、团体、事业单位应当至少每季度进行一次防火检查。
2）企业应当至少每月进行一次防火检查。

2. 检查准备

检查前的准备工作应根据检查的具体形式、规模大小等实际情况进行准备，通常包括如下内容：

（1）组成检查小组　检查组成员应根据检查的目标和内容确定，通常包括分管领导、熟悉消防业务以及懂安全技术的人员。上级部门组织的检查应在上级部门负责人领导下，由负责部门组织本级人员以及下属单位消防安全管理人员组成检查组。单位自查应在消防安全责任人的领导下，由单位安全保卫部门牵头，组织单位生产、技术和专（兼）职防火干部以及志愿消防队员和有关员工参加。专项检查还应有专业技术人员参加。

(2) 了解基本情况　在实施防火检查之前，负责检查的有关人员，应当对所被检查的单位或部位的基本情况有所了解。例如，被检查单位所在位置及周边情况，单位的消防安全责任人、管理人、安全保卫部门负责人、专职防火干部情况，生产工艺和原料、产品、半成品的性质，火灾危险性类别及储存和使用情况，重点要害部位情况，以往火灾隐患的查处情况和是否有火灾发生的情况等方方面面都应有一个基本的了解。负责检查的有关人员还应对所要检查单位、部位的检查项目制作或完善消防安全检查表，以免检查时有所遗漏。

(3) 联系接洽事宜　在具体实施防火检查之前，负责检查的有关人员应当与被检查单位或部门（车间）进行联系。联系的部门通常是被检查单位的消防安全管理部门或专职的消防安全管理人员或是基层单位的负责人。负责检查的有关人员应把检查的目的、内容、时间、要求等需要被检查单位准备的工作予以告知，以便被检查单位有所准备和安排接待。但不宜通知过早，以防造假应付，必要时也可采取突然袭击的方式进行检查，以利问题的发现。

3. 实施检查

实施检查的总要求是全面、认真、细致、深入，并将检查内容和情况如实记录在消防安全检查表中。实施检查的具体流程是听、看、访、议、决几个基本步骤。

(1) 听取介绍或汇报　检查时，被检查单位或部门应组织单位消防安全责任人、管理人，以及消防安全管理部门或车间的负责人和消防安全管理人员参加，并主动提供情况和资料。必要时，进行系统汇报。汇报内容包括：本单位的消防工作基本概况，消防安全管理的领导分工情况，消防安全制度的建立和执行情况；消防安全组织的建立和活动情况；职工的消防安全教育情况；企业的生产工艺过程和产品的变更情况；有无火灾及处理情况；上次检查发现的火灾隐患整改情况及未整改的缘由；消防工作的奖惩情况；其他有关防火、灭火的重要情况等内容。

(2) 现场实地察看　对照防火安全检查表的检查要点，逐一进行检查。对于生产工艺设备、压力容器、消防设施设备、电气设施设备、危险品生产储运设施、用火动火设施等功能状况和安全性能的检查，应当有专业部门和人员使用专业仪器设备进行检测，以检查细微之处的事故隐患。

(3) 提问了解情况　检查过程中，被检查单位应当派熟悉单位情况的负责人或其他人员等陪同，以协助检查人员发现问题，并随时回答检查人员提出的问题，也可随时质疑检查人员提出的问题。必要时，检查人员可抽测一定数量的现场工作人员，考查其消防安全知识、消防技能及对消防安全管理规章制度的掌握和熟练程度。

(4) 集体讨论评议　检查组成员根据在实地检查中听到和看到的情况，进行综合分析，集体讨论。特别是对于火灾隐患的问题，要充分议论，分析隐患的构成和解决问题的方法。

(5) 提出意见和要求　根据讨论结果，指出检查中发现的问题，提出具体的整改意见和要求，并将情况填写在《消防安全检查意见书》，检查人员和被检查部门负责人应当在检查记录上签名。检查意见书式样如图5-4所示。

4. 总结汇报

防火检查主要目的是发现、分析和解决检查中发现的不安全因素和火灾隐患，同时还要评价被查单位或部门（车间）的消防安全状况和管理水平。所以，负责检查的相关人员应根据防火检查的实际情况写出分析总结报告，报告的主要内容包括：

消防安全检查意见书

被检查单位		检查时间	
参加检查人员	单位	姓名	职务（职称）
发现的问题			
整改意见			
参加人员签名			

图 5-4　消防安全检查意见书式样

1）检查组织实施过程。
2）检查对象的总体消防安全情况。
3）检查中存在的突出问题。
4）解决办法和应对措施。

5. 整改复查

检查结束后，被检查单位和部门要根据检查所提出的问题和隐患及整改对策和要求，及时制定整改方案。组织防火检查的部门要予以督促和指导，在整改完成后组织复查。

四、单位开展防火检查要求

（一）认真观察、系统分析、实事求是

防火检查要深入、细致观察，分析问题要合乎逻辑规律、系统全面、由此及彼、由表及里，抓住问题的实质和主要方面，并针对检查中发现的消防安全问题提出切合实际的解决办法。

（二）树立政策观念、法制观念、群众观念和经济观念

具体问题的解决要以政策和法规为尺度，决不可随心所欲；要有群众观念，充分地相信和依靠群众，深入群众和基层一线，倾听群众的意见，了解真实情况，掌握工作主动权，达到检查的目的；要有经济观念，要把发现问题的整改建立在保卫生产和促进生产这个消防安全的指导思想基础之上，并把它看成是一种潜在的经济效益，下气力抓好。

（三）科学安排时间

科学安排时间是一个时间优化问题，检查时间就应该选择在易暴露问题的时间进行。例如，值班问题在夜间最能暴露薄弱环节，那么就应该选择夜间检查值班制度的落实情况和值班人员尽职尽责情况。由于消防管理涉及的范围广、部门多，科学地安排好消防安全检查的时间，将会大大提高工作效率，收到事半功倍的效果。

（四）原则性和灵活性相结合，检查与指导相结合

在检查过程中，对重大问题要敢于坚持原则，但在具体方法上要有一定的灵活性，做到

严得合理，宽得得当；检查要与指导相结合，检查不仅要能发现问题，更重要的是解决问题，所以，应主动提出解决问题的办法和防止问题再发生的措施。

（五）注重效果，不走过场

防火检查是一项综合性的管理活动，是单位消防安全管理的最具体、最直接、最有效的形式之一，所以必须严肃认真、尊重科学、脚踏实地、注重效果，切不可图形式、走过场，只求检查的次数，不求问题的解决。要努力做到检查一次，发现一批隐患，解决一批问题。但应克服仅靠一两次大检查就可以一劳永逸、岁岁平安的思想，要根据本单位的变化情况，有重点地组织检查。在平时有问题要随时进行检查，不要使问题久拖不决，以致酿成火灾。

第三节 消防监督检查

消防监督检查是国家加强消防监督工作的一种手段和方式，是我国消防监督制度的主要组成部分，多年的实践证明，这一方式和手段对于维护社会的公共消防安全及减少火灾的发生效果明显。消防监督检查的主体有地方各级人民政府、消防监管专门机关即公安机关消防机构、公安派出所以及法律授权的其他组织。消防监督检查的主体呈现多元化，各主体开展消防监督检查的形式和内容也有所差别。

一、政府的消防监督检查

政府消防监督检查是指地方各级人民政府对下一级人民政府和本级人民政府有关部门履行消防安全职责情况定期进行的专项检查。

（一）监督检查的组织形式

监督检查的组织形式主要有：

1) 政府统一领导，组织有关部门参加的对各部门消防安全工作的考评检查。
2) 以政府名义组织，由公安机关及其消防机构组织政府有关部门参加的联合消防安全检查。
3) 以消防安全委员会的名义组织政府有关部门参加的消防安全检查。

（二）监督检查内容

监督检查内容主要包括：

1) 各部门消防安全责任制及管理职责落实情况。
2) 涉及消防安全的行政许可、审批职责执行情况。
3) 开展消防安全检查，督促主管的单位整改火灾隐患的情况。
4) 有关城乡消防规划、公共消防设施建设情况。
5) 多种形式消防队伍建设情况。
6) 开展消防安全宣传教育与培训情况。
7) 消防经费保障执行情况。
8) 其他依照法律、法规，各行政部门应当落实的消防安全职责情况。

（三）监督检查要求

监督检查要求具体包括：

1) 地方各级人民政府对有关部门履行消防安全职责的情况检查后，应当及时予以通报。对不依法履行消防安全职责的部门，应当责令限期改正。

2）对于检查发现的火灾隐患，政府应责令各有关部门采取措施，督促有关单位整改。

3）对公安机关报请的对经济和社会生活影响较大的单位的责令停产停业处罚的请示，应当作出明确批复，并组织公安机关等有关部门实施。

4）对检查发现城乡消防安全布局、公共消防设施不符合消防安全要求，或者发现本地区存在影响公共安全的重大火灾隐患，地方人民政府应根据公安机关消防机构提出的处理意见予以协调解决。

5）各级人民政府有关部门的工作人员不履行消防工作职责，对涉及消防安全的事项未按照法律、法规规定实施审批、监督检查，或者对重大火灾隐患督促整改不力，尚不构成犯罪的，依法给予行政处分。

二、公安机关消防机构的消防监督检查

公安机关消防机构的消防监督检查是依法对管辖范围内各单位遵守消防法律、法规情况进行检查、督促，并做出能够影响其权益的消防行政执法行为。公安机关消防机构实施的消防监督检查是政府实施消防安全管理的一项重要措施。

（一）监督检查的形式

1. 日常消防监督抽查

公安机关消防机构可以根据本地区火灾规律和特点以及当地消防安全的需要，组织对管辖单位的监督抽查。抽查的重点是消防安全重点单位，其中的人员密集场所每年至少监督抽查一次，非消防安全重点单位在抽查数量中应当占有一定的抽查比例。

2. 行政许可中的消防安全检查

宾馆、饭店、商场、集贸市场、客运车站候车室、客运码头候船厅、民用机场航站楼、体育场馆、会堂以及公共娱乐场所等公众聚集场所，人员聚集，一旦发生火灾，容易造成群死群伤的恶性事故。因此，《消防法》规定对此类场所实行在投入使用、营业前的消防行政许可制度，即依法经公安机关消防机构检查合格，才可投入使用、营业。由此，对公众聚集场所在投入使用、营业前进行消防安全检查，成为公安机关消防机构实施消防监督检查的一种法定形式。

集会型活动、商务贸易活动、文娱体育活动、庆典活动等大型活动，特别是大型焰火晚会、灯会具有一定火灾危险性。大型活动现场人员较多，一旦发生火灾极易造成群死群伤。因此，大型群众性活动举办前须具备一定的消防安全条件。《消防法》规定举办群众性活动的承办人应向公安机关申请安全许可，因此，配合公安机关对大型活动现场进行消防安全检查也是公安机关消防机构开展监督检查的一种形式。

3. 举报、投诉消防安全违法行为核查

举报、投诉是群众向相关部门反映发现消防违法行为的活动，受理并对群众举报、投诉的消防安全违法行为进行实地核查是公安机关消防机构一项法定职责。

4. 消防安全专项治理检查

除上述形式的消防监督检查外，公安机关消防机构根据火灾形势、特点和安全工作的需要，还应实施开展各类消防安全专项治理检查。例如，针对火灾多发季节的综合性检查，按照政府部署或配合其他职能部门所进行的联合安全检查。

(二) 监督检查内容

在实施消防监督检查时,消防监督检查的形式不同,消防监督检查的场所不同,消防监督检查的内容也有所区别。

1. 日常监督抽查内容

日常监督抽查内容主要是对单位履行法定消防安全职责情况的监督抽查,抽查的主要内容有:

1) 建筑物或者场所是否依法通过消防验收或者进行竣工验收消防备案,公众聚集场所是否通过投入使用、营业前的消防安全检查。

2) 建筑物或者场所的使用情况是否与消防验收或者进行竣工验收消防备案时确定的使用性质相符。

3) 消防安全制度、灭火和应急疏散预案是否制定。

4) 消防设施、器材和消防安全标志是否定期组织维修保养,是否完好有效。

5) 电气线路、燃气管路是否定期维护保养、检测。

6) 疏散通道、安全出口、消防车通道是否畅通,防火分区是否改变,防火间距是否被占用。

7) 是否组织防火检查、消防演练和员工消防安全教育培训,自动消防系统操作人员是否持证上岗。

8) 生产、储存、经营易燃易爆危险品的场所是否与居住场所设置在同一建筑物内。

9) 生产、储存、经营其他物品的场所与居住场所设置在同一建筑物内的,是否符合消防技术标准。

10) 人员密集场所还应当抽查室内装修材料是否符合消防技术标准、外墙门窗上是否设置影响逃生和灭火救援的障碍物。

11) 其他依法需要检查的内容。

对消防安全重点单位履行法定消防安全职责情况的监督抽查,除检查上述内容外,还应当检查下列内容:

1) 是否确定消防安全管理人。

2) 是否开展每日防火巡查并建立巡查记录。

3) 是否定期组织消防安全培训和消防演练。

4) 是否建立消防档案、确定消防安全重点部位。

5) 属于人员密集场所的消防安全重点单位,还应当检查单位灭火和应急疏散预案中承担灭火和组织疏散任务的人员是否确定。

2. 公众聚集场所投入使用、营业前消防安全检查内容

根据《消防监督检查规定》,对公众聚集场所投入使用、营业前进行的消防安全检查应当检查下列内容:

1) 建筑物或者场所是否依法通过消防验收合格或者进行竣工验收消防备案抽查合格;依法进行竣工验收消防备案,但没有进行备案抽查的建筑物或者场所是否符合消防技术标准。

2) 消防安全制度、灭火和应急疏散预案是否制定。

3) 自动消防系统操作人员是否持证上岗,员工是否经过岗前消防安全培训。

4）消防设施、器材是否符合消防技术标准并完好有效。

5）疏散通道、安全出口和消防车通道是否畅通。

6）室内装修材料是否符合消防技术标准。

7）外墙门窗上是否设置影响逃生和灭火救援的障碍物。

3. 大型群众性活动现场消防安全检查内容

在大型群众性活动举办前对活动现场进行消防安全检查，应当重点检查下列内容：

1）室内活动使用的建筑物（场所）是否依法通过消防验收或者进行竣工验收消防备案，公众聚集场所是否通过使用、营业前的消防安全检查。

2）临时搭建的建筑物是否符合消防安全要求。

3）是否制定灭火和应急疏散预案并组织演练。

4）是否明确消防安全责任分工，并确定消防安全管理人员。

5）活动现场消防设施、器材是否配备齐全并完好有效。

6）活动现场的疏散通道、安全出口和消防车通道是否畅通。

7）活动现场的疏散指示标志和应急照明是否符合消防技术标准并完好有效。

4. 建设工程施工现场消防监督检查内容

建设工程施工现场有其特殊性，即建筑物未完全投入使用，且存在着具有火灾危险的生产活动。特别是大型的人员密集场所和其他特殊建设工程是纳入消防行政许可范围的建设工程，该类工程的施工现场是公安机关消防机构监督检查的重点，因此，《消防监督检查规定》明确主要检查施工单位履行下列消防安全职责的情况：

1）是否明确施工现场消防安全管理人员，是否制定施工现场消防安全制度、灭火和应急疏散预案。

2）在建工程内是否设置人员住宿、可燃材料及易燃易爆危险品储存等场所。

3）是否设置临时消防给水系统、临时消防应急照明，是否配备消防器材，并确保完好有效。

4）是否设有消防车通道并畅通。

5）是否组织员工消防安全教育培训和消防演练。

6）施工现场人员宿舍、办公用房的建筑构件燃烧性能、安全疏散是否符合消防技术标准。

（三）监督检查要求

公安机关消防机构实施的消防监督检查属于具体的行政执法行为，应严格依法依规开展。

1. 依法实施检查，不越权、不失职、不渎职

《消防法》明确规定了公安机关消防机构消防监管的范围和职责，《消防监督检查规定》规定了消防监督检查的内容和程序，公安机关消防机构及其执法人员应严格执行，并禁止出现以下行为：

1）不按规定制作、送达法律文书，不按照《消防监督检查规定》履行消防监督检查职责。

2）对不符合消防安全条件的公众聚集场所准予消防安全检查合格。

3）无故拖延消防安全检查，不在法定期限内履行职责。

4）不组织开展消防监督抽查。

5）发现火灾隐患不及时通知有关单位或者个人整改。

6）利用消防监督检查职权为用户指定消防产品的品牌、销售单位或者指定消防技术服务机构、消防设施施工、维修保养单位。

7）接受被检查单位、个人财物或者其他不正当利益。

8）公安机关消防机构工作人员的近亲属在其管辖的区域或者业务范围内经营消防公司、承揽消防工程、推销消防产品。

2. 实施检查的过程要遵循基本程序要求

实施检查的过程要遵循基本程序要求具体如下：

1）消防监督检查人员不得少于2人，并且均应具备消防监督检查的岗位资格，且与被检查单位无利害关系。

2）实施检查前应向检查对象口头说明并出示必要证件，以表明合法监督检查主体身份，同时向检查对象说明检查的理由和依据。

3）实施检查的具体内容应符合消防法规和内部规范执法行为的规范性文件的相关要求。在监督检查过程中，检查人员应当如实填写《消防监督检查记录》，并由检查人员和被检查单位人员阅后在《消防监督检查记录》上签名；对记录有异议或者拒绝签名的，消防监督检查人员应当注明情况。

4）检查完毕，监督检查人员应当将监督检查结果告知被检查单位，并提出整改意见或建议，同时，一并告知被检查单位的权利和义务。一方面是使被检查单位及时采取措施，消除火灾隐患；另一方面是便于被检查单位对不利于自己的监督检查结果进行申辩。对于举报、投诉的违法行为，还应及时将核查结果告知举报、投诉人。

5）及时送达法律文书。法律文书通常一式两份，一份交被检查单位，另一份存档备查。法律文书制作后应在法定时限内及时送达，送达的方式主要是直接送达，法律文书应由检查人员和被检查单位人员阅后签名，有异议或者拒绝签名的，消防监督检查人员应当注明情况。此外，无法直接送达的，还可以采用留置送达、委托送达、邮寄送达和公告送达。

3. 严格遵守法定时限

《消防监督检查规定》对各类消防监督检查形式都有相关的时限要求，监督检查人员应严格遵守。

（1）公众聚集场所投入使用、营业前消防安全检查的法定时限 公安机关消防机构在受理公众聚集场所投入使用、营业前的消防安全检查申报后，自受理之日起10个工作日内进行现场检查。自检查之日起3个工作日内作出同意或不同意投入使用或营业的决定，对不同意投入使用的应出具《不同意投入使用、营业决定书》，同意使用的应制作《公众聚集场所投入使用、营业前消防安全检查合格证》。

（2）大型群众性活动现场举办前消防安全检查的法定时限 公安机关消防机构应当在接到本级公安机关治安部门书面通知之日起3个工作日内进行现场检查，并填写《消防监督检查记录》，将检查记录及时移交本级公安机关治安部门。

（3）举报、投诉消防安全违法行为核查法定时限 公安机关消防机构接到举报、投诉的消防安全违法行为，应当及时受理、登记。属于本单位管辖范围内的事项，应当及时调查处理；属于公安机关职责范围，但不属于本单位管辖的，应当在受理后的24h内移送有管辖权的单位处理，并告知举报人、投诉人；对不属于公安机关职责范围内的事项，应当告知当事人向其他有关主管机关举报、投诉。对举报、投诉占用、堵塞、封闭疏散通道、安全出口或者其他妨碍安全疏散行为，以及擅自停用消防设施的，公安机关消防机构在接到举报投诉后 24h 内进行实地核查。对举报、投诉上述消防安全违法行为以外的其他消防安全违法行为，公安机关消防机构在接到举报、投诉之日起 3 个工作日内进行实地核查。核查结果应及时告知举报人，无法告知的要记明情况。

（4）单位申请复查的法定时限 收到当事人对责令限期改正的复查申请，对被责令停止施工、停止使用、停产停业处罚的要求恢复施工、使用、生产、经营的申请，对火灾隐患消除后，解除查封的申请，公安机关消防机构应自收到申请之日起 3 个工作日内进行实地检查，自检查之日起 3 个工作日内作出执法决定并制作相应法律文书。

4. 发现违法行为和火灾隐患依法查处

公安机关消防机构对在消防监督检查过程中发现的违法行为和火灾隐患，应依法采取必要的行政手段，如行政命令、行政处罚、行政强制予以制止、纠正、消除及惩戒，实施过程应严格依法进行。

三、公安派出所消防监督检查

《消防法》第 53 条赋予了公安派出所负责单位日常消防监督检查、开展消防宣传教育的法律职责。《消防监督检查规定》第 3 条明确规定公安派出所可以对居民住宅区的物业服务企业、村（居）民委员会和上级公安机关确定的单位履行消防安全职责的情况实施日常消防监督检查。《治安管理处罚法》规定公安机关对社会治安进行监督管理，公安派出所作为公安机关的派出机构，对公民的消防安全行为进行监督检查属于其监管职责内容之一。

（一）监督检查形式

1. 日常消防监督检查

公安派出所可以根据本地区火灾规律和特点以及当地消防安全的需要，组织对管辖单位和社区的日常消防监督检查。消防监督检查可以专门组织，也可以结合治安检查等其他公安工作一并实施检查。公安派出所对其日常监督检查范围的单位，应当每年至少进行一次日常消防监督检查。

2. 对举报、投诉的消防安全违法行为的核查

公安派出所对群众举报、投诉的消防安全违法行为，应当及时受理。对管辖范围内违法行为进行实地核查，依法处理；对属于公安机关消防机构管辖的，应当依照《公安机关办理行政案件程序规定》在受理后及时移送公安机关消防机构处理。

3. 根据需要进行的其他消防监督检查

根据需要开展的其他消防监督检查主要是指根据火灾特点和安全工作的需要，进行其他形式的消防监督检查。例如，消防安全专项治理活动中的专项检查，针对火灾多发季节的综合性检查以及根据政府的部署或配合其他职能部门所进行的安全检查。

（二）监督检查内容

公安派出所根据消防监督检查的对象不同，检查内容有所区别。

1. 对管辖单位的日常消防监督检查内容

公安派出所对其日常监督检查范围内的单位的消防监督检查内容为：

1）建筑物或者场所是否依法通过消防验收或者进行消防竣工验收备案，公众聚集场所是否依法通过投入使用、营业前的消防安全检查。

2）是否制定消防安全制度。

3）是否组织防火检查、消防安全宣传教育培训、灭火和应急疏散演练。

4）消防车通道、疏散通道、安全出口是否畅通，室内消火栓、疏散指示标志、应急照明、灭火器是否完好有效。

5）生产、储存、经营易燃易爆危险品的场所是否与居住场所设置在同一建筑物内。

6）设有消防设施的单位是否每年对建筑消防设施至少进行一次全面检测。

2. 对居民住宅区物业服务企业进行日常消防监督检查的内容

公安派出所对居民住宅区物业服务企业进行日常消防监督检查的内容如下：

1）是否制定消防安全制度。

2）是否组织防火检查、消防安全宣传教育培训、灭火和应急疏散演练。

3）消防车通道、疏散通道、安全出口是否畅通，室内消火栓、疏散指示标志、应急照明、灭火器是否完好有效。

4）对管理区域内的公共消防设施是否进行维护管理。

3. 对村（居）民委员会的消防监督检查内容

公安派出所对居民委员会、村民委员会进行日常消防监督检查，应当检查下列内容：

1）消防安全管理人是否确定。

2）消防安全工作制度、村（居）民防火安全公约是否制定。

3）是否开展消防宣传教育、防火安全检查。

4）是否对社区、村庄消防水源（消火栓）、消防车通道、消防器材进行维护管理。

5）是否建立志愿消防队等多种形式消防组织。

（三）监督检查要求

公安派出所开展消防监督检查的要求与公安机关消防机构的要求基本相同。

四、其他消防监管主体的消防监督检查

其他消防监管主体是指法律、法规赋予消防监督检查权力的其他行政部门或组织。例如，根据《消防法》的规定，军事设施、矿井的地下部分、核电厂、海上石油天然气设施的消防工作，由其主管单位监督管理；根据《中华人民共和国森林法》和《中华人民共和国森林防火条例》的规定，国家森林防火指挥机构负责组织、协调和指导全国的森林防火工作，国务院林业主管部门负责全国森林防火的监督和管理工作，承担国家森林防火指挥机构的日常工作；《消防法》第4条第二款规定，县级以上人民政府其他有关部门在各自的职责范围内，依照本法和其他相关法律、法规的规定做好消防工作。这些消防监管主体应在管辖范围内，依据相关法律法规的规定及监管对象的特点实施检查，督促管辖单位落实各项消防安全职责。

五、单位在消防监督检查过程中的职责

（一）协助配合

在消防监督检查的过程中，单位应积极协助配合，具体职责包括：

1）及时申报消防安全重点单位的消防安全责任人、消防安全管理人。
2）选派专人接待消防监督检查人员，主动介绍单位消防安全基本情况。
3）提交真实的消防档案资料。
4）对监督检查发现的问题，及时落实整改。

（二）主动申报

对于消防行政许可事项单位应依法主动、及时申报，并按法律、法规要求，在满足消防安全条件的情况下，向相关部门提交申报材料。

1. 公众聚集场所投入使用、营业前消防安全检查申报

根据《消防法》和《消防监督检查规定》《单位消防安全管理规定》的规定，公众聚集场所在投入使用、营业前应当在具备下列消防安全条件后，向当地公安机关消防机构申报进行消防安全检查：

1）依法通过消防验收或者进行竣工验收消防备案。
2）建立健全消防安全组织，消防安全责任明确。
3）建立消防安全管理制度和保障消防安全操作规程。
4）员工经过消防安全培训。
5）建筑消防设施齐全、完好有效。
6）制定灭火和应急疏散预案。

公众聚集场所的建设单位或者使用单位应当向场所所在地的县级以上人民政府公安机关消防机构申请消防安全检查，并提交下列材料：

1）消防安全检查申报表。
2）营业执照复印件或者工商行政管理机关出具的企业名称预先核准通知书。
3）依法取得的建设工程消防验收或者进行竣工验收消防备案的法律文件复印件。
4）消防安全制度、灭火和应急疏散预案、场所平面布置图。
5）员工岗前消防安全教育培训记录和自动消防系统操作人员取得的消防行业特有工种职业资格证书复印件。
6）法律、行政法规规定的其他材料。

依照《建设工程消防监督管理规定》不需要进行竣工验收消防备案的公众聚集场所申请消防安全检查的，还应当提交场所室内装修消防设计施工图、消防产品质量合格证明文件，以及装修材料防火性能符合消防技术标准的证明文件、出厂合格证。

2. 大型群众性活动举办前的消防安全检查申报

根据《消防法》第20条规定，举办大型群众性活动承办人应依法向公安机关申请安全许可，公安机关消防机构在接到本级公安机关治安部门书面通知后进行消防安全检查。举办大型群众性活动承办人应做好以下消防工作：

1）制定灭火和应急疏散预案并组织演练。
2）明确消防安全责任分工，确定消防安全管理人员。
3）保持消防设施和消防器材配置齐全、完好有效。
4）保证疏散通道、安全出口、疏散指示标志、应急照明和消防车通道符合消防技术标准和管理规定。

3. 申请消防监督检查复查

单位被责令限期改正提前整改完毕、被责令停产停业、停止使用或临时查封后整改完毕，可以向检查部门提出复查、撤销责令停产停业、停止使用决定或解除临时查封的书面申请。申请报告应包括：

1）被查处的时间、原因及整改要求。
2）整改的具体措施。
3）整改完成的情况。
4）其他应说明的情况。

自学指导

本章学习重点：单位防火检查的形式；单位防火检查的内容；消防安全检查实施手段。

单位防火检查的形式有单位自查、上级检查；防火巡查、日常检查、定期检查、专项检查。

单位防火检查的一般内容有：①火灾隐患的整改情况以及防范措施的落实情况；②安全疏散通道、疏散指示标志、应急照明和安全出口情况；③消防车通道、消防水源情况；④灭火器材配置及有效情况；⑤用火、用电有无违章情况；⑥重点工种人员以及其他员工消防知识的掌握情况；⑦消防安全重点部位的管理情况；⑧易燃易爆危险物品和场所防火防爆措施的落实情况以及其他重要物资的防火安全情况；⑨消防（控制室）值班情况和设施运行、记录情况；⑩防火巡查情况；⑪消防安全标志的设置情况和完好、有效情况；⑫其他需要检查的内容。

消防安全检查实施手段有询问了解、查阅资料、实地查看、仪器检测、现场检验。

本章学习难点：消防安全检查表分析法；单位定期防火检查的组织流程。

消防安全检查表分析法是根据有关安全规范、标准、制度及其他系统分析方法分析的结果，系统地对一个生产系统或设备进行科学的分析，找出各种不安全因素，依据检查项目把找出的不安全因素以问题清单的形式制成安全检查表，并依据此表实施消防安全检查和诊断的系统安全分析方法。应用消防安全检查表分析法的核心是编制消防安全检查表。

单位防火检查的组织流程为拟定计划、检查准备、实施检查、总结汇报和整改复查。

复习思考题

一、填空题（将正确的答案填写在括号中）

1. 消防安全检查包括法定消防监管主体进行的消防监督检查和社会单位组织的（　　　　）。
2. 消防安全检查常用的检查方法是（　　　　），也是安全检查中行之有效的基本方法。
3. 消防安全检查表一般包括检查分类项目，检查内容及要点，检查合格标准，检查依据，（　　　　），检查处理意见，检查日期及检查者，被检查者，记事、备注等内容。
4. 单位按照防火检查实施的主体不同可分为（　　　　）和上级检查。

二、单项选择题（将正确的答案填写在括号内，错选、多选或未选均不得分）

1. 消防重点单位应进行（　　）防火巡查；公众聚集场所在营业期间应至少（　　）一次防火巡查；医院、养老院、寄宿制的学校、托儿所、幼儿园应进行夜间防火巡查。

　　A. 每周，每日　　　　　　　　B. 每日，每1h
　　C. 每日，每2h　　　　　　　　D. 每周，每2h

2. 公安机关消防机构在受理公众聚集场所投入使用、营业前的消防安全检查申报后，自受理之日起（　　　　）工作日内进行现场检查。自检查之日起（　　　　）工作日内作出同意或不同意投入使用或营业的决定。

A. 7，2 B. 10，3
C. 20，3 D. 3，1

三、简答题

1. 消防安全检查的作用有哪些？
2. 消防安全检查表分析法的优点有哪些？
3. 简述消防安全检查表编制的步骤。
4. 公众聚集场所投入使用、营业前消防安全检查申报应提交的材料有哪些？
5. 大型群众性活动承办单位在活动举办前应做好哪些消防安全工作？

四、论述题

1. 消防安全检查实施手段有哪些？分别适用哪些检查内容？检查时应注意哪些问题？
2. 假设你为单位的消防安全管理人，请你组织实施本单位的防火巡查，应如何实施？

第六章 火灾隐患认定与整改

学习目标

1. 应了解、知道的内容
◇ 火灾隐患的特征。
◇ 监管部门督促火灾隐患整改措施。
2. 应理解、清楚的内容
◇ 火灾隐患的含义。
◇ 火灾隐患的分级。
◇ 火灾隐患整改要求。
3. 应掌握、学会的内容
◇ 火灾隐患整改措施。
◇ 重大火灾隐患判定。
4. 应熟练掌握的内容
◇ 火灾隐患的认定方法。
◇ 火灾隐患整改的程序。

自学时数 10 学时。

老师导学

本章的内容主要是对火灾隐患的含义与分级，火灾隐患认定的方法和火灾隐患整改的措施及程序作了详细介绍。在本章的学习中，应重在应用，能够熟悉火灾隐患的认定的基本方法、重大火灾隐患的判定方法和流程以及火灾隐患整改的各项措施。

火灾隐患可能导致火灾事故发生，其危害性是潜在的，及时发现隐患，对存在的火灾隐患进行准确判定，并采取相应的处理措施或督促火灾隐患整改，是消防安全检查的主要目的之一。单位在防火检查中发现的火灾隐患应按照要求及时消除；消防监管部门对在监督检查中发现的火灾隐患，则应当根据火灾隐患的具体情形督促和指导单位整改。

第一节 火灾隐患认定

一、火灾隐患的含义和特征

（一）火灾隐患的含义

火灾隐患是指在生产、经营、生活中，违反消防法律、法规，可能导致火灾发生、致使火灾危害增大、阻碍灭火救援行动的各类潜在不安全因素，包括人的不安全行为、管理上的缺陷和物的不安全状态等。

一个单位、一个场所、一个建（构）筑物是否存在火灾隐患，一般可以从以下三个方面进行判定：

（1）增加火灾发生的危险性　例如，违反规定生产、储存、销售、运输、使用易燃易爆危险品，用火、用电、用气作业不符合消防安全要求等。在本身具有引发火灾可能性的情况下，违反相关消防安全管理规定势必会增加发生火灾的危险性，这类情形属于火灾隐患。

（2）增大火灾的危害性　例如，建筑物耐火等级降低，防火间距不够，防火、防烟分区过大，安全出口和疏散通道阻塞，超高层建筑的避难层设置不合理，建筑消防设施未能保证完好有效等。以上情形一旦发生火灾，人员疏散困难，火势迅速蔓延、扩大，导致更加严重的人员伤亡和财产损失，这些都是火灾隐患。

（3）阻碍灭火救援行动　例如，消防水源不足，消防通道阻塞，消火栓、水泵接合器损坏，消防电梯故障等。以上情形一旦发生火灾，将严重影响火场被困人员的营救和火灾扑救行动，给灭火救援行动造成困难，这些也是火灾隐患。

（二）火灾隐患的特征

火灾隐患具有以下三个特征：

1. 隐蔽性

火灾隐患是潜在的火险因素，它具有隐蔽、潜伏的特点，是一时不可明见的火险因素。它在一定时间、一定范围、一定条件下，往往使人们一时看不清楚、意识不到、感觉不出它的存在，随着时间的推移，客观条件的成熟，逐渐使隐患形成灾害。因此，很多火灾隐患不易被发现，或者即使发现了，由于没有表现出直接的火灾危险或危害而不被重视。所以，单位的消防安全不在于有还是没有火灾隐患，而关键在于能不能及时发现火灾隐患和认真加以整改火灾隐患。少数单位对于火灾隐患麻木不仁，听之任之，直至酿成火灾，这就是所谓的"养患成灾"，甚至"小火酿成大灾"。

2. 综合性

火灾隐患一般是由物质危险因素和管理上的缺欠构成的集合体。物质危险因素是指生活、生产和经营活动中存在的物质条件，如原材料、机器设备、加工对象、工具器具、生活用品等所固有的危险性及其潜在的破坏能量；管理缺欠是指人们在生活、生产和经营等活动中不妥当的或错误的组织、规定、指挥和指导以及错误操作。物质危险因素和管理上的缺欠有着密切联系，前者是发生火灾的物质基础；后者是发生火灾的激发条件。

3. 动态性

火灾隐患是动态变化的。一是火灾隐患的认定不是一成不变的。例如，绝大多数火灾隐患都是违反消防法规和消防技术规范、标准造成的，由于国家消防技术标准的修改，导致原本符合技术要求的情形成了危险状态构成了火灾隐患，或是由于新技术、新材料的应用以及人们对火灾危险性的进一步认识，新火灾隐患类型及其表现形式也将随之出现。二是火灾隐患的危险程度随着时间的变化而变化。例如，消防设施的部分损坏，随着时间推移而愈演愈烈直至瘫痪。由此可见，火灾隐患的认定不是一成不变的，治理火灾隐患也不是一劳永逸的，而是经常性的工作，因此，人们认识和整改火灾隐患的过程是一个不断再认识、再实践的过程。

二、火灾隐患的分级

根据不安全因素引发火灾的可能性大小和可能造成的危害程度的不同，火灾隐患可分为一般火灾隐患和重大火灾隐患。

(一) 一般火灾隐患

一般火灾隐患是指有引发火灾的可能,且发生火灾会造成一定的危害后果,但危害后果不严重的各类潜在不安全因素。一般火灾隐患的危害程度较轻、波及范围小,往往只需岗位操作人员或班组的力量即可解决。

(二) 重大火灾隐患

重大火灾隐患是指违反消防法律、法规,可能导致火灾发生或火灾危害增大,并由此可能造成重、特大火灾事故后果和严重社会影响的各类潜在不安全因素。重大火灾隐患的危害程度严重,危害范围大,需要单位组织整改,甚至单位无力整改,需要其主管部门或政府协助解决。

三、火灾隐患的认定方法

火灾隐患认定的依据是我国的消防法律法规、消防技术标准与规范。

(一) 依据法律法规直接认定

根据公安部第120号令《消防监督检查规定》,下列情形可以直接确定为火灾隐患:

1) 影响人员安全疏散或者灭火救援行动,不能立即改正的。
2) 消防设施未保持完好有效,影响防火灭火功能的。
3) 擅自改变防火分区,容易导致火势蔓延、扩大的。
4) 在人员密集场所违反消防安全规定,使用、储存易燃易爆危险品,不能立即改正的。
5) 不符合城市消防安全布局要求,影响公共安全的。
6) 其他可能增加火灾实质危险性或者危害性的情形。

(二) 根据火灾隐患定义判断

按照火灾隐患的含义,依据消防法律法规、标准规范的要求,分别从是否增加了火灾发生的危险性,是否增大了火灾的危害性,是否影响了灭火救援行动三个方面,进行分析判断是否存在不符合消防安全要求的情形。根据火灾隐患定义分析判断是否存在火灾隐患要正确处理火灾隐患与消防安全违法行为的关系。虽然绝大多数火灾隐患都是违反消防法规和消防技术规范、标准造成的,但由于国家消防技术标准的修改而造成的火灾隐患就不属于违法行为,因此,火灾隐患并不一定都是消防安全违法行为;同样消防安全违法行为也不一定就会产生火灾隐患。例如,建设工程项目未进行竣工验收或验收备案,构成违法行为,但该建筑物不一定就存在火灾隐患。

(三) 消防安全评估方法判定

利用消防安全系统工程原理,通过对单位、场所进行危险因素辨识、安全性分析和安全评价综合判定是否存在火灾隐患。

总之,火灾隐患的判定不仅要从消防行政法律上有依据,而且还应在消防技术上有标准。火灾隐患的认定具有专业性、思想性和科学性,因此,消防安全评估部门应当根据实际情况,全面细致地考察和了解,实事求是地分析和判定火灾隐患。

四、重大火灾隐患判定

如何判定重大火灾隐患,是消防工作中经常遇到的问题。《重大火灾隐患判定方法》

（GA 653—2006）提供了重大火灾隐患直接判定方法和综合判定方法。

（一）直接判定方法

存在下列情形之一的，可直接判定为存在重大火灾隐患：

1）生产、储存、装卸易燃易爆化学物品的工厂、仓库和专用车站、码头、储罐区，未设置在城市的边缘或相对独立的安全地带。

2）甲、乙类厂房设置在建筑的地下、半地下室。

3）甲、乙类厂房、库房或丙类厂房与人员密集场所、住宅或宿舍混合设置在同一建筑内。

4）公共娱乐场所、商店、地下人员密集场所的安全出口、楼梯间的设置形式及数量不符合规定。

5）旅馆、公共娱乐场所、商店、地下人员密集场所未按规定设置自动喷水灭火系统或火灾自动报警系统。

6）易燃可燃液体、可燃气体储罐（区）未按规定设置固定灭火、冷却设施。

（二）综合判定方法

对不符合重大火灾隐患直接判定情形的，根据建筑物或场所类别，可以采用综合判定方法确定是否存在重大火灾隐患，具体实施步骤如下：

1. 确定建筑或场所类别

建筑物或场所的类别可分为：人员密集场所、易燃易爆化学物品场所，重要场所或其他场所。人员密集场所是指宾馆、饭店等旅馆，餐饮场所，商场、市场、超市等商店，体育场馆，公共展览馆、博物馆的展览厅，金融证券交易场所，公共娱乐场所，医院的门诊楼、病房楼，老年人建筑、托儿所、幼儿园，学校的教学楼、图书馆和集体宿舍，公共图书馆的阅览室，客运车站、码头、民用机场的候车、候船、候机厅（楼），人员密集的生产加工车间、员工集体宿舍等。其中公共娱乐场所是具有文化娱乐、健身休闲功能并向公众开放的室内场所。它包括影剧院、录像厅、礼堂等演出、放映场所，舞厅、卡拉OK厅等歌舞娱乐场所，具有娱乐功能的夜总会、音乐茶座、酒吧和餐饮场所，游艺、游乐场所，保龄球馆、旱冰场、桑拿等娱乐、健身、休闲场所和互联网上网服务营业场所。易燃易爆化学物品场所是指生产、储存、经营易燃易爆化学物品的场所，包括工厂、仓库、储罐（区）、专业商店、专用车站和码头，可燃气体储备站、充装站、调压站、供应站，加油加气站等。重要场所是指发生火灾可能造成重大社会影响和经济损失的场所，如国家机关，城市供水、供电、供气、供暖调度中心，广播、电视、邮政、电信楼，发电厂（站），省级及以上博物馆、档案馆及文物保护单位，重要科研单位中的关键建筑设施，城市地铁。

2. 确定该建筑或场所是否存在重大火灾隐患判定要素的情形及其数量

查看消防安全检查表结果或进行现场实地核查，确定是否存在表 6-1 所列要素的情形及其数量。

表 6-1 重大火灾隐患综合判定要素

序号	要素
1	擅自改变建筑内的避难走道、避难间、避难层与其他区域的防火分隔设施，或避难走道、避难间、避难层被占用、堵塞而无法正常使用

(续)

序号	要素
2	建筑物的安全出口数量不符合规定,或被封堵
3	按规定应设置独立的安全出口、疏散楼梯而未设置
4	商店营业厅内的疏散距离超过规定距离的25%
5	高层建筑和地下建筑未按规定设置疏散指示标志、应急照明,或损坏率超过30%;其他建筑未按规定设置疏散指示标志、应急照明,或损坏率超过50%
6	设有人员密集场所的高层建筑的封闭楼梯间、防烟楼梯间门的损坏率超过20%,其他建筑的封闭楼梯间、防烟楼梯间门的损坏率超过50%
7	民用建筑内疏散走道、疏散楼梯间、前室室内的装修材料燃烧性能低于B1级
8	民用建筑内疏散走道、疏散楼梯间、前室室内的装修材料燃烧性能低于B1级
9	除公共娱乐场所、商店、地下人员密集场所外的其他场所,其安全出口、楼梯间的设置形式及数量不符合规定
10	人员密集场所未按规定设置防烟排烟设施,或已设置但不能正常使用或运行
11	违反规定在公共场所使用可燃材料装修
12	未按规定设置消防车通道或消防车通道被堵塞、占用
13	建筑之间的既有防火间距被占用
14	城市建成区内的液化石油气加气站、加油加气合建站的储量达到或超过《汽车加油加气站设计与施工规范》(GB 50156)对一级站的规定
15	丙类仓库与集体宿舍混合设置在同一建筑内
16	未按规定设置除自动喷水灭火系统外的其他固定灭火设施
17	已设置的自动喷水灭火系统或其他固定灭火设施不能正常使用或运行
18	托儿所、幼儿园的儿童用房及儿童游乐厅等儿童活动场所,老年人建筑,医院、疗养院的住院部分等与其他建筑合建时,所在楼层位置不符合规定
19	地下车站的站厅乘客疏散区、站台及疏散通道内设置商业经营活动场所
20	擅自改变原有防火分区,造成防火分区面积超过规定的50%
21	防火门、防火卷帘等防火分隔设施损坏的数量超过该防火分区防火分隔设施数量的50%
22	丙、丁、戊类厂房内有火灾爆炸危险的部位未采取防火防爆措施,或这些措施不能满足防止火灾蔓延的要求
23	设有人员密集场所的建筑既有外窗被封堵或被广告牌等遮挡,影响逃生和灭火救援
24	高层建筑的举高消防车作业场地被占用,影响消防扑救作业
25	一类高层民用建筑的消防电梯无法正常运行
26	未按规定设置消防水源
27	未按规定设置室外消防给水设施,或已设置但不能正常使用
28	未按规定设置室内消火栓系统,或已设置但不能正常使用
29	除旅馆、公共娱乐场所、商店、地下人员密集场所外的其他场所未按规定设置自动喷水灭火系统
30	消防用电设备未按规定采用专用的供电回路
31	未按规定设置消防用电设备末端自动切换装置,或已设置但不能正常工作

(续)

序号	要素
32	除旅馆、公共娱乐场所、商店、地下人员密集场所规定外的其他场所未按规定设置火灾自动报警系统
33	火灾自动报警系统处于故障状态,不能恢复正常运行
34	自动消防设施不能正常联动控制
35	违反规定在可燃材料或可燃构件上直接敷设电气线路或安装电气设备
36	易燃易爆危险品场所未按规定设置防雷、防静电设施,或防雷、防静电设施失效
37	易燃易爆危险品或有粉尘爆炸危险的场所未按规定设置防爆电气设备,或防爆电气设备失效

3. 对照重大火灾隐患判定规则进行重大火灾隐患综合判定

重大火灾隐患综合判定规则如下:

1)人员密集场所存在表6-1中第1~11项要素2项以上（含本数,下同）,可综合判定为重大火灾隐患。

2)易燃易爆危险品场所存在表6-1中第12~17项要素2项以上,可综合判定为重大火灾隐患。

3)人员密集场所、易燃易爆危险品场所、重要场所存在表6-1中任意要素3项以上,可综合判定为重大火灾隐患。

4)其他场所存在表6-1中任意要素4项以上,可综合判定为重大火灾隐患。

4. 重大火灾隐患的最终核定

做出重大火灾隐患综合判定结论前还需进行最终核定,存在下列任一种情形可不判定为重大火灾隐患:

1)可以立即整改的。

2)因国家标准修订引起的（法律、法规有明确规定的除外）。

3)对重大火灾隐患依法进行了消防技术论证,并已采取相应技术措施的。

4)发生火灾不足以导致特大火灾事故后果或严重社会影响的。

（三）重大火灾隐患判定的程序

重大火灾隐患判定需要组织集体讨论或专家评审,程序要求如下:

1)进行现场检查核实,并获取相关影像、文字资料。

2)组织集体讨论判定,且参与人数不应少于3人。

3)对于涉及复杂疑难的技术问题,按照《重大火灾隐患判定方法》（GA 653—2006）判定重大火灾隐患有困难的,应由公安机关消防机构组织专家成立专家组进行技术论证。专家组应由当地政府有关行业主管、监管部门和相关消防技术的专家组成,人数不应少于7人。

4)集体讨论或专家技术论证时,建筑业主和管理、使用单位等涉及利害关系的人员可以参加讨论,但不应进入专家组。

5)集体讨论或专家技术论证应形成结论性意见,作为判定重大火灾隐患的依据。判定为重大火灾隐患的结论性意见应有2/3以上专家同意。

6)集体讨论和专家技术论证应当提出合理可行的整改措施和整改期限。

第二节 火灾隐患整改

判定火灾隐患及其等级是整改火灾隐患的必要前提，如何整改火灾隐患才是确保消防安全的关键。《消防法》《单位消防安全管理规定》中均明确了单位及时消除火灾隐患的职责。《消防监督检查规定》明确了公安机关消防机构在监督检查中发现的火灾隐患，应根据火灾隐患的具体情形，按照有关规定要求单位改正，同时，视存在火灾隐患单位的具体情况及单位整改火灾隐患的情况，采取其他相应的措施或手段督促火灾隐患的整改。

一、单位火灾隐患整改措施

（一）实行火灾隐患整改责任制

整改火灾隐患应贯彻"谁主管、谁负责"的原则，遵循单位内部"安全自查、隐患自除、责任自负"的指导思想。对于存在的火灾隐患，由消防安全责任人全面负责，消防安全管理人和各级防火责任人具体组织或实施整改。整改期间，各级消防责任人员应保证消防安全，一旦发生火灾事故将承担相应责任。

（二）会商解决

情况复杂的火灾隐患，如涉及多家单位、多方面问题，不易整改的火灾隐患，公安机关消防机构应及时专题报告单位的主管部门协调，采取协商的办法解决问题。

（三）提请政府督办

对于危害特别大、投资特别多、涉及范围广、单位无力整改的重大火灾隐患，如医院、学校等人员密集场所、易燃易爆危险物品场所、不符合城乡消防安全布局的单位或场所以及其他影响公共安全的单位或场所，存在重大火灾隐患，而自身确无能力解决，单位应取得当地公安机关消防机构和上级主管部门的支持，公安机关消防机构应当及时提出督办意见，由公安机关提请本级人民政府列入督办事项或予以挂牌督办解决。

二、监管部门督促火灾隐患整改措施

（一）责令改正违法行为

由于违法行为造成的火灾隐患，应依法责令改正。公安机关消防机构在消防监督检查中发现下列行为，应责令相关单位改正：

1) 消防设施、器材或者消防安全标志的配置、设置不符合国家标准、行业标准，或者未保持完好有效的。
2) 损坏、挪用或者擅自拆除、停用消防设施、器材的。
3) 占用、堵塞、封闭疏散通道、安全出口或者有其他妨碍安全疏散行为的。
4) 埋压、圈占、遮挡消火栓或者占用防火间距的。
5) 占用、堵塞、封闭消防车通道，妨碍消防车通行的。
6) 人员密集场所在门窗上设置影响逃生和灭火救援的障碍物的。
7) 对火灾隐患经公安机关消防机构通知后不及时采取措施消除的。

（二）临时查封危险部位或场所

临时查封是公安机关消防机构在消防监督检查过程中根据需要采取的一种行政强制措

施。公安机关消防机构在消防监督检查中发现下列不及时消除可能严重威胁公共安全的情形，应当对危险部位或者场所予以临时查封：

1）疏散通道、安全出口数量不足或者严重堵塞，已不具备安全疏散条件的。
2）建筑消防设施严重损坏，不再具备防火灭火功能的。
3）人员密集场所违反消防安全规定，使用、储存易燃易爆危险品的。
4）公众聚集场所违反消防技术标准，采用易燃、可燃材料装修，可能导致重大人员伤亡的。
5）其他可能严重威胁公共安全的火灾隐患的。

（三）实施行政处罚

《消防法》中"法律责任"一章，明确规定了各种消防违法行为应当承担的法律责任，同时，也赋予了相关监管部门对于消防违法行为的行政处罚权。消防监管部门依法对消防违法行为进行行政处罚，是督促火灾隐患整改的重要手段，也是杜绝由于消防安全违法行为导致火灾隐患的有效措施。因此，实施消防行政处罚，不是监督执法的目的，而是要通过消防行政处罚这种手段，达到火灾隐患及时整改的目的。

（四）采取强制执行

单位或个人拒不执行消防监管部门有关责令改正违法行为整改火灾隐患的行政决定时，消防监管部门可以采用或申请法院强制执行。强制执行在消防监督管理领域是最严厉的行政措施，因而《消防法》对于强制执行作了明确规定。

1）当事人逾期不执行公安机关消防机构做出的停产停业、停止使用、停止施工决定的，公安机关消防机构可以强制执行。在此种情况下，公安机关消防机构可以对有关场所、部位、设施或者设备予以查封，迫使其停止生产、经营、使用或者施工。

2）公安机关消防机构在检查中发现当事人存在下列违法行为，责令其改正而当事人又拒不改正的，公安机关消防机构可以按照《中华人民共和国行政强制法》的相关规定，组织强制清除或者拆除相关障碍物、妨碍物，所需费用由违法行为人承担。具体违法行为包括：

① 占用、堵塞、封闭疏散通道、安全出口或者有其他妨碍安全疏散行为的。
② 埋压、圈占、遮挡消火栓或者占用防火间距的。
③ 占用、堵塞、封闭消防车通道，妨碍消防车通行的。
④ 人员密集场所在门窗上设置影响逃生和灭火救援的障碍物的。

3）其他情况下，消防监管部门应申请人民法院强制执行。

（五）其他措施

对于火灾隐患的整改，除了采取行政手段、法律手段外，还可以采取其他措施督促其整改火灾隐患。例如，借助广播、电视、报纸、网络等新闻媒体，对一些久拖不改的重大火灾隐患予以曝光，借助舆论的力量促其改正；在重大火灾隐患单位显著部位悬挂重大火灾隐患标牌，以提示公众注意消防安全；通过典型火灾案例的宣传，提高单位或场所对火灾隐患潜在危险的认识，从而提高单位或场所自觉消除火灾隐患、自主整改火灾隐患的主动性。

三、火灾隐患整改的程序

（一）立即消除或提出整改方案

单位对存在的火灾隐患，应当及时采取措施或制定整改方案。

1）对违反消防安全规定造成的可以立即消除的火灾隐患，发现人应通知存在隐患的部门、岗位负责人立即采取措施，责成有关人员当场改正并督促落实。

2）对不能当场改正的火灾隐患，及时将存在的火灾隐患向单位的消防安全管理人或者消防安全责任人或消防工作归口管理部门报告。由消防工作归口管理部门或消防安全管理人研究确定隐患消除措施、组织制定隐患整改计划，由单位主要负责人负责落实隐患整改所需的各种保障。

3）对于某些一时难以消除的火灾隐患，单位可分轻、重、缓、急分期整改。

4）对涉及多单位、多问题、不易整改的火灾隐患，或者涉及城市规划布局等因素而不能自身解决的火灾隐患，超出了单位自身解决的权限范围，单位应当提出解决方案，并及时报请上级部门或当地人民政府协调解决。

（二）实施整改并保证安全

整改方案一旦通过，应积极组织火灾隐患整改，无论什么火灾隐患，在问题未解决之前，都应采取必要的防范补救措施，防止火灾的发生。

1）对一时无法消除的火灾隐患，又不能确保消防安全的情况下，单位主要负责人应责成存在火灾隐患的部门、岗位立即停止生产经营行为。对立即停止可能产生更大火灾隐患的生产经营行为，由消防工作归口管理部门或消防安全管理人负责组织制定停工（停用、停产、停业）计划，并负责监督落实。

2）对被消防监管部门依法责令停产停业、责令停止使用处罚或被查封的，单位应当立即停止火灾隐患所在部位的各种生产经营活动，并继续做好火灾隐患整改工作。

（三）整改情况上报

分阶段整改的火灾隐患以及整改完毕的火灾隐患应及时向上级主管部门、消防监管部门或政府报告整改情况。

1）单位自行组织的火灾隐患整改完毕，将整改情况记录报送消防安全责任人或者消防安全管理人，单位消防工作归口管理部门或消防安全管理人应组织复查，合格后签字确认，存档备查。

2）对公安机关消防机构责令限期改正的火灾隐患，单位应当在规定的期限内改正，并写出火灾隐患整改复函，报送公安机关消防机构复查。

3）对被监管部门依法责令停产停业、责令停止使用处罚或被查封的，经整改具备消防安全条件的，由单位提出恢复使用、生产营业的书面申请。经检查确认已经改正并具备消防安全条件的，单位方可恢复使用、生产、营业；对尚未完全改正或不具备消防安全条件的，单位不得自行恢复使用、生产、营业。

4）对政府督办的火灾隐患，应将阶段性整改情况及时向上级主管部门或者政府报告。

【例6-1】 某消防支队消防监督检查员对某高层酒店进行检查，在对火灾自动喷淋系统末端试水时发现水力警铃不响，消防控制室也不能实现联动；对消火栓系统进行检查时发现，远程启动消防水泵不能成功启动供水。据查该单位没有定期对消防设施进行检测，也没有防火检查和火灾隐患整改制度；同时发现该酒店的顶层设有KTV包房的歌舞厅，包房墙壁采用聚氨酯泡沫材料进行隔音处理，为扩大使用面积，用石膏板封闭了一个向下的安全疏散楼梯间。

问题：

1. 该单位存在哪些火灾隐患，理由是什么？
2. 是否存在重大的火灾隐患？判定依据是什么？
3. 消防监督检查人员可以采取哪些措施督促整改？

【解】

1. 依据公安部《消防监督检查规定》（公安部令第120号），可直接认定该单位存在的火灾隐患有：

1）消防设施，包括火灾自动喷淋系统、消火栓系统、消防联动控制系统未保持完好有效，影响防火灭火功能。

2）封闭了一个向下的安全疏散楼梯间，影响人员安全疏散或者灭火救援行动，且不能立即改正。

3）包房墙壁采用聚氨酯泡沫材料等易燃可燃材料进行装修，增加火灾实质危险性或者危害性。

2. 按照重大火灾隐患综合判定方法，该场所属于公共人员密集场所，存在表6-1所列的第2和第11项情形，满足重大火灾隐患综合判定规则第一条，且不存在可不判定为重大火灾隐患情形之一，因此可判定该酒店存在重大火灾隐患。

3. 消防监督检查人员可以采用责令限期改正、行政处罚以及临时查封KTV包房等行政手段督促酒店整改，同时，也可辅助采用媒体曝光和挂牌警示等其他措施，提醒公众注意。

四、火灾隐患整改的要求

（一）整改火灾隐患抓住主要矛盾

火灾隐患可能包含着一对或多对矛盾，所以，整改火灾隐患必须抓主要矛盾。通过抓主要矛盾和解决主要问题的方法来达到其他矛盾的迎刃而解，起到纲举目张的作用，使问题得到彻底解决。抓整改火灾隐患的主要矛盾，要分析影响火灾隐患整改的各种因素和条件，制定出几种整改方案，经反复研究论证，选择最经济、最有效、最快捷的方案，避免顾此失彼而造成新的火灾隐患。

（二）树立价值观念，选择最佳方案

整改火灾隐患应树立价值观念，坚持科学、合理、经济、可靠的原则，分析隐患的危险性、危害程度和应对措施。如果虽有危险性，但危害程度较小，就应提出简便易行的办法，从而得到投资少、消防安全价值大的整改方案。例如，拆除部分建筑，提高建筑物的耐火等级，改变部分建筑的使用性质，堵塞建筑外墙上的门窗孔洞或安装水幕装置，设置室外防火墙等，以解决防火间距不足的问题；安装火灾自动报警、自动灭火设施和防火门、防火卷帘、水幕装置等，以解决防火分区面积过大的问题；增加建筑开口面积，加强室内通风，既可达到防爆泄压的目的，又可防止可燃气体、蒸气、粉尘的聚积；向室内输送适量水蒸气或经常往地面上洒水，还可以降低可燃气体、蒸气的浓度，防止可燃粉尘飞扬；改变电气线路型号，减少用电设备，采取错峰用电措施，解决电气线路超负荷的问题，延缓电线绝缘的老化过程。对于关键性的设备和要害部位存在的火灾隐患，要严格整改措施，拟定可行性方案，力求解决问题干净、彻底，不留后患，从根本上确保消防安全。

（三）合理确定火灾隐患的整改期限

火灾隐患整改期限的确定要综合考虑火灾隐患的严重程度、整改难易来确定。整改过程

中发现确有正当理由不能在限期内整改完毕的,隐患单位在整改期限届满应当向上级部门或监管部门提出书面延期申请。

(四) 综合考虑多方面因素

火灾隐患的整改要考虑全面,不能顾此失彼。既要解决火灾隐患,又要考虑生产效率,做到安全与生产的统一;既要使用先进科学技术,又要考虑到经济实力,做到科学性、可靠性和经济实力的统一;既要考虑到物的因素,又要考虑到人的因素,做到形式与效果的统一;既要解决当前的消防安全问题,又要考虑到长远规划,做到眼前安全与长远安全的统一。例如,对于建筑布局、消防通道、水源等方面的火灾隐患,应从长计议,纳入城乡规划建设加以解决;对于库区布局或功能分区不合理,主要建筑物之间的防火间距不足等隐患,可结合厂、库区改造、建设,纳入企业改造和建设规划中加以解决;对于厂、库位置不当等,可结合城镇改造、建设,将危险建筑迁至安全地点。

(五) 消防安全检查人员应发挥督促和指导作用

首先,判定火灾隐患必须严格依据法律、法规、规章和技术规范的规定,准确而客观,对火灾隐患的危险性不能任意夸大。其次,整改火灾隐患往往涉及很多技术问题,作为专业人员的消防监督检查员应当积极给对方提供帮助指导,提供合理而又经济实用的火灾隐患整改方案。

自学指导

本章学习重点:火灾隐患的含义;火灾隐患的分级;火灾隐患整改的措施。

火灾隐患是指在生产、经营、生活中,违反消防法律、法规,可能导致火灾发生、致使火灾危害增大、阻碍灭火救援行动的各类潜在不安全因素,包括人的不安全行为、管理上的缺陷和物的不安全状态等。

根据不安全因素引发火灾的可能性大小和可能造成的危害程度的不同,火灾隐患可分为一般火灾隐患和重大火灾隐患。一般火灾隐患是指有引发火灾的可能,且发生火灾会造成一定的危害后果,但危害后果不严重的各类潜在不安全因素。一般火灾隐患的危害程度较轻、波及范围小,往往只需岗位操作人员或班组的力量即可解决。重大火灾隐患是指违反消防法律、法规,可能导致火灾发生或火灾危害增大,并由此可能造成重、特大火灾事故后果和严重社会影响的各类潜在不安全因素。重大火灾隐患的危害程度严重,危害范围大,需要单位组织整改,甚至单位无力整改,需要其主管部门或政府协助解决。

单位火灾隐患整改措施有:实行火灾隐患整改责任制,会商解决,提请政府督办;监管部门督促火灾隐患整改措施有:责令改正违法行为,临时查封危险部位或场所,实施行政处罚,采取强制执行,借助社会舆论等。

本章学习难点:火灾隐患的认定。

火灾隐患的认定方法有依据法律、法规直接认定,根据火灾隐患定义判定,利用消防安全评估方法判定。重大火灾隐患可依据《重大火灾隐患判定方法》(GA 653—2006)提供的重大火灾隐患直接判定方法或综合判定方法进行判定。

复习思考题

一、填空题(将正确的答案填写在括号中)

1. 火灾隐患是指在生产、经营、生活中,违反消防法律、法规,可能导致火灾发生、致使火灾危害增大、阻碍(　　　　　)的各类潜在不安全因素,包括人的不安全行为、管理上的缺陷和物的不安全状态等。

2. 根据不安全因素引发火灾的可能性大小和可能造成的危害程度的不同，火灾隐患可分为（　　　　）和重大火灾隐患。

3.《重大火灾隐患判定方法》（GA 653—2006）提供了重大火灾隐患直接判定方法和（　　　　）方法。

二、简答题

1. 简述火灾隐患整改的流程。

2.《消防监督检查规定》列举了哪些情形可以直接确定为火灾隐患？

3. 哪些情形可以直接判定为重大火灾隐患？

4. 哪些火灾隐患可以采用临时查封的措施督促整改？

三、论述题

试述城乡消防安全布局不符合消防安全要求，且影响公共安全的重大火灾隐患应如何整改？

四、案例分析题

案例：东风综合市场以经营服装、鞋帽为主，共5层，有2000多个经营户。某日，市消防支队两名消防监督员对其进行检查发现：室内摊位密集，纵横通道狭窄，宽度在1.2m左右，每层有四个开敞式楼梯间，楼梯疏散宽度为1m；未设置火灾自动报警系统，多处疏散指示灯损坏，两处室内消火栓被柜台遮挡。

问题：

1. 该市场存在哪些火灾隐患？

2. 东风综合市场可以采取哪些措施整改？

第七章 消防安全重点管理

学习目标
1. 应了解、知道的内容
◇ 消防安全重点单位界定标准。
◇ 消防安全重点工种的火灾危险性。
◇ 动火作业相关人员的职责。
2. 应理解、清楚的内容
◇ 消防安全重点管理的概念。
◇ 动火作业概念及分级。
◇ 常见消防安全重点工种的管理要点。
3. 应掌握、学会的内容
◇ 消防安全重点单位的概念。
◇ 消防安全重点部位的概念。
◇ 消防安全重点工种的概念。
◇ 动火作业消防安全管理的要求。
4. 应熟练掌握的内容
◇ 消防安全重点单位的管理要求。
◇ 消防安全重点部位的管理要求。

自学时数 8 学时。

老师导学

本章提出了消防安全重点管理的管理思路并就其在社会单位消防安全管理中几个方面的应用进行了详细介绍。对本章的学习，在理解消防安全重点管理的概念和内涵的基础上，应注重这种管理思路或方法在消防安全重点单位管理、消防安全重点部位管理、消防安全重点工种管理、动火作业消防安全管理等方面的具体应用，其中消防安全重点单位管理和重点部位管理作为本章的重点学习内容。

消防安全工作是相关责任者一项长期而艰巨的重要任务，是一个系统工程，涉及全社会生产生活的方方面面，哪一个环节忽视安全，都有可能造成不可挽回的损失。虽然安全管理的重要性毋庸置疑，但作为一种管理工作，我们手头可用的资源是有限的，无论是人力、物力、财力还是时间等，因此在消防安全管理中分清主次、抓住关键，可以更好地利用有限的资源，最大限度地消除火灾隐患，提升消防安全管理水平，从而提高对火灾的防控能力。

消防安全重点管理就是在消防工作中注意抓住主要矛盾和矛盾的主要方面，遵循消防工作的特点和火灾的规律性，把有限的消防安全管理资源应用于控制火灾发生或减少火灾危害的关键环节，从而提高消防安全管理效能的一种管理思路。在平时的消防安全管理实践中，就是要"抓住重点、兼顾一般"，这种思路在消防安全重点单位管理、消防安全重点部位管理、消防安全重点工种管理、动火作业消防安全管理等方面得到实践并发挥了重要的作用。

第一节 消防安全重点单位管理

消防安全重点管理，主要体现在对单位的消防安全管理工作之中。《消防法》第2条规定："消防工作贯彻预防为主、防消结合的方针，按照政府统一领导、部门依法监管、单位全面负责、公民积极参与的原则，实行消防安全责任制，建立健全社会化的消防工作网络。"明确了单位是消防工作的责任主体，要对自身的消防安全负责。从火灾统计数据来看，单位消防安全工作是社会消防工作的重中之重，也就是说怎样使社会各单位履行好自身的消防责任，对于全社会的消防安全至关重要。

一、消防安全重点单位的概念

消防安全重点单位是指发生火灾可能性较大以及发生火灾可能造成重大的人身伤亡或者财产损失的单位。

这里的单位是机关、团体、企业、事业等单位的简称。机关，包括国家权力机关、国家行政机关和国家司法机关；企业，是直接从事生产、运输、经营和其他服务活动，实行独立经济核算的经济组织，这里既包括中国的企业，也包括在我国的外资企业和中外合资企业；事业单位，是指为国家创造和改善生产条件，促进社会福利，满足人民文化、卫生等需要，其经费实行国家预算拨款制的组织；团体，是为实现会员共同意愿，按照其章程开展活动的非营利性社会组织。

对单位划分重点单位和一般单位，实行重点管理，从实践来看对于扼制重特大火灾的发生发挥了积极的作用，是一种行之有效的管理方法。

二、消防安全重点单位的界定

消防安全重点单位如何界定，是单位重点管理的一个重要问题。我国在单位消防安全管理过程中曾经采取过一些原则性规定的方式来界定消防安全重点单位，比如关于消防安全重点单位界定的"四大、六个方面"。"四大"是指火灾危险性大、发生火灾后损失大、伤亡大、社会影响大。"六个方面"是指：一是重要的厂矿企业、基建工地、交通通信枢纽；二是粮棉百货等物资集中的仓库、堆栈；三是生产、储存化工、石油等易燃易爆物品的单位；四是首脑机关、外宾住地、重要的科学研究、事业单位；五是文物建筑、图书馆、档案馆、陈列馆等单位；六是易燃建筑密集区和经常聚集大量人员的重要场所。

《单位消防安全管理规定》中给出了消防安全重点单位的界定范围和参考标准：

（一）商场（市场）、**宾馆**（饭店）、**体育场**（馆）、**会堂**、**公共娱乐场所等公众聚集场所**

这里所说的商场、宾馆、体育场、会堂、公共娱乐场所等公共聚集场所具体是指：

1）建筑面积在1000m^2（含本数，下同）以上且经营可燃商品的商场（商店、市场）。

2）客房数在50间以上的宾馆（旅馆、饭店）。

3）公共的体育场（馆）、会堂。

4）建筑面积在200m^2以上的公共娱乐场所。

（二）医院、养老院和寄宿制的学校、托儿所、幼儿园

这里所说的医院、养老院和寄宿制的学校、托儿所、幼儿园是指：

1）住院床位在 50 张以上的医院。

2）老人住宿床位在 50 张以上的养老院。

3）学生住宿床位在 100 张以上的学校。

4）幼儿住宿床位在 50 张以上的托儿所、幼儿园。

（三）国家机关

这里所说的国家机关是指：

1）县级以上的党委、人大、政府、政协。

2）县级以上的人民检察院、人民法院。

3）中央和国务院各部委。

4）共青团中央、全国总工会、全国妇联的办事机关。

（四）广播、电视和邮政、通信枢纽

这里所说的广播、电视和邮政、通信枢纽是指：

1）广播电台、电视台。

2）城镇的邮政和通信枢纽单位。

（五）客运车站、码头、民用机场

这里所说的客运车站、码头、民用机场是指：

1）候车厅、候船厅的建筑面积在 $500m^2$ 以上的客运车站和客运码头。

2）民用机场。

（六）公共图书馆、展览馆、博物馆、档案馆以及具有火灾危险性的文物保护单位

这里所说的公共图书馆、展览馆、博物馆、档案馆以及具有火灾危险性的文物保护单位具体是指：

1）建筑面积在 $2000m^2$ 以上的公共图书馆、展览馆。

2）博物馆、档案馆。

3）具有火灾危险性的县级以上文物保护单位。

（七）发电厂（站）和电网经营企业

发电厂是指水电站、火力发电厂、核电站、风能电厂等；电网经营企业一般是指电业局、供电局、电力公司、供电公司等供电单位。

（八）易燃易爆化学物品的生产、充装、储存、供应、销售单位

这里所说的易燃易爆化学物品的生产、充装、储存、供应、销售单位是指：

1）生产易燃易爆化学物品的工厂。

2）易燃易爆气体和液体的灌装站、调压站。

3）储存易燃易爆化学物品的专用仓库（堆场、储罐场所）。

4）易燃易爆化学物品的专业运输单位。

5）营业性汽车加油站、加气站，液化石油气供应站（换瓶站）。

6）经营易燃易爆化学物品的化工商店（其界定标准，以及其他需要界定的易燃易爆化学物品性质的单位及其标准，由省级公安机关消防机构根据实际情况确定）。

7）经营管道燃气（含天然气、油制气、水煤气、液化石油气等）的单位。

（九）劳动密集型生产、加工企业

劳动密集型生产、加工企业是指生产车间员工在 100 人以上的服装、鞋帽、玩具等劳动密集型企业。

（十）重要的科研单位

重要的科研单位界定标准由省级公安机关消防机构根据实际情况确定。

（十一）高层公共建筑、地下铁道、地下观光隧道、粮、棉、木材、百货等物资仓库和堆场，重点工程的施工现场

以上单位或场所具体是指：

1）高层公共建筑的办公楼（写字楼）、公寓楼等。
2）城市地下铁道、地下观光隧道等地下公共建筑和城市重要的交通隧道。
3）国家储备粮库、总储量在 1 万 t 以上的其他粮库。
4）总储量在 500t 以上的棉库。
5）总储量在 1 万 m³ 以上的木材堆场。
6）总储存价值在 1 千万元以上的可燃物品仓库、堆场。
7）国家和省级等重点工程的施工现场。

（十二）其他发生火灾可能性较大以及一旦发生火灾可能造成人身重大伤亡或者财产重大损失的单位

由于地域差异和经济发展不平衡，省级公安机关消防机构可以根据发生火灾的危险性以及一旦发生火灾的危害后果和当地的经济发展情况，在上述内容的基础上来修订适合本辖区的重点单位界定标准，并制定本地的消防安全重点单位管理制度加以管理。一般是由社会单位自行根据标准进行申报，公安机关消防机构进行核查和确定，然后将当地的消防安全重点单位名录向社会公布。

三、消防安全重点单位的管理要求

之所以要确定消防安全重点单位，就是要对其加强管理，区别于其他单位，以实现管理资源的合理分配，提升管理效能。

《消防法》第 16 条规定："机关、团体、企业、事业等单位应当履行下列消防安全职责：（一）落实消防安全责任制，制定本单位的消防安全制度、消防安全操作规程，制定灭火和应急疏散预案；（二）按照国家标准、行业标准配置消防设施、器材，设置消防安全标志，并定期组织检验、维修，确保完好有效；（三）对建筑消防设施每年至少进行一次全面检测，确保完好有效，检测记录应当完整准确，存档备查；（四）保障疏散通道、安全出口、消防车通道畅通，保证防火防烟分区、防火间距符合消防技术标准；（五）组织防火检查，及时消除火灾隐患；（六）组织进行有针对性的消防演练；（七）法律、法规规定的其他消防安全职责。"这是对单位普遍应履行的消防安全职责的规定。

《消防法》第 17 条规定："县级以上地方人民政府公安机关消防机构应当将发生火灾可能性较大以及发生火灾可能造成重大的人身伤亡或者财产损失的单位，确定为本行政区域内的消防安全重点单位，并由公安机关报本级人民政府备案。消防安全重点单位除应当履行本法第 16 条规定的职责外，还应当履行下列消防安全职责：（一）确定消防安全管理人，组织实施本单位的消防安全管理工作；（二）建立消防档案，确定消防安全重点部位，设置防

火标志,实行严格管理;(三)实行每日防火巡查,并建立巡查记录;(四)对职工进行岗前消防安全培训,定期组织消防安全培训和消防演练。"这是消防安全重点单位不同于一般单位的消防安全职责规定。

综合《消防法》以及《单位消防安全管理规定》对单位及重点单位的管理规定,消防安全重点单位应主要从以下几个方面履行消防安全职责,加强消防安全管理。

(一) 确定消防安全责任人、管理人和归口管理部门

消防工作实行消防安全责任制,因此单位的每个岗位都应明确自身的消防安全职责,并且使每个岗位的消防安全责任落到实处。

单位的主要负责人是本单位的消防安全责任人,对本单位消防安全负责。但鉴于重点单位的消防工作的重要性、复杂性,还应确定消防安全管理人,对单位的消防安全责任人负责,并建立相应的归口管理部门,确定专职或者兼职的消防管理人员,在消防安全责任人或者消防安全管理人的领导下开展消防安全管理工作。

消防安全责任人的职责:一是贯彻执行消防法规,保障单位消防安全符合规定,掌握本单位的消防安全情况;二是将消防工作与本单位的生产、科研、经营、管理等活动统筹安排,批准实施年度消防工作计划;三是为本单位的消防安全提供必要的经费和组织保障;四是确定逐级消防安全责任,批准实施消防安全制度和保障消防安全的操作规程;五是组织防火检查,督促落实火灾隐患整改,及时处理涉及消防安全的重大问题;六是根据消防法规的规定建立专职消防队、志愿消防队;七是组织制定符合本单位实际的灭火和应急疏散预案,并实施演练。

消防安全管理人的职责:一是拟定年度消防工作计划,组织实施日常消防安全管理工作;二是组织制定消防安全管理制度和保障消防安全的操作规程并检查督促其落实;三是拟订消防安全工作的资金投入和组织保障方案;四是组织实施防火检查和火灾隐患整改工作;五是组织实施对本单位消防设施、灭火器材和消防安全标志的维护保养,确保其完好有效,确保疏散通道和安全出口畅通;六是组织管理专职消防队和志愿消防队;七是在员工中组织开展消防知识、技能的宣传教育和培训,组织灭火和应急疏散预案的实施和演练;八是完成单位消防安全责任人委托的其他消防安全管理工作。消防安全管理人应当定期向消防安全责任人报告消防安全情况,及时报告涉及消防安全的重大问题。

消防安全重点单位及其消防安全责任人、消防安全管理人应当报当地公安机关消防机构备案,以便按照消防安全重点单位的要求进行严格管理。

(二) 建立消防档案

消防安全重点单位都应当建立健全消防档案。消防档案包括的内容应当齐全。内容记录应当翔实,全面反映单位消防工作的基本情况,并附有必要的图表,根据情况变化及时更新。单位应当对消防档案统一保管、备查。消防安全管理部门应当熟悉掌握本单位消防档案情况,并将每次消防安全检查情况和发生火灾的情况记入档案。消防档案建立后要切实加强管理,根据发展变化的实际情况经常充实、变更档案内容,使消防档案及时、正确地反映单位的客观情况。

消防安全重点单位消防档案的内容应包括消防安全基本情况和消防安全管理情况。

1. 消防安全基本情况

1) 单位基本概况包括单位名称、地址、电话号码、邮政编码、消防安全责任人,保

卫、消防或安全技术部门的人员情况和上级主管机关、经济性质、固定资产、生产和储存的火灾危险性类别及数量，总平面图、消防设备和器材情况，水源情况等。

2）消防安全重点部位情况包括火灾危险性类别、占地和建筑面积、主要建筑的耐火等级及重点要害部位的平面图等。

3）消防行政许可情况包括建筑物或者场所施工、使用或者开业前的消防设计审核、消防验收以及消防安全检查的文件、资料。

4）消防安全管理组织机构及其人员情况。

5）消防安全制度情况包括火源管理制度、动火审批制度、特殊工种防火等制度的建立和落实情况。

6）消防设施、灭火器材情况。

7）专职消防队、志愿消防队人员及其消防装备配备情况。

8）与消防安全有关的重点工种人员情况。

9）新增消防产品、防火材料的合格证明材料。

10）灭火和应急疏散预案等。

2. 消防安全管理情况

消防安全管理情况具体如下：

1）公安机关消防机构填发的各种法律文书。

2）消防设施定期检查记录、自动消防设施全面检查测试的报告以及维修保养的记录。

3）历次防火检查、巡查记录，如检查的人员、时间、部位、内容，发现的火灾隐患（特别是重大火灾隐患情况）以及处理措施等。

4）有关燃气、电气设备检测，如防雷、防静电等记录资料。

5）消防安全培训记录，应当记明培训的时间、参加人员、内容等。

6）灭火和应急疏散预案的演练记录，应当记明演练的时间、地点、内容、参加部门以及人员等。

7）火灾情况记录，包括历次发生火灾的损失、原因及处理情况等。

8）消防奖惩情况记录等。

（三）实行每日防火巡查

消防安全重点单位应当进行每日防火巡查，并确定巡查的人员、内容、部位和频次。巡查的内容应当包括：

1）用火、用电有无违章情况。

2）安全出口、疏散通道是否畅通，安全疏散指示标志、应急照明是否完好。

3）消防设施、器材和消防安全标志是否在位、完整。

4）常闭式防火门是否处于关闭状态，防火卷帘下是否堆放物品影响使用。

5）消防安全重点部位的人员在岗情况。

6）其他消防安全情况。

公众聚集场所在营业期间的防火巡查应当至少每 2h 一次；营业结束时应当对营业现场进行检查，消除遗留火种。医院、养老院、寄宿制的学校、托儿所、幼儿园应当加强夜间防火巡查，其他消防安全重点单位可以结合实际组织夜间防火巡查。

防火巡查人员应当及时纠正违章行为，妥善处置火灾危险，无法当场处置的，应当立即报告。发现初起火灾应当立即报警并及时扑救。

防火巡查应当填写巡查记录，巡查人员及其主管人员应当在巡查记录上签名。

（四）按要求进行防火检查

机关、团体、事业单位应当至少每季度进行一次防火检查，其他单位应当至少每月进行一次防火检查。检查的内容应当包括：

1）火灾隐患的整改情况以及防范措施的落实情况。

2）安全疏散通道、疏散指示标志、应急照明和安全出口情况。

3）消防车通道、消防水源情况。

4）灭火器材配置及有效情况。

5）用火、用电有无违章情况。

6）重点工种人员以及其他员工消防知识的掌握情况。

7）消防安全重点部位的管理情况。

8）易燃易爆危险物品和场所防火防爆措施的落实情况以及其他重要物资的防火安全情况。

9）消防（控制室）值班情况和设施运行、记录情况。

10）防火巡查情况。

11）其他需要检查的内容。

防火检查应当填写检查记录。检查人员和被检查部门负责人应当在检查记录上签名。

（五）做好消防设施、器材的维护保养

单位应当按照建筑消防设施检查维修保养有关规定的要求，对建筑消防设施的完好有效情况进行检查和维修保养。设有自动消防设施的单位，应当按照有关规定定期对其自动消防设施进行全面检查测试，并出具检测报告，存档备查。按照有关规定定期对灭火器进行维护保养和维修检查。对灭火器应当建立档案资料，记明配置类型、数量、设置位置、检查维修单位（人员）、更换药剂的时间等有关情况。

（六）及时整改火灾隐患

单位应根据自身特点建立火灾隐患自查自改制度，对存在的火灾隐患，应当及时予以消除。

1. 可以当场改正的情形

对存在下列违反消防安全规定的行为，单位应当责成有关人员当场改正并督促落实：

1）违章进入生产、储存易燃易爆危险物品场所的。

2）违章使用明火作业或者在具有火灾、爆炸危险的场所吸烟、使用明火等违反禁令的。

3）将安全出口上锁、遮挡，或者占用、堆放物品影响疏散通道畅通的。

4）消火栓、灭火器材被遮挡影响使用或者被挪作他用的。

5）常闭式防火门处于开启状态，防火卷帘下堆放物品影响使用的。

6）消防设施管理、值班人员和防火巡查人员脱岗的。

7）违章关闭消防设施、切断消防电源的。

8）其他可以当场改正的行为。

2. 不能当场改正的情形

对不能当场改正的火灾隐患，消防工作归口管理职能部门或者专（兼）职消防安全管理人员应当根据本单位的管理分工，及时将存在的火灾隐患向单位的消防安全管理人或者消防安全责任人报告，提出整改方案。消防安全管理人或者消防安全责任人应当确定整改的措施、期限以及负责整改的部门、人员，并落实整改资金。

在火灾隐患未消除之前，单位应当落实防范措施，保障消防安全。不能确保消防安全，随时可能引发火灾或者一旦发生火灾将严重危及人身安全的，单位应当将危险部位停产停业整改。

火灾隐患整改完毕，负责整改的部门或者人员应当将整改情况记录报送消防安全责任人或者消防安全管理人签字确认后存档备查。

对于涉及城市规划布局而不能自行解决的重大火灾隐患，以及单位确无能力解决的重大火灾隐患，单位应当提出解决方案并及时向其上级主管部门或者当地人民政府报告。

对公安机关消防机构责令限期改正的火灾隐患，单位应当在规定的期限内改正并写出火灾隐患整改复函，报送公安机关消防机构。

（七）须按要求对员工进行消防安全宣传教育和培训

单位应当通过多种形式开展经常性的消防安全宣传教育。消防安全重点单位对每名员工应当至少每年进行一次消防安全培训。

1. 宣传教育和培训的主要内容

宣传教育和培训的主要内容包括：

1）有关消防法规、消防安全制度和保障消防安全的操作规程。

2）本单位、本岗位的火灾危险性和防火措施。

3）有关消防设施的性能、灭火器材的使用方法。

4）报火警、扑救初起火灾以及自救逃生的知识和技能。

2. 宣传教育和培训的要求

宣传教育和培训的要求具体如下：

1）公众聚集场所对员工的消防安全培训应当至少每半年进行一次，培训的内容还应当包括组织、引导在场群众疏散的知识和技能。

2）单位应当组织新上岗和进入新岗位的员工进行上岗前的消防安全培训。

3）公众聚集场所在营业、活动期间，应当通过张贴图画、广播、闭路电视等向公众宣传防火、灭火、疏散逃生等常识。

4）学校、幼儿园应当通过寓教于乐等多种形式对学生和幼儿进行消防安全常识教育。

5）消防安全重点岗位的人员应当接受消防安全专门培训，具体应接受消防安全专门培训的人员有：

① 单位的消防安全责任人、消防安全管理人。

② 专（兼）职消防安全管理人员。

③ 消防控制室的值班、操作人员。

④ 其他依照规定应当接受消防安全专门培训的人员。

其中消防控制室的值班、操作人员应当持证上岗。

（八）制定灭火和应急疏散预案

为切实保证消防安全重点单位的安全，在抓好防火工作的同时，还应做好充分的灭火准备，制定周密的灭火和应急疏散预案。

1. 灭火和应急疏散预案的主要内容

灭火和应急疏散预案的主要内容有：

1）组织机构，应主要包括灭火行动组、通信联络组、疏散引导组、安全防护救护组。
2）报警和接警处置程序。
3）应急疏散的组织程序和人员疏散疏导路线等措施。
4）各级各岗位的职责分工，扑救初起火灾的程序和措施。
5）通信联络、安全防护救护的程序以及其他特定的防火、灭火措施和应急措施等。

2. 制定灭火和应急疏散预案的程序

制定灭火和应急疏散预案的程序如下：

1）确定消防安全重点单位和部位。
2）预测火灾条件下的起火面积和燃烧周长。
3）确定灭火战术和应急疏散措施。如各种火灾情况下的进攻路线、工艺灭火措施（关阀、断料、排空、放空等）；人员、物资的疏散、疏导路线、方法及防毒、排烟计划等。
4）确定灭火战斗力量，包括所需人员和灭火剂的数量及消防车和灭火器材的数量等。
5）填写灭火预案和绘制灭火应急疏散预案图。

（九）组织消防演练

1）消防安全重点单位应当按照灭火和应急疏散预案定期进行实际的操作演练，通常至少每半年进行一次，并结合实际，不断完善预案。
2）消防演练时，应当设置明显标志，并事先告知演练范围内的人员。

第二节　消防安全重点部位管理

《消防法》第 17 条第 2 款规定："消防安全重点单位应当确定消防安全重点部位，设置防火标志，实行严格管理"；《单位消防安全管理规定》第 19 条规定："单位应当将容易发生火灾、一旦发生火灾可能严重危及人身和财产安全以及对消防安全有重大影响的部位确定为消防安全重点部位，设置明显的防火标志，实行严格管理。"可见，单位确定消防安全重点部位并实行严格管理是单位的法定职责，也是消防安全重点管理的方法在单位内部消防管理中的具体应用。对消防安全重点部位加强管理也是根据火灾发生发展的自然属性和规律性，按照抓住消防工作的主要矛盾和矛盾的主要方面的思路提出的。

一、消防安全重点部位的概念

消防安全重点部位是指容易发生火灾，一旦发生火灾可能严重危及人身和财产安全，以及对消防安全有重大影响和关系到单位全局安全的部位。

二、消防安全重点部位的确定

单位可根据自身特点从以下几个方面来分析确定本单位的消防安全重点部位。

（一）火灾危险性大的部位

单位可根据本单位的实际情况，结合部位或场所内储存、使用物质的火灾危险性类别、数量，以及用火用电情况等进行综合判断，判定某部位或场所的火灾危险性，并把火灾危险性较大的场所或部位确定为重点部位。

火灾危险性大的部位如化工生产单位的车间；宾馆、饭店的厨房；影剧院的放映室和舞台等。

（二）发生火灾会影响整个单位正常运转的部位和机要部位

发生火灾会影响整个单位正常运转的部位和机要部位如单位的发电站，变（配）电所（室、站），通信设备机房，生产总控制室，电子计算机房，档案室，图书资料室等。

（三）物资集中、发生火灾造成财产损失大的部位

物资集中、发生火灾造成财产损失大的部位如物资仓库，原材料库，成品库，使用存放先进技术设备的实验室、车间，贵重物品库房等。

（四）人员集中、发生火灾造成伤亡大的部位

人员集中、发生火灾造成伤亡大的部位如礼堂、俱乐部、食堂、托儿所、集体宿舍、医院病房等。

三、消防安全重点部位的管理要求

（一）确定重点部位并设置明显标志

单位应根据本单位实际情况，按照上述的重点部位的确定方法科学地确定本单位的消防安全重点部位。消防安全重点部位在管理中可根据本单位特点及火灾危险程度和危害性进行适当的分级，并确定相应的管理人员。消防安全重点部位应设置明显标志，并在指定的地方悬挂特定的牌子，其主要内容是：消防安全重点部位或场所的名称及消防安全责任人。消防安全重点单位应将消防安全重点部位情况纳入消防档案，进行专项管理。

（二）建立相关制度

消防安全重点部位应建立岗位消防责任制、消防管理制度，并制定本部门或场所的灭火方案，做到定点、定人、定任务。内容包括：消防安全教育、培训；防火巡查、检查；火灾隐患整改；用火、用电安全管理；易燃易爆危险物品管理和防火防爆；燃气和电气设备的检查和管理（包括防雷、防静电）；消防安全工作考评和奖惩等必要的消防安全制度。

（三）建立火灾应急预案

单位要结合实际建立针对重点部位的火灾应急预案，内容包括：应急准备和响应的负责人和组织机构及其通信联络方式、志愿消防队的组织管理、安全疏散引导、消防值班、应急预案的演练等。

（四）配备消防设施和器材

单位应根据消防安全重点部位的不同性质、规模配备相应的消防安全设施和消防器材，并做好维护和保养。

（五）严格人员管理

单位的消防安全管理部门应对消防安全重点部位人员进行经常性的消防安全教育。对新上岗人员必须经过相关教育培训，并经考试合格后方能上岗。对消防安全重点部位有关人员培训考核的内容可以包括：有关消防法规、消防安全制度和保障消防安全的操作规程；本部门、本岗位的火灾危险性和防火措施；有关消防设施的性能、灭火器材的使用方法；报火警、扑救初起火灾以及自救逃生的知识和技能等。

（六）做好防火检查、巡查

防火检查和巡查应规定检查形式、内容、项目、周期和检查人。对消防安全重点部位的

日常巡查和定期检查的内容应包括：
1）岗位防火责任制度的建立和落实情况。
2）安全疏散通道、疏散指示标志、应急照明和安全出口情况。
3）消防设施、器材是否完好、有效。
4）用火、用电消防安全管理制度的落实情况。
5）易燃易爆危险物品和防火防爆措施的落实情况。
6）消防值班情况。
7）员工岗位安全及消防安全知识的掌握情况等。

负责重点部位消防安全管理的部门应建立消防安全检查记录，检查人员和被检查部门负责人应在检查记录上签名。对检查和巡查中发现的火灾隐患或消防安全相关问题，相关部门应及时按照相应处理程序加以整改和解决。

（七）实行动态管理

单位内部的消防安全重点部位并不是一成不变的，要对其进行动态管理，单位应根据实际情况适时对消防安全重点部位进行调整，防止失控漏管的现象。

第三节　消防安全重点工种管理

在消防安全管理工作中，可以简单划分为"人防"和"物防"两个方面，既要做好对容易导致火灾的物的控制以及灭火所需的物的准备，又要注重对人的管理。人的不安全行为和低下的消防安全素质和意识是导致生产生活中火灾多发的主要因素。因此，在单位消防安全管理中，加强对消防安全相关的重要岗位人员和管理人员的消防安全管理，是防止和减少火灾的重要措施。

《消防法》第21条规定："进行电焊、气焊等具有火灾危险作业的人员和自动消防系统的操作人员，必须持证上岗，并遵守消防安全操作规程。"此条内容对单位内部消防安全重点工种的管理作了原则性规定。可见，在单位内部的消防安全管理中，对于某些和消防安全密切相关的工种，可以确定为消防安全重点工种，并建立相应的管理制度加以重点管理。单位可根据自身生产性质、岗位特点借鉴某些火灾高危行业的重点工种管理标准制定自身的相关制度加以严格管理。

一、消防安全重点工种的概念

消防安全重点工种是指从事具有较大火灾危险性和从事容易引发火灾的操作人员，以及发生火灾后可能由于自身未履行职责或操作不当造成火灾伤亡或火灾损失加大的操作人员。

二、消防安全重点工种的火灾危险性

消防安全重点工种的火灾危险性主要有：

（一）所使用的原料或生产的对象具有很大的火灾或爆炸危险性

这些原料或生产对象如乙炔、氢气生产，硝酸的氧化制取，乙烯、氯乙烯、丙烯的聚合等。这些生产岗位火灾危险性大，安全技术复杂，操作规程要求严格，一旦出现事故，将会造成不堪设想的后果。

（二）工作岗位分散、人员少、灵活性大

这些工种哪里需要就到哪里去，什么时间需要就在什么时间进行，工作环境和条件一般都比较复杂，且由于岗位人手少，不利于迅速扑灭初起火灾。

例如，电工、焊工、切割工、木工等都属于操作时间、地点不定，灵活性较大的工种，仓库保管员的取货时间也是不固定的，这些岗位都是火灾发生概率比较大的工种。

（三）某些岗位与消防安全密切相关

某些工种自身的行为并不会导致火灾的直接发生，但是如果不认真履行职责会造成火灾的损失扩大，如单位内部自动消防系统的操作人员等。

三、消防安全重点工种的分级

某些火灾高危行业制定了相关重点工种分级管理的标准，如化工行业的重点工种等级划分为：

（一）A级工种

A级工种是指引起火灾的危险性极大，在操作中稍有不慎或违反操作规程极易引起火灾事故的岗位。

例如，可燃气体、液体设备的焊接、切割，超过液体自燃点的熬炼，使用易燃溶剂的机件清洗、油漆喷涂，液化石油气、乙炔气的灌瓶，高温、高压、真空等易燃易爆设备的操作等岗位。

（二）B级工种

B级工种是指引起火灾的危险性较大，在操作过程中不慎或违反操作规程容易引起火灾事故的岗位。

例如，普通的烘烤、熬炼、热处理，氧气、压缩空气等乙类危险品仓库保管等岗位。

（三）C级工种

C级工种是指在操作过程中不慎或违反操作规程有可能造成火灾事故的岗位。例如，自动消防系统操作人员，以及电工、木工、仓库保管员等岗位。

四、消防安全重点工种的管理要求

由于重点工种岗位对于消防安全的重要性，根据其工种岗位特点进行管理，是搞好消防安全工作的重要环节。

由于社会单位数量巨大，运营性质千差万别，单位可根据自身特点，结合与本单位消防安全相关的岗位及其工作人员的实际情况，制定相关消防安全管理制度对单位内部的消防安全重点工种人员进行严格管理。

（一）实行持证上岗制度

对操作复杂、技术要求高、火灾危险性大的岗位作业人员，单位应组织他们进行技术培训，经考试合格后方能上岗。某些特殊岗位，如电气焊工、电工、锅炉工、消防控制室的值班人员等工种，要经考试合格取得相关证件后才能上岗。平时对重点工种作业人员要进行定期考核、抽查或复试，对持证上岗的人员可建立发证与吊销证件相结合的制度。

（二）建立重点工种人员档案

为加强重点工种队伍的建设，提高重点工种人员的安全作业水平，应建立重点工种人员

的个人档案,其内容既应有人事方面的,又应有安全技术方面的。对重点工种人员的人事概况以及事故等方面的记载,是对重点工种人员进行全面、历史的了解和考察的一种重要管理方法。这种档案有助于对重点工种的评价、选用和有针对性地再培训,有利于不断提高他们的业务素质。所以,要充分发挥档案的作用,作为考察、评价、选用、撤换重点工种人员的基本依据。档案记载的内容,必须有严格手续。安全管理人员可通过档案分析和研究重点工种人员的状况,为改进管理工作提供依据。

(三) 抓好重点工种人员的日常管理

单位要定期组织重点工种人员的技术培训和消防知识学习,并制定切实可行的学习、训练和考核计划,并注意不断改善重点工种的工作环境和条件。

(四) 制定和落实岗位消防安全责任制度

建立重点工种岗位责任制是单位消防安全管理的一项重要内容,也是单位责任制度的组成部分。建立岗位责任制的目的是使每个重点工种岗位的人员都有明确的职责,建立起合理、有效、文明、安全的生产和工作秩序,消除无人负责的现象。重点工种岗位责任制要同经济责任制相结合,并与奖惩制度挂钩,有奖、有惩,以使重点工种人员更加自觉地担负起岗位消防安全的责任。

五、常见重点工种岗位人员消防安全职责

(一) 消防控制室值班、操作人员

消防控制室值班、操作人员属于自动消防系统的操作人员,《消防法》和《单位消防安全管理规定》都对其作了严格的管理规定,在日常的管理中应予以高度重视。

1)消防控制室的日常管理应符合相关法律法规和技术规范的要求。消防控制室必须实行每日24h专人值班制度,每班不应少于2人。

2)消防控制室操作人员应熟知本单位火灾自动报警和联动灭火系统的工作原理,各主要部件、设备的性能、参数及各种控制设备的组成和功能;熟知各种报警信号的作用,熟悉各主要设备的位置,能够熟练操作消防控制设备,遇有火情能正确处置火灾自动报警及灭火联动系统。

3)消防控制室操作人员应认真执行交接班制度,每次接班都要对各系统进行巡检,看有无故障或问题存在,并及时排除;交班时,对存在的问题要认真向接班人员交代并及时处置,难以处理的问题要及时报告领导解决;值班期间必须坚守岗位,不得擅离职守,不准饮酒,不准睡觉。

4)消防控制室操作人员应确保火灾自动报警系统和灭火系统处于正常工作状态。消防控制室操作人员应协调配合本单位的消防设施维保人员加强巡视维护,确保高位消防水箱、消防水池、气压水罐等消防储水设施水量充足;确保消防泵出水管阀门、自动喷水灭火系统管道上的阀门常开;确保消防水泵、防火排烟风机、防火卷帘等消防用电设备的配电柜开关处于自动(接通)位置。

5)接到火灾警报后,必须立即以最快方式确认。火灾确认后,相关负责人要立即将火灾报警联动控制开关转入自动状态,同时拨打"119"火警电话报警,并立即启动单位内部灭火和应急疏散预案,同时报告单位负责人。

（二）焊工（电、气焊）

1）焊工必须经过培训并持证上岗。

2）焊工在进行焊接作业前要对焊接现场消防安全情况进行评估，对存在火灾、特别是爆炸危险性的设备、管道等未经清洗不得施焊。

3）电气焊作业现场周围的可燃物以及高处作业时地面上的可燃物必须清理干净，或者施行防火保护。

4）在火灾危险较大的场所从事电、气焊作业，必须按动火审批制度的规定办理动火作业许可证，现场应有专人监护，并根据现场情况配备相应的灭火器材。

5）焊接作业完毕，焊工应检查现场，确认没有遗留火种后，方可离开。

（三）电工

1）电工必须持有关部门核发的安全操作证上岗操作。

2）电工要经常检查电气设备运行情况，发现隐患，及时向有关部门提出整改意见。

3）需要设临时线路时，电工必须经有关部门批准后，方可架设临时线，在架设时要注意安全。

4）在进行电工操作时，电工要确定电路的安全问题，制止违章用电行为。

5）值班人员不准擅离职守，交接班要有手续。

6）电工要掌握排除一般电气故障的方法，并能使用灭火器扑灭电气火灾。

（四）仓库保管员

1）保管员必须坚守岗位，严格遵守仓库的入库、保管、出库、交接班等各项制度。

2）保管员不得在库房内吸烟和使用明火，对外来人员要严格监督，防止将火种和易燃品带入库内。

3）保管员应熟悉和掌握所存物品的性质，并根据要求进行储存和操作。

4）进入储存易燃易爆危险物品库房的人员不得穿带钉鞋和化纤衣服，搬动物品时要防止摩擦和碰撞，不得使用能产生火星的工具。

5）对爆炸品、剧毒品，要执行双人保管、双本账册、双把门锁、双人领发、双人使用的"五双"制度。

6）保管员应熟悉、会用库内的灭火器材、设施，并加强维护保养，使其完整好用。

7）下班前，保管员应仔细检查库房内外，拉闸断电，关好门窗，上好门锁。

第四节 动火作业消防安全管理

起火源是使可燃物与氧化剂发生燃烧反应的激发能源，是燃烧得以发生的条件之一。由于在人们的生产和生活中，可燃物和氧化剂两要素往往是难以分离和消除的，故严格对火源的管理是消防安全管理的重要措施。单位对火源的管理主要体现在单位动火作业管理方面，相关法律、法规作了原则性的要求，是单位根据自身特点制定相应制度的依据。《消防法》第21条第1款规定："禁止在具有火灾、爆炸危险的场所吸烟、使用明火。因施工等特殊情况需要使用明火作业的，应当按照规定事先办理审批手续，采取相应的消防安全措施；作业人员应当遵守消防安全规定。"《单位消防安全管理规定》第20条规定："单位应当对动用明火实行严格的消防安全管理。禁止在具有火灾、爆炸危险的场所使用明火；因特殊情况需要进行电、气焊等明火作业的，动火部门和人员应当按照单位的用火管理制度办理审批手续，落实现场监护人，在确认无火灾、爆炸危险后方可动火施工。动火施工人员应当遵守消防安全规定，并落实相应的消防安全措施。公众聚集场所或者两个以上单位共同使用的建筑物局部施工需要使用明火时，施工单位和使用单位应当共同采取措施，将施工区和使用区进行防火分隔，清除动火区域的易燃、可燃物，配置消防器材，专人监护，保证施工及使用范围的消防安全。公共娱乐场所在营业期间禁止动火施工。"

在我国，由于违章动火作业引发的火灾时有发生，有些火灾造成了巨大的伤亡和财产损失，影响巨大。例如，2000年12月25日，河南省洛阳市东都商厦发生由于违章电焊引发火灾，造成309人中毒窒息死亡，7人受伤。2011年11月15日，发生在上海静安区胶州路的教师公寓火灾，造成58人死亡，70余人受伤，也是由于电焊工违章操作引发火灾。因此，社会各单位都应高度重视动火作业的消防安全，制定相关安全制度进行严格管理。由于单位种类的差别和自身消防安全状况的不同，对于单位的动火管理制度的制定，各单位可根据自身特点在相关法律法规的基础上，借鉴某些火灾高危行业的动火安全管理标准或规范自行制定。

一、动火作业的概念

动火作业是指能直接或间接产生明火的工艺设置以外的非常规作业，如使用电焊、气焊（割）、喷灯、电钻、砂轮等可能产生火焰、火花和炽热表面的非常规作业。

二、动火作业的分级

动火作业可根据火灾或爆炸危险性进行分级，在管理上加以区别。例如，化学品生产单位将动火作业分为特殊动火作业、一级动火作业和二级动火作业。

（一）特殊动火作业

在生产运行状态下的易燃易爆生产装置、输送管道、储罐、容器等部位上及其他特殊危险场所进行的动火作业。

（二）一级动火作业

一级动火作业是指在易燃易爆场所进行的除特殊动火作业以外的动火作业。

（三）二级动火作业

二级动火作业是指除特殊动火作业和一级动火作业以外的动火作业。

三、动火作业的消防安全管理要求

（一）动火作业应办理"动火证"

动火作业应经审批程序并办理相应的证件，本书称其为"动火证"，根据动火作业危险性级别，制定相应的"动火证"审批程序。

（二）动火前应分析火灾危险性

动火作业前应对动火作业区的火灾、爆炸危险性进行分析或评估，确定动火级别，根据情况确定动火方案和安全措施。动火级别的确定应根据时间、环境特点适当调整，比如节假日动火作业可适当调高级别。风力达到5级以上的天气，原则上禁止露天动火作业。因需要必须动火的，动火作业应升级管理。

（三）动火前应做好现场监护

动火作业应有专人现场监护，动火作业前应清除动火现场及周围的易燃物品，或采取其他有效的安全防火措施，配备足够适用的消防器材。

（四）确保动火器材完好

动火作业前，动火人应检查电焊、气焊、手持电动工具等动火工器具本质安全程度，保证安全可靠。

（五）做好现场清理

动火作业完毕，动火人和现场监护人以及参与动火作业的人员应清理现场，现场监护人确认无残留火种后方可离开。

（六）特殊动火加强管理

对于危险性大的动火作业，比如特殊动火作业的情形，应事先制定安全动火方案，落实安全防火措施，必要时可请专职消防队到现场监护。动火作业前，动火负责人应通知相关单位和部门，使之在异常情况下能及时采取相应的应急措施。

四、动火作业相关人员的职责

单位可根据自身特点和需要在制定的动火作业消防安全制度中设定以下动火作业相关人员，并通过监督制度的落实使其履行各自的职责。

（一）动火作业负责人

动火作业负责人的职责：

1）负责办理"动火证"并对动火作业负全面责任。

2）应在动火作业前详细了解作业内容和动火部位及周围情况，参与动火安全措施的制定、落实，向作业人员交代作业任务和防火安全注意事项。

3）作业完成后，组织检查现场，确认无遗留火种后方可离开现场。

（二）动火人

动火人的职责：

1）应参与风险危害因素辨识和安全措施的制定。

2）应逐项确认相关安全措施的落实情况。

3）应确认动火地点和时间。

4）若发现不具备安全条件时，不得进行动火作业。

5）应随身携带"动火证"。

（三）现场监护人

现场监护人的职责：

1）负责动火现场的监护与检查，发现异常情况应立即通知动火人停止动火作业，及时联系有关人员采取措施。

2）应坚守岗位，不准脱岗；在动火期间，不准兼做其他工作。

3）当发现动火人违章作业时，应立即制止。

4）在动火作业完成后，应会同有关人员清理现场，清除残火，确认无遗留火种后方可离开现场。

（四）动火部位负责人

动火部位负责人的职责：

1）对所属生产系统在动火过程中的安全负责，并参与制定、负责落实动火安全措施，负责生产与动火作业的衔接。

2）检查、确认"动火证"审批手续，对手续不完备的"动火证"应及时制止动火作业。

3）在动火作业中，生产系统如有紧急或异常情况，应立即通知停止动火作业。

（五）动火分析人

动火分析人对动火分析方法和分析结果负责，应根据动火点所在场所的要求，到现场取样分析，在"动火证"上填写取样时间和分析数据并签字。不应用合格等字样代替分析数据。

（六）动火作业的审批人

动火作业的审批人是动火作业安全措施落实情况的最终确认人，对自己的批准签字负责。

动火作业的审批人的职责：

1）审查"动火证"的办理是否符合要求。

2）到现场了解动火部位及周围情况，检查、完善防火安全措施。

五、"动火证"的管理

单位应严格"动火证"的管理制度，加强动火作业消防安全管理。

（一）"动火证"的区分

不同级别的"动火证"应以明显标记加以区分。

（二）"动火证"的办理和使用要求

1）办证人须根据动火等级，按相应的审批权限进行办理。

2）办理好"动火证"后，动火作业负责人应到现场检查动火作业安全措施落实情况，确认安全措施可靠并向动火人和现场监护人交代安全注意事项后，方可批准开始作业。

3）"动火证"实行一个动火点、一张动火证的动火作业管理。

4）"动火证"不得随意涂改和转让，不得异地使用或扩大使用范围。

5）"动火证"应按不同级别由相应的审批部门存档备查。

（三）"动火证"的审批

动火证应根据动火级别由不同级别的相关部门领导审批。

（四）"动火证"的有效期限

单位在"动火证"管理制度中应根据动火不同级别限定其有效期限，超过有效期，应重新办理。

自学指导

本章学习重点：消防安全重点单位的管理要求；消防安全重点部位的管理要求。

消防安全重点单位的管理要求：依据《消防法》和《单位消防安全管理规定》，消防安全重点单位除了要履行一般单位的消防安全职责外，还要履行消防安全专门职责。总结归纳后重点单位应主要从以下几个方面履行消防安全职责，加强消防管理：①确定消防安全责任人、管理人和归口管理部门；②建立消防档案；③实行每日防火巡查；④按要求进行防火检查；⑤做好消防设施、器材的维护保养；⑥及时整改火灾隐患；⑦须按要求对员工进行消防安全宣传教育和培训；⑧制定灭火和应急疏散预案；⑨组织消防演练。

消防安全重点部位的管理要求：①确定重点部位并设置明显标志；②建立相关制度；③建立火灾应急预案；④配备消防设施和器材；⑤严格人员管理；⑥做好防火检查、巡查；⑦实行动态管理。

本章学习难点：消防安全重点单位的管理要求。

消防安全重点单位管理的要求看起来虽然条理清晰，但每一条都内容丰富，需要加以分析和深入理解，掌握起来具有一定的难度。学习中可借鉴《消防法》和相关法律、法规对单位消防安全职责的相关规定。

复习思考题

一、填空题（将正确的答案填写在括号中）

1. 消防安全重点单位是指发生火灾可能性较大以及发生火灾可能造成重大的（   ）的单位。

2. 单位的（   ）是本单位的消防安全责任人，对本单位消防安全负责。

3. 消防安全重点单位消防档案的内容应包括（   ）和消防安全管理情况。

4. 消防安全重点单位应当确定消防安全重点部位，设置（   ），实行严格管理。

二、单项选择题（将正确的答案填写在括号内，错选、多选或未选均不得分）

消防安全重点单位对每名员工应当至少（   ）进行一次消防安全培训。

A. 每年　B. 每半年　C. 每季度　D. 每月

三、简答题

1. 哪些消防安全重点岗位的人员应当接受消防安全专门培训？

2. 消防安全重点部位一般根据哪几个方面来确定？

3. 单位进行动火作业应怎样保障消防安全？

四、论述题

什么是消防安全重点管理？试论述其在单位消防安全管理方面的应用。

第八章 消防安全法律责任

学习目标

1. 应了解、知道的内容
◇ 消防行政处分。
◇ 消防刑事责任各罪的构成要件。
2. 应理解、清楚的内容
◇ 消防行政处罚的种类。
◇ 消防安全法律责任的相关法律依据。
3. 应掌握、学会的内容
◇ 消防安全法律责任的概念、分类。
◇ 消防行政责任的概念、分类。
◇ 除失火罪、消防责任事故罪外的其他消防刑事责任内容。
4. 应熟练掌握的内容
◇ 消防违法行为及其行政处罚。
◇ 消防刑事处罚的概念及失火罪、消防责任事故罪的相关内容。

自学时数 10 学时。

老师导学

本章概述了消防安全法律责任,详细介绍了消防行政责任和消防刑事责任及其相关内容。在本章的学习中,应重在应用,能够熟悉《消防法》中关于法律责任的相关内容,掌握《消防法》中消防违法行为及其应承担的行政责任,了解消防刑事责任的相关内容。

我国古代思想家荀悦在《申鉴·杂言》中有一段话:"一曰防,二曰救,三曰戒。先其未然谓之防,发而止之谓之救,行而责之谓之戒。防为上,救次之,戒为下。"这一段话所体现的管理思想在现代被广泛用于安全管理之中。其中的"戒",就是指要在发生事故之后,追究相关责任者的责任,吸取事故教训,并使其他人引以为戒,避免类似事故的再次发生。

据不完全统计,80%的火灾发生原因与人为因素有关,因此使用法律责任的手段制裁火灾事故责任者,规范人们的消防安全行为,是消防安全管理的重要内容。

第一节 消防安全法律责任概述

法律责任是指因违反了法定义务或契约义务,或不当行使法律权利、权力所产生的,由行为人承担的不利后果。

消防安全法律责任是指行为人(公民、法人或其他组织)违反法定的消防安全义务所应当承担的不利的法律后果,即与消防安全相关的哪些行为应负法律责任、谁应负法律责任和应负什么责任。

为了预防火灾和减少火灾带来的危害，保护人身、财产安全，维护公共消防安全，并鼓励遵守消防安全秩序的单位和个人发扬守法精神，惩治违反消防安全法律规范的单位和个人，《消防法》第六章规定了违法行为的种类及其应当承担的法律后果。

一、消防安全法律责任的构成要件

消防安全法律责任的构成要件是指责任人承担消防安全法律责任所必须具备的法定条件，具体包括：

（一）行为违法

行为违法是指行为人（包括单位和自然人）实施了违反消防法律、法规的行为，包括积极的作为和消极的不作为。所谓作为是指责任主体积极的行动去实施消防法律、法规所禁止的行为，如施工现场负责人指使工人或强令工人违反消防安全规定、冒险作业；不作为是指责任主体消极地不去实施消防法律规定应当由自己实施的行为，如单位不按照国家标准、行业标准配置消防设施、器材，设置消防安全标志的就属于不作为。

（二）行为有危害后果

危害后果是指违反消防法律、法规的行为对消防安全所造成的消极影响。这种消极影响可以是已经造成的，也可以是可能造成的。损害并不是以实际损害的发生为条件，如人员密集场所在门窗上设置影响逃生和灭火救援的障碍物的行为，所导致的后果将是一旦发生火灾直接影响人员的逃生和灭火救援的危害后果，尽管这种损害没有实际发生，但违法行为已经使这种损害后果具有发生的可能，因此也应依法给予处罚。损害结果不仅是决定是否构成违法行为的构成要件，它的轻重也影响到被科处的消防法律责任的轻重。

（三）违法行为与危害后果之间有因果关系

违法行为与该行为所造成的危害后果之间存在着内在的、必然的联系，而不是表面的、偶然的联系。例如，火灾发生后阻拦报警，结果会导致火灾得不到及时扑救，从而使火灾扩大蔓延、损失增加。

（四）行为人有过错

行为人实施违反消防法律、法规行为时的心理状态，分为故意与过失两种。这种心理状态是行为人承担公共安全法律责任的主观基础。所谓故意是指明知自己的行为会发生危害消防安全的结果，希望或者放任这种结果的发生的心理状态。例如，明知火灾已经发生，却阻拦报告火警。所谓过失是指应当预见自己的行为可能会发生危害消防安全的结果，因疏忽大意而没有预见，或虽有预见但轻信可以避免，以致发生恶劣危害后果的心理状态。例如，在歌厅将认为已经熄灭的烟头丢弃在沙发缝隙中，结果导致阴燃起火。过失表明行为人对自己的行为采取的是一种不负责任的态度。《消防法》第5条规定："任何单位和个人都有维护消防安全的义务。"如果责任主体对违反消防法律规范的行为存在过错，就应当承担相应的法律责任。

二、消防安全法律责任的主要形式

根据《消防法》《刑法》《行政处罚法》《国务院关于特大安全事故行政责任追究的规定》《生产安全事故报告和调查处理条例》《公安消防机构工作人员执法过错责任追究暂行规定》等，追究消防违法行为法律责任的形式有两种，即行政责任和刑事责任，两种形式可以单独适用，也可以并用。

另外，行为人由于过错造成火灾事故，有可能侵害单位或者自然人的人身权利或者财产权利，由此可能引发以损害赔偿为主要责任方式的侵权民事责任，鉴于本书的适用范围等原因不列入本章学习范围。

第二节　消防行政责任

消防行政责任是指违反有关消防法律、法规的规定，尚未构成犯罪的行为，依法应当承担的否定性的法律后果。

消防行政法律责任除了具有行政法律责任的一般特质外，与其他法律责任相比它还有如下特征：一是消防行政法律责任是消防行政法律确立的违反行政法律规范而应承担的法律责任。这一特征表明该法律责任的部门法属性：该类责任的依据是消防行政法而不是《中华人民共和国民法通则》（以下简称《民法》）、《刑法》等其他部门法，消防行政法律责任以违反消防行政法律规定为前提条件。二是消防行政法律责任在性质和程度上，既不属于刑事法律责任那样偏重于惩罚性，又不同于民事法律责任那样偏重于补救性，而是惩罚性与补救性两者兼顾。在程度上其惩罚性低于刑事法律责任，是与刑事法律责任的一种衔接。三是消防行政法律责任的主体是消防行政法律关系的主体，这些主体不是单一的而是多样的，包括行政机关及其工作人员、社会单位、公民等。同时，由于责任主体多样化，其各自的责任形式也多种多样。四是消防行政法律责任的追究机关不像刑事责任、民事责任追究机关那样限于司法机关，一般来说，消防行政法律责任只能由有关的行政机关依照消防行政法律规定的条件和程序予以追究。

一、消防行政责任的分类

行政责任在追究消防违法行为的法律责任方式中运用最多。行政责任又分为两类，即行政处分和行政处罚。

（一）行政处分

行政处分是指对国家工作人员以及在机关、单位任职的人员的消防行政违法行为，由所在单位或者其上级主管机关给予的一种制裁性措施。

消防行政处分不同于消防行政处罚，行政处分属于内部行政责任。《消防法》对于行政处分的对象和具体的违法行为作了规定，包括以下三种情况：

1. 单位消防安全事务的主管人员和相关负责人违反消防法律规定

《消防法》第67条规定："机关、团体、企业、事业等单位违反本法第16条、第17条、第18条、第21条第2款规定的，责令限期改正；逾期不改正的，对其直接负责的主管人员和其他直接责任人员依法给予处分或者给予警告处罚。"这里的处分，是指国家机关、企事业单位，按隶属关系，根据国家法律或国家机关、企事业单位的规章制度规定，对责任人作出的一种制裁性处理。行政处分的主要形式有警告、记过、记大过、降级、降职、撤职、留用察看、开除等。

2. 公安机关消防机构的工作人员违反消防法律规定

《消防法》第71条规定："公安机关消防机构的工作人员滥用职权、玩忽职守、徇私舞弊，有下列行为之一，尚不构成犯罪的，依法给予处分……。"这里的行政处分，根据不同体制下的公安机关消防机构的工作人员而执行不同的依据。对于实行现役制的消防工作人员的行政处分，适用《中国人民解放军纪律条令》，其行政处分的种类有七种：警告、严重警告、记过、记大过、降职（级）或者降衔（级）、撤职、开除军籍。对于实行公安职业制的消防工作人员的行政处分，执行《中华人民共和国公务员法》，行政处分种类有六种：警告、记过、记大过、降级、降职、开除。对于受行政处分的人民警察，依法还可以降低警衔、取消警衔。

给予行政处分的具体违法行为包括：

1）对不符合消防安全要求的消防设计文件、建设工程、场所准予审核合格、消防验收合格、消防安全检查合格的。

2）无故拖延消防设计审核、消防验收、消防安全检查，不在法定期限内履行职责的。

3）发现火灾隐患不及时通知有关单位或者个人整改的。

4）利用职务为用户、建设单位指定或者变相指定消防产品的品牌、销售单位或者消防技术服务机构、消防设施施工单位的。

5）将消防车、消防艇以及消防器材、装备和设施用于与消防和应急救援无关的事项的。

6）其他滥用职权、玩忽职守、徇私舞弊的行为。

3. 有关行政主管部门的工作人员违反消防法律规定

《消防法》第71条第3款规定："建设、产品质量监督、工商行政管理等其他有关行政主管部门的工作人员在消防工作中滥用职权、玩忽职守、徇私舞弊，尚不构成犯罪的，依法给予处分。"

（二）行政处罚

行政处罚是指具有行政处罚权的行政主体为维护公共利益和社会秩序，依法对违反行政法律、法规而尚未构成犯罪的行政相对人实施的一种法律制裁措施。

消防行政处罚是指消防行政主体为维护公共消防安全，依法对违反消防法律法规而尚未构成犯罪的行政相对人实施的一种法律制裁措施。

《消防法》具体规定了对消防违法行为实施行政处罚的种类和实施主体。

1. 行政处罚的种类

（1）警告　警告是指行政执法主体对违反消防法规行为的相对人依法实施谴责和告诫的行政处罚，通过对其名誉权的影响，使被警告人的精神受到惩戒。在为数众多的处罚种类中警告是最轻的一种行政处罚，一般适用于情节轻微和未造成实际危害后果的违法行为。

（2）罚款　罚款是指行政执法主体依法强制违法的相对人在一定期限内缴纳一定数额的金钱的处罚形式。《消防法》具体规定了对不同消防违法行为罚款的幅度。

（3）没收违法所得　没收违法所得是指行政执法主体将相对人违法所得到的经济收益，依法无偿收归国有的一种处罚。

（4）责令停产停业　责令停产停业是指行政执法主体依法强制违法的行政相对人停止生产、停止营业。责令停产停业是一种限制违法者生产或经营能力的处罚，并未最终剥夺其生产或经营的资格。同时，这也是一种较为严厉的行政处罚方式。因此，这种处罚常附有期限，在相对人改正了违法行为，履行了法定义务以后，可以恢复曾被停止的生产经营活动。

责令停产停业，对经济和社会生活影响较大的，由公安机关消防机构提出意见，由公安机关报请本级人民政府依法决定，再由本级人民政府组织公安机关等部门实施。

（5）责令停止施工、停止使用　责令停止施工是指行政执法主体对违法的建设工程项目依法强制建设单位停止其施工的一种处罚。责令停止使用是指行政执法主体对不符合标准规定的电气设备、燃气设备等，违法的建设工程或场所等，依法强制其使用者停止使用的一种处罚。责令停止施工、停止使用是《消防法》在《行政处罚法》明确列举的六种行政处罚之外创设的新的、与责令停产停业并列的一种行政处罚方式。

（6）责令停止执业或者吊销相应资质、资格　责令停止执业或者吊销相应资质、资格，主要是针对消防产品质量认证、消防设施检测等消防技术服务机构出具虚假文件、报告等造成严重后果的行为所实施的处罚。这种处罚使违法行为人失去执业资格。

（7）拘留　拘留是指行政执法主体对违法的公民的人身自由予以限制的一类行政处罚。行政拘留只适用于自然人而不能适用于法人或其他组织，但其法人代表可以作为行政拘留处罚对象。

2. 行政处罚的实施主体

对消防违法行为作出行政处罚的决定机关又称执法主体，是指有权实施消防行政处罚职权和负责追究有关法律责任的国家行政机关。《消防法》第70条第1款对违反《消防法》行为的行政处罚主体作了规定："本法规定的行政处罚，除本法另有规定的外，由公安机关消防机构决定；其中拘留处罚由县级以上公安机关依照《中华人民共和国治安管理处罚法》的有关规定决定。"根据此项规定，对违反《消防法》行为的行政处罚主体可分为三种情况：

（1）行政处罚原则上由公安机关消防机构决定　公安机关消防机构虽然是各级公安机关的内设机构，但考虑到消防执法的专业性，法律规定在一般情况下，对于违反《消防法》应当予以行政处罚的案件，由公安机关消防机构以自己的名义作出，而不需要经公安机关批准，也不需要以公安机关的名义作出。

（2）在法律另有规定的情况下由公安机关以外的行政机关决定　这里的另有规定，主要是指对于违反《消防法》的规定，生产、销售不合格的消防产品或者国家明令淘汰的消防产品的，依照《消防法》的相关规定，由产品质量监督部门或者工商行政管理部门决定行政处罚；消防技术服务机构出具虚假文件情节严重的，或者出具失实文件造成重大损失的，依照《消防法》的相关规定，由消防技术服务机构的原许可机关依法责令停止执业或者吊销相应资质、资格。

（3）拘留处罚由县级以上公安机关决定　这里的拘留是指行政拘留。考虑到拘留处罚涉及公民的人身自由，我国《治安管理处罚法》等有关法律对于拘留处罚的决定机关作了严格限定。《消防法》规定拘留由县级以上公安机关决定，一方面体现了对拘留处罚的慎重，另一方面也有利于法律适用的统一。公安机关消防机构发现违反《消防法》的规定应当予以拘留处罚的行为时，不能直接作出拘留处罚的决定，而应当报请同级公安机关作出决定。

二、消防违法行为及其行政处罚

消防违法行为是指违反《消防法》的规定，应当承担法律责任的行为。

对不同的消防违法行为，相关执法主体应当视违法行为人的具体情况和违法情节的严重程度根据《消防法》及其他有关法律、法规的具体规定，分别依法予以处理。《消防法》法律责任章对消防违法行为的行政责任作出了具体规定。为了方便学习和记忆，进行简单归类后列举如下：

（一）建设工程相关消防违法行为及其处罚

建设工程消防违法的行为是指建设工程相关责任主体违反《消防法》的有关规定进行建设工程的建设、设计、施工、验收、使用的行为。相关违法行为及其行政处罚主要有：

1）对建设工程未经消防设计审核擅自施工或者消防设计审核不合格擅自施工；消防设计经抽查不合格不停止施工的消防违法行为，应当责令停止施工，并处3万元以上30万元以下罚款。

2）对建设工程未经消防验收擅自投入使用或者消防验收不合格擅自投入使用；建设工程投入使用后经抽查不合格不停止使用的消防违法行为，应当责令停止使用，并处3万元以上30万元以下罚款。

3）对公众聚集场所未经消防安全检查擅自投入使用、营业或者经消防安全检查不合格擅自投入使用、营业的消防违法行为，应当责令停止使用或者停产停业，并处3万元以上30万元以下罚款。

4）对建设单位未进行建设工程消防设计备案或者未进行竣工消防备案的消防违法行为，应当责令限期改正，处5000元以下罚款。

5）对建设单位违法要求建筑设计单位或者建筑施工企业降低消防技术标准设计、施工；建筑设计单位不按照消防技术标准强制性要求进行消防设计；建筑施工企业不按照消防设计文件和消防技术标准施工，降低消防施工质量；工程监理单位与建设单位或者建筑施工企业串通，弄虚作假，降低消防施工质量的消防违法行为责令改正或者停止施工，并处1万元以上10万元以下罚款。

（二）易燃易爆危险场所相关违法行为及其处罚

1）对生产、储存、经营易燃易爆危险品的场所与居住场所设置在同一建筑物内，或者未与居住场所保持安全距离；生产、储存、经营其他物品的场所与居住场所设置在同一建筑物内，不符合消防技术标准的消防违法行为，责令停产停业，并处5000元以上5万元以下罚款。

2）对违反消防安全规定进入生产、储存易燃易爆危险品场所；违反规定使用明火作业或者在具有火灾、爆炸危险的场所吸烟、使用明火的消防违法行为，对违法行为人处警告或者500元以下罚款；情节严重的，处5日以下拘留。

（三）可以依据《治安管理处罚法》进行处罚的消防违法行为

对违反有关消防技术标准和管理规定生产、储存、运输、销售、使用、销毁易燃易爆危险品；非法携带易燃易爆危险品进入公共场所或者乘坐公共交通工具；谎报火警的；阻碍消防车、消防艇执行任务；阻碍公安机关消防机构的工作人员依法执行职务的消防违法行为，依照《治安管理处罚法》第30条的规定，对违法行为人处10日以上15日以下拘留；情节较轻的，处5日以上10日以下拘留。

（四）违反防火禁令的处罚

对指使或者强令他人违反消防安全规定，冒险作业；过失引起火灾的；在火灾发生后阻拦报警，或者负有报告职责的人员不及时报警；扰乱火灾现场秩序，或者拒不执行火灾现场指挥员指挥，影响灭火救援；故意破坏或者伪造火灾现场；擅自拆封或者使用被公安机关消防机构查封的场所、部位的消防违法行为，尚不构成犯罪的，可对违法行为人处 10 日以上 15 日以下拘留，可以并处 500 元以下罚款；情节较轻的，处警告或者 500 元以下罚款。

（五）不履行组织、引导火灾现场在场人员疏散义务行为的处罚

对人员密集场所发生火灾时现场工作人员不履行组织、引导在场人员疏散的义务的，情节严重，尚不构成犯罪的，处 5 日以上 10 日以下拘留。

（六）电器产品、燃气用具相关消防违法行为的处罚

对电器产品、燃气用具的安装、使用及其线路、管路的设计、敷设、维护保养、检测不符合消防技术标准和管理规定，经责令改正逾期不改正的消防违法行为，责令停止使用，可以并处 1000 元以上 5000 元以下罚款。

（七）单位不履行相关消防职责的违法行为及其处罚

1）对单位消防设施、器材或者消防安全标志的配置、设置不符合国家标准、行业标准，或者未保持完好有效；人员密集场所在门窗上设置影响逃生和灭火救援的障碍物；对火灾隐患经公安机关消防机构通知后不及时采取措施消除的消防违法行为，责令其改正的同时处 5000 元以上 5 万元以下罚款。

2）对单位损坏、挪用或者擅自拆除、停用消防设施、器材；占用、堵塞、封闭疏散通道、安全出口或者有其他妨碍安全疏散行为；埋压、圈占、遮挡消火栓或者占用防火间距；占用、堵塞、封闭消防车通道，妨碍消防车通行的消防违法行为，责令单位改正的同时处 5000 元以上 5 万元以下罚款。个人有上述违法行为的，处警告或者 500 元以下罚款。

3）《消防法》第 16 条、第 17 条、第 18 条和第 21 条第 2 款对单位的消防安全职责进行了具体的规定，单位有违反以上规定的消防违法行为的，应当责令限期改正；逾期不改正的，对其直接负责的主管人员和其他直接责任人员依法给予处分或者给予警告处罚。

（八）生产、使用消防产品相关消防违法行为的处罚

生产、销售不合格的消防产品或者国家明令淘汰的消防产品的，由产品质量监督部门或者工商行政管理部门依照《产品质量法》的规定从重处罚。人员密集场所使用不合格的消防产品或者国家明令淘汰的消防产品的，责令限期改正；逾期不改正的，处 5000 元以上 5 万元以下罚款，并对其直接负责的主管人员和其他直接责任人员处 500 元以上 2000 元以下罚款；情节严重的，责令停产停业。公安机关消防机构还应当将发现不合格的消防产品和国家明令淘汰的消防产品的情况通报产品质量监督部门、工商行政管理部门。产品质量监督部门、工商行政管理部门应当对生产者、销售者依法及时予以查处。

（九）消防技术服务消防违法行为及应当承担的法律责任

对消防产品质量认证、消防设施检测等消防技术服务机构出具虚假文件的消防违法行为，责令改正，处 5 万元以上 10 万元以下罚款，并对直接负责的主管人员和其他直接责任人员处 1 万元以上 5 万元以下罚款；有违法所得的，并处没收违法所得；给他人造成损失的，依法承担赔偿责任；情节严重的，由原许可机关依法责令停止执业或者吊销相应资质、资格。对消防产品质量认证、消防设施检测等消防技术服务机构出具失实文件，给他人造成损失的，依法承担赔偿责任；造成重大损失的，由原许可机关依法责令停止执业或者吊销相应资质、资格。

第三节　消防刑事责任

消防刑事责任是指行为人违反消防法律的有关规定发生重大伤亡事故或者造成其他严重后果构成犯罪的，由司法机关依照《刑法》和刑事诉讼程序，给予刑罚的一种法律责任。消防刑事责任是一种最严厉的消防安全法律责任。

为了制裁严重的消防安全违法行为，《消防法》规定："违反本法规定，构成犯罪的，依法追究刑事责任。"《刑法》对构成犯罪依法应当追究刑事责任的行为作了具体规定，规定了与引起火灾及其他与消防安全有关的消防刑事犯罪。

一、消防刑事责任的犯罪构成要件

犯罪构成是由刑事实体法规定的、决定某一行为的社会危害性及其程度，并为成立该种犯罪所必需的客观要件和主观要件的总和。

犯罪构成是一个有机的整体，是由各相互依赖、相互作用的主客观要件共同组成的。犯罪构成要件，是犯罪构成的基本单元，是犯罪构成整体的各个有机的组成部分。按照我国刑法理论的通说，犯罪构成要件分别包括犯罪客体、犯罪客观要件、犯罪主体、犯罪主观要件四个有机组成的部分。

行为人只有实施了犯罪行为，才会承担刑事责任，因此是否构成犯罪是确定应否承担刑事责任的基本条件。任何犯罪都具有四个共同的构成要件，即犯罪主体、犯罪客体、犯罪的主观方面、犯罪的客观方面。

（一）犯罪主体

犯罪主体是指实施犯罪行为的人。每一种犯罪，都必须有犯罪主体。在司法实践中，各种具体犯罪的主体情况尽管千差万别，但作为自然人犯罪，其共同之处都必须是达到刑事责任年龄具有刑事责任能力的人。单位犯罪，也应具备一定的主体资格。

（二）犯罪客体

犯罪客体是指刑法所保护而被犯罪行为所侵害的社会关系。犯罪总是侵害了一定的利益，犯罪所侵害的利益实质都是刑法所保护的社会关系。

（三）犯罪的主观方面

犯罪的主观方面是指犯罪主体对其实施的犯罪行为及其结果所具有的心理状态。犯罪主观方面的心理状态有两种，即故意和过失。

（四）犯罪的客观方面

犯罪的客观方面是指犯罪行为的具体表现，即犯罪是在什么样的客观条件下，用什么样的行为，使客体受到什么样危害。犯罪的客观方面首先是指行为人实施了危害行为，危害行为是构成犯罪的前提；其次，是指危害行为造成或可能造成的危害结果。

二、消防刑罚的种类

刑罚是国家创制的、对犯罪分子适用的特殊制裁方法，是对犯罪分子某种利益的剥夺，并且表现出国家对犯罪分子及其行为的否定评价。根据某种刑罚方法是只能单独适用还是可以附加适用划分，刑罚分为主刑和附加刑。

(一) 主刑

主刑只能单独使用,即一个罪只能使用一个主刑,不能同时使用两个或两个以上主刑,按轻重依次为管制、拘役、有期徒刑、无期徒刑和死刑。

(二) 附加刑

附加刑又称从刑,是补充主刑适用的刑罚方法。附加刑既能独立适用也可以跟主刑一起附加适用。我国刑法规定附加刑包括罚金、剥夺政治权利和没收财产三种。

对于犯罪的外国人,可以独立适用或者附加适用驱逐出境。驱逐出境独立适用于犯罪行为不是很严重的外国人或无国籍人;附加适用于罪行比较严重的外国人或无国籍人。前者在判决确定后立即执行;后者则在主刑执行完毕后执行。

三、消防刑事责任主要内容

由于广义的消防刑事犯罪内容较多,本章主要学习以下内容。

(一) 放火罪

1. 放火罪的概念

放火罪是指故意放火焚烧公私财物,危害公共安全的行为。

2. 放火罪的犯罪构成

(1) 客体要件 本罪侵犯的客体是公共安全,即不特定多数人的生命、健康或重大公私财产的安全。也就是说,放火行为一经实施,就可能造成不特定多数人的伤亡或者使不特定的公私财产遭受难以预料的重大损失。

(2) 客观要件 本罪在客观方面表现为实施放火焚烧公私财物,危害公共安全的行为。所谓放火,就是故意引起公私财物燃烧的行为。放火的行为方式,可以是作为,即用各种引火物,直接把公私财物点燃;也可以是不作为,即故意不履行自己防止火灾发生的义务,放任火灾的发生。

(3) 主体要件 本罪的主体为一般主体。由于放火罪社会危害性很大,所以《刑法》第17条第2款规定,已满14周岁不满16周岁的人犯放火罪的,应当负刑事责任。

(4) 主观要件 本罪在主观方面表现为故意,即明知自己的放火行为会引起火灾,危害公共安全,并且有希望或者放任这种结果发生的心理态度。如果不是出于故意,不构成放火罪。

3. 放火罪的刑罚

犯放火罪尚未造成严重后果的,处3年以上10年以下有期徒刑;致人重伤、死亡或使公私财产遭受重大损失的,处10年以上有期徒刑、无期徒刑或死刑。损害极端严重的,处死刑或无期徒刑。

【案例8-1】 邢×于2008年4月4日21时许,在其工作的"福锅记"饭店内,因倒垃圾问题与饭店经理陈×发生争执。便把饭馆餐桌下的煤气管道阀门打开,并用打火机点燃煤气管道,意图烧陈×。煤气管道起火后将1把椅子和隔板烧坏。后饭店员工及时将火扑灭。被点燃的煤气管道连接4个大型煤气罐,如不及时扑灭极易引起爆炸,威胁到饭店及饭店周围商店的安全。后邢×被民警当场抓获。邢×为报复他人在饭店内将连接4个大型煤气罐的煤气管道点燃,威胁到饭店周围不特定多数人的生命及财产安全,其行为已构成放火罪,当地法院依照《刑法》第114条规定,判决被告人邢×犯放火罪,判处有期徒刑4年。

(二) 失火罪

1. 失火罪的概念

失火罪是指由于行为人的过失引起火灾，造成严重后果，危害公共安全的行为。

2. 失火罪的构成

(1) 客体要件　本罪侵犯的客体是公共安全，即不特定多数人的生命、健康或重大公私财产的安全。

(2) 客观要件　本罪在客观方面表现为行为人实施了引起火灾，造成严重后果的危害公共安全的行为。

首先，行为人必须有引起火灾的行为。例如，吸烟引起火灾，取暖做饭用火不慎引起火灾等。

其次，行为人的行为必须造成严重后果，即致人重伤、死亡或者使公私财产遭受重大损失。仅有失火行为，未引起危害后果；或者危害后果不严重，不构成失火罪，而属一般失火行为。严重后果的标准可以参照《关于公安机关管辖的刑事案件立案追诉标准的规定（一）》（公通字［2008］36号）判定。该规定第1条规定：过失引起火灾，涉嫌下列情形之一的，应予立案追诉：①导致死亡1人以上，或者重伤3人以上的；②造成公共财产或者他人财产直接财产损失50万元以上的；③造成10户以上家庭的房屋以及其他基本生活资料烧毁的；④造成森林火灾，过火有林地面积 $2hm^2$ 以上，或者过火疏林地、灌木林地、未成林地、苗圃地面积 $4hm^2$ 以上的；⑤其他造成严重后果的情形。"有林地""疏林地""灌木林地""未成林地""苗圃地"，按照国家林业主管部门的有关规定确定。

最后，上述严重后果必须是失火行为所引起的，即同失火行为有着直接的因果关系。

(3) 主体要件　本罪主体为一般主体，凡达到法定刑事责任年龄、具有刑事责任能力的人均可成为本罪主体。

(4) 主观要件　本罪在主观方面表现为过失。过失既可以是出于疏忽大意的过失，即行为人应当预见自己的行为可能引起火灾，因为疏忽大意而未预见，致使火灾发生；也可以是出于过于自信的过失，即行为人已经预见自己的行为可能引起火灾，由于轻信火灾能够避免，结果发生了火灾。

3. 失火罪的刑罚

犯失火罪的，处3年以上7年以下有期徒刑；情节较轻的，处3年以下有期徒刑或者拘役。

【案例8-2】 2004年2月15日，吉林市中百商厦发生特大火灾事故，54人在事故中丧生，70多人受伤。2004年3月3日，吉林市船营区人民检察院对吉林市中百商厦"2·15"特大火灾犯罪嫌疑人于××等7人批准逮捕。其中第一被告人于××涉嫌失火罪被提起公诉。公诉机关认为：相关管理规定要求员工不许在工作期间在仓库等存在火灾危险性的地方吸烟，但犯罪嫌疑人于××在明知此项规定的同时，在工作期间将烟头扔在仓库重地，使没有熄灭的烟头引燃仓库中的易燃物品，并导致此次特大火灾，造成重大人员伤亡和财产损失，后果极其严重，依据《刑法》中的相关规定，应处于××失火罪。后法院以失火罪判处于××有期徒刑7年。

(三) 消防责任事故罪

1. 消防责任事故罪的概念

消防责任事故罪是指违反消防管理法规，经消防监督机构通知采取改正措施而拒绝执行，造成严重后果的行为。

2. 消防责任事故罪的构成

（1）客体要件　消防责任事故罪侵犯的客体是国家的消防监督管理制度和公共安全。

消防工作是全民同火灾作斗争的事业，关系到国计民生和社会的安定，涉及各行各业、千家万户。我国对消防工作实行严格的监督管制，专门制定了《消防法》等消防法规。其中规定，我国消防工作由公安机关实施监督管理，并由县级以上公安机关消防机构具体实施。消防机构发现有火灾隐患的，应及时通知被检查单位采取有效措施，消除火灾隐患。

（2）客观要件　消防责任事故罪的客观方面表现为行为人违反消防管理法规，经消防监督机构通知采取改正措施而拒绝执行，造成严重后果的行为。消防责任事故罪为结果犯，只有因未履行消防安全责任而造成严重后果的才构成犯罪。因此，不存在犯罪未遂问题。

本罪的客观方面有以下主要特征：一是行为人必须有违反消防管理法规的行为。消防管理法规，是指国家规定的用以调整消防安全社会关系的法律规范的总称，包括与消防有关的法律、行政法规、地方性法规、部门规章和地方性规章等。消防管理法规是公安机关消防机构对消防安全实施管理的基本依据，也是作为判断行为人是否违反消防管理法规的基本依据。例如，生产、储存和装卸易燃易爆危险物品的工厂、仓库和专用车站、码头不按国家有关规定进行设置；易燃易爆气体和液体的充装站、供应站、调压站的设置不符合防火防爆要求；新建、扩建、改建工程的设计和施工不执行国务院有关主管部门关于建筑设计防火规范的规定；营业性场所不按照国家有关规定配置消防设施和器材、不能保障疏散通道、安全出口畅通等。二是行为人违反消防管理法规的行为必须经公安机关消防机构通知采取改正措施。构成消防责任事故罪，在客观方面必须具有经公安机关消防机构通知采取改正措施的前置条件。行为人违反消防管理法规的行为在前，公安机关消防机构指正在后，如果仅有违规行为，而无指正行为，就不构成本罪。三是行为人对公安机关消防机构通知采取改正措施拒绝执行。首先，对于行为人违反消防管理的行为，公安机关消防机构应按《消防监督检查规定》的要求书面通知行为人。采取改正措施的消防法律文书，是认定公安机关消防机构履行法定监督职责和监督人不接受监督管理的重要根据。其次，行为人须有对公安机关消防机构采取改正措施的通知拒绝执行的行为。拒绝执行不仅包括明示拒绝，也包括暗示拒绝，即未明确拒绝但实质上拒不执行整改要求的行为。四是行为人对公安机关消防机构通知采取改正措施拒不执行造成了严重后果。消防责任事故罪属于结果犯，必须造成了法定后果，才构成本罪。所谓严重后果，通常是指造成了人身伤害、死亡或公私财产的重大损失。这里的严重后果，一是只能以火灾的形式出现，因为消防的对象就是火灾，而不是其他事故。二是以火灾为表现形式的严重后果是由于拒绝执行公安机关消防机构作出的采取改正措施的通知直接导致的，二者具有因果关系。是否造成严重后果的判断同失火罪的标准。

（3）主体要件　消防责任事故罪的主体为特殊主体，主要是负有消防安全职责的单位负责人员。在实践中，主要是那些与消防安全责任有直接关系的单位法定代表人、单位及部门消防安全负责人、专（兼）职消防安全保卫人员及涉及改正措施过程的其他有关人员。

（4）主观要件　消防责任事故罪在主观方面表现为过失，既可以是疏忽大意的过失，也可以是过于自信的过失。

3. 消防责任事故罪的刑罚

犯消防责任事故罪的，对直接责任人员处3年以下有期徒刑或者拘役；后果特别严重的,处 3 年以上 7 年以下有期徒刑。

【案例 8-3】 2004 年 2 月 15 日,吉林市中百商厦发生特大火灾事故,54 人在事故中丧生,70 多人受伤。2004 年 3 月 3 日,吉林市船营区人民检察院对吉林市中百商厦特大火灾犯罪嫌疑人于××等 7 人批准逮捕。2004 年 6 月 1 日,检察院根据责任性质,决定对 7 名犯罪嫌疑人提起公诉。

法庭查明,在火灾发生之前,吉林市公安局船营分局消防科曾就火灾隐患向中百商厦下达了《责令限期改正通知书》。但该商厦总经理刘××、副总经理赵×、保卫科科长马××对该通知书提出的有关改正要求未予全部落实,导致仓库起火后,火势蔓延至商厦楼内,造成重大人员伤亡及财产损失。针对以上 3 人,法庭判决如下:中百商厦原总经理刘××犯消防责任事故罪,判处有期徒刑 6 年;中百商厦原副总经理赵×犯消防责任事故罪,判处有期徒刑 5 年;中百商厦保卫科原科长马××犯消防责任事故罪,判处有期徒刑 4 年。

(四) 重大责任事故罪

1. 重大责任事故罪的概念

本罪是指在生产、作业中违反有关安全管理的规定,或者强令他人违章冒险作业,因而发生重大伤亡事故或者造成其他严重后果的行为。

2. 重大责任事故罪的构成

(1) **客体要件** 重大责任事故罪的对象是人身和财产。

(2) **客观要件** 重大责任事故罪的客观方面表现为在生产和作业的过程中违反规章制度,不服从管理或者强令工人违章冒险作业,因而发生重大伤亡事故,造成严重后果的行为。

重大责任事故罪的行为是在生产、作业中违反有关安全管理规定。这里的违反有关安全管理规定,是指违反有关生产安全的法律、法规、规章制度。因此,这种有关安全生产规定包括以下三种情形:一是国家颁布的各种有关安全生产的法律、法规等规范性文件。二是企业、事业单位及其上级管理机关制定的反映安全生产客观规律的各种规章制度,包括工艺技术、生产操作、技术监督、劳动保护、安全管理等方面的规程、规则、章程、条例、办法和制度。三是虽无明文规定,但反映生产、科研、设计、施工的安全操作客观规律和要求,在实践中为职工所公认的行之有效的操作习惯和惯例等。

重大责任事故罪的结果是发生重大伤亡事故或者造成其他严重后果。根据 1989 年 11 月 3 日最高人民检察院《关于人民检察院直接受理的侵犯公民民主权利、人身权利和渎职案件立案标准的规定》,重大责任事故罪的结果表现为以下三种情形:①致人死亡 1 人以上的;②致人重伤 3 人以上的;③造成直接财产损失 5 万元以上的,或者财产损失虽不足规定数额,但情节严重,使生产、工作受到重大损害的。

(3) **主体要件** 重大责任事故罪的主体是特殊主体,即工厂、矿山、林场、建筑企业或者其他企业、事业单位的职工。

(4) **主观要件** 重大责任事故罪的主观方面表现为过失。过失既可以为疏忽大意的过失,即应当预见自己的行为可能发生危害社会的结果,因为疏忽大意而没有预见,由此导致危害社会的结果;也可以为过于自信的过失,即已经预见自己的行为可能发生危害社会的结果,因为轻信能够避免,由此导致危害社会结果的发生。对于违章行为,既可以是无意违反,也可能是明知故犯。

3. 重大责任事故罪的刑罚

根据《刑法》第134条，工厂、矿山、林场、建筑企业或者其他企业、事业单位的职工，由于不服管理、违反规章制度，或者强令工人违章冒险作业，因而发生重大伤亡事故或者造成其他严重后果的，处3年以下有期徒刑或者拘役；情节特别恶劣的，处3年以上7年以下有期徒刑。

【案例8-4】 2010年11月15日，上海市静安区胶州路728号教师公寓大楼发生特别重大火灾事故（简称11·15火灾），造成58人死亡，71人受伤，直接财产损失1.58亿元。

法院经审理查明，2010年6月初，静安胶州路教师公寓节能改造工程被违法层层转包，最后脚手架项目中的电焊作业又被交给不具备资质的施工方承包，之后又招用无有效《特种作业操作证》的吴××和王××等人从事电焊作业。2010年11月15日，在没有申请《动火证》的情况下，电焊工吴××及电焊辅助工王××在无消防安全保障措施的情况下违规进行电焊作业。电焊溅落的熔渣引燃下方九层脚手架防护平台上堆积的聚氨酯材料碎块、碎屑，引发火灾。

2010年8月2日下午，上海市第二中级人民法院对"11·15"特别重大火灾事故相关6起刑事案件作出一审判决，分别判处26名被告人有期徒刑16年至免予刑事处罚。

（五）**危险物品肇事罪**

将此罪列入消防刑事责任的内容之一是因为危险物品的管理一直是消防安全管理工作的一个重要方面，当前我国《消防法》《危险化学品安全管理条例》等法律、法规对危险物品的管理作出了相关规定。由于违反以上规定造成严重后果就可能导致刑事处罚。

1. 危险物品肇事罪的概念

危险物品肇事罪是指违反爆炸性、易燃性、放射性、毒害性、腐蚀性物品的管理规定，在生产、储存、运输、使用中，由于过失发生重大事故，造成严重后果的行为。

2. 危险物品肇事罪的构成

（1）客体要件 本罪侵犯的客体是公共安全，即不特定多数人的生命、健康和重大公私财产的安全。本罪的犯罪对象是特定的，即能够引起重大事故的发生，致人重伤、死亡或使公私财产遭受重大损失的危险物品（爆炸性物品、易燃性物品、放射性物品、毒害性物品、腐蚀性物品等）。

（2）客观要件 本罪在客观方面表现为在生产、储存、运输、使用危险物品的过程中，违反危险物品管理规定，发生重大事故，造成严重后果的行为。客观方面特征如下：

1）行为人必须有违反危险物品管理规定的行为。

2）违反危险物品管理规定的行为必须是发生在生产、储存、运输、使用上述危险物品的过程中。

3）必须因违反危险物品管理规定，而发生重大事故，造成严重后果。

4）发生重大事故，造成严重后果，必须是由违反危险物品管理规定的行为所引起的。

（3）主体要件 本罪的主体为一般主体。从司法实践中案件情况来看，主要是从事生产、储存、运输、使用爆炸性、易燃性、放射性、毒害性、腐蚀性物品的职工。但不排除其他人也可能构成本罪。

（4）主观要件 本罪在主观方面表现为过失，即行为人对违反危险品管理规定的行为所造成的危害结果具有疏忽大意或者过于自信的主观心理。至于行为人对违反危险物品管理规定的本身则既可能出于过失，也可能出于故意。

3. 危险物品肇事罪的刑罚

犯本罪的，处3年以下有期徒刑或者拘役；后果特别严重的，处3年以上7年以下有期徒刑。所谓后果特别严重，主要是指致多人伤亡的；或者造成严重的财产损失的等。

【案例8-5】 2009年2月9日晚21时许，在建的中央电视台新台址园区文化中心发生特大火灾事故，大火持续6h，在救援过程中1名消防队员牺牲，6名消防队员和2名施工人员受伤。建筑物过火、过烟面积21333m²，其中过火面积8490m²，造成直接财产损失16383万元。经查这是一起责任事故，火灾由违规燃放烟花引起。之后71名事故责任人受到消防安全法律责任追究。

央视大火案于2010年5月10日在北京市二中院进行一审宣判，首批23人均以危险物品肇事罪被起诉，有的是因决策指挥、运输、燃放烟花被追究责任，有的则是因监管不力而致事故发生，但以责任大小量刑轻重不同。其中，央视新址办原主任徐×获刑最重，判处其有期徒刑7年。

（六）大型群众性活动重大安全事故罪

依据《大型群众性活动安全管理条例》（国务院令第505号），大型群众性活动是指法人或者其他组织面向社会公众举办的每场次预计参加人数达到1000人以上的活动，如体育比赛活动；演唱会、音乐会等文艺演出活动；展览、展销等活动；游园、灯会、庙会、花会、焰火晚会等活动；人才招聘会、现场开奖的彩票销售等活动。

当前，我国各地大型群众性活动越来越多，其消防安全也成为政府及相关安全管理部门关注的重要内容。《消防法》第20条规定："举办大型群众性活动，承办人应当依法向公安机关申请安全许可，制定灭火和应急疏散预案并组织演练，明确消防安全责任分工，确定消防安全管理人员，保持消防设施和消防器材配置齐全、完好有效，保证疏散通道、安全出口、疏散指示标志、应急照明和消防车通道符合消防技术标准和管理规定。"如果由于违反相关安全规定引发火灾事故，造成严重后果，责任方将承担刑事责任。

1. 大型群众性活动重大安全事故罪的概念

所谓大型群众性活动重大安全事故罪是指举办大型群众性活动违反安全管理规定，因而发生重大伤亡事故或者造成其他严重后果的行为。

2. 大型群众性活动重大安全事故罪的构成

（1）客体要件 本罪的客体要件是公共活动场所的公共安全，即公园、娱乐场、运动场、展览馆或者其他供社会公众活动的场所中不特定的多数人的生命、健康或重大公私财产安全。

（2）客观要件 本罪在客观方面表现为在举办大型的群众性活动中，违反在公共场所的群体性活动中相关的安全管理规定，没有履行相应的注意义务，发生了重大伤亡事故或者造成其他严重后果。在这里严重后果可参照失火罪的标准。

（3）主体要件 该罪的犯罪主体是对发生大型群众性活动重大安全事故"直接负责的主管人员和其他直接责任人员"。"直接负责的主管人员"是指大型群众活动策划者、组织者、举办者；"其他直接责任人员"是指对大型活动的安全举行、紧急预案负有具体落实、执行职责的人员。由于国家机关可以成为大型群众性活动的组织者、举办者，所以此罪的犯罪主体可以是国家机关工作人员。该罪的犯罪主体，既可以是单位，也可以是公民个人。单位犯本罪的，实行代罚制，只处罚"直接负责的主管人员"，不对单位进行处罚。

(4) 主观要件　该罪的主观方面只能是过失，故意不构成本罪，即行为人应该预见到自己在大型群众性活动中的违反安全管理规定的行为，可能会造成重大伤亡事故或者其他严重后果，因疏忽大意而没有预见，或虽然已经预见，但轻信能够避免，从而造成重大伤亡事故或其他严重后果。

3. 大型群众性活动重大安全事故罪的刑罚

举办大型群众性活动违反安全管理规定，因而发生重大伤亡事故或者造成其他严重后果的，对直接负责的主管人员和其他直接责任人员，处3年以下有期徒刑或者拘役；情节特别恶劣的，处3年以上7年以下有期徒刑。

【案例 8-6】 2006年10月，某市某部门决定为全市市民特别是中小学生，举办一场消防成果展览会，但鉴于经费问题，该部门的负责人王×将展览会安排在了一个位于建筑物疏散通道、安全出口不符合规定的大型展览馆内，当时就有本单位工作人员提出需要进行整改的意见，被拒绝。在展览会举办过程中，因展览馆的电线老化，引发火灾，造成了2名参观者死亡，20名参观者被烧成重伤，公私财产损失达40余万元。由于2006年6月29日通过的《刑法修正案（六）》第3条增设了大型群众性活动重大安全事故罪。而本案案情与该罪名情形相符，该案当事人王×被以此罪名提起公诉。

(七) 销售不符合安全标准产品罪

《消防法》第24条规定："消防产品必须符合国家标准；没有国家标准的，必须符合行业标准。禁止生产、销售或者使用不合格的消防产品以及国家明令淘汰的消防产品。依法实行强制性产品认证的消防产品，由具有法定资质的认证机构按照国家标准、行业标准的强制性要求认证合格后，方可生产、销售、使用。实行强制性产品认证的消防产品目录，由国务院产品质量监督部门会同国务院公安部门制定并公布。新研制的尚未制定国家标准、行业标准的消防产品，应当按照国务院产品质量监督部门会同国务院公安部门规定的办法，经技术鉴定符合消防安全要求的，方可生产、销售、使用。"这是将此罪列入消防刑事责任的范围的原因之一，消防产品的质量关系到人身、财产安全，应符合相应的安全标准，否则往往造成人身伤亡、财产损失等严重后果。另外，电器、压力容器、易燃易爆产品等发生事故也易引发火灾、爆炸事故，同样和消防工作密切相关。

1. 销售不符合安全标准产品罪的概念

生产、销售不符合安全标准的产品罪是指生产不符合保障人身、财产安全的国家标准、行业标准的电器、压力容器、易燃易爆产品或者其他不符合保障人身、财产安全的国家标准、行业标准的产品，或者销售明知是以上不符合保障人身、财产安全的国家标准、行业标准的产品，造成严重后果的行为。

2. 销售不符合安全标准产品罪的构成

(1) 客体要件　本罪的客体为双重客体，即国家对生产、销售电器、压力容器、易燃易爆产品等的安全监督管理制度和公民的健康权、生命权。

电器、压力容器、易燃易爆产品等必须达到安全标准，否则可能危及人身健康和人身、财产安全。为此，《产品质量法》第8条规定："可能危及人身健康和人身、财产安全的工业产品，必须符合保障人体健康，人身、财产安全的国家标准、行业标准；未制定国家标准、行业标准的，必须符合保障人体健康、人身、财产安全的要求。"

（2）客观要件　本罪的客观方面表现为生产或者销售不符合保障人身、财产安全的国家标准、行业标准的电器、压力容器、易燃易爆产品或者其他不符合保障人身、财产安全的国家标准、行业标准的产品如消防产品等，并且造成严重后果的行为。

本罪的犯罪对象是不符合保障人身、财产安全的国家标准、行业标准的电器、压力容器、易燃易爆产品或者其他产品如消防产品等。这些产品都具有与人们的生命、健康及财产安全密切相关的特点。正因为如此，国家对这类产品制定了严格的国家标准、行业标准，而不仅仅是一般的质量标准。

本罪为结果犯，其不仅要求有生产、销售上述不符合标准的产品的行为，而且还必须造成严重后果才可构成本罪。

本罪属选择性罪名，实施生产或者销售行为之一的，均可构成本罪。生产不符合安全标准的产品的，定生产不符合安全标准的产品罪，销售不符合安全标准的产品的，定销售不符合安全标准的产品罪。既生产又销售的，定生产、销售不符合安全标准的产品罪，不实行数罪并罚。

（3）主体要件　本罪的主体要件为一般主体，即达到刑事责任年龄、具有刑事责任能力的任何人均可构成本罪。单位也能构成本罪的主体。

（4）主观要件　本罪是故意犯罪。这种故意在生产环节上表现为，对所生产的电器、压力容器等产品是否符合标准采取放任的态度，或者明知所生产的产品不符合保障人身、财产安全的有关标准而仍然继续生产的；在销售环节上表现为，明知所销售的产品不符合标准而仍然予以出售的。过失行为不能构成本罪，如虽然严格要求了产品质量，但因为某一疏忽行为而导致出现了不合格产品。生产、销售不符合安全标准的产品罪的犯罪目的，一般来说只能是为了谋取经济利益。必须指出的是，造成严重后果不是本罪行为人之主观追求，更非犯罪目的，但行为人对可能发生的危害后果，基本上是处于放任的主观心态。假设行为人的主观目的是为了造成某种严重后果，则构成一种性质的更为严重的犯罪。

3. 销售不符合安全标准产品罪的刑罚

犯本条所定之罪，依其情节承担如下处罚：

1）生产不符合保障人身、财产安全的国家标准、行业标准的电器、压力容器、易燃易爆产品或者其他不符合保障人身、财产安全的国家标准、行业标准的产品，或者销售明知是以上不符合保障人身、财产安全的国家标准、行业标准的产品，造成严重后果的，处5年以下有期徒刑或者拘役，并处销售金额50%以上2倍以下罚金。

2）后果特别严重的，处5年以上有期徒刑，并处销售金额50%以上2倍以下罚金。

3）单位犯本罪的，对单位判处罚金，并对其直接负责的主管人员和其他责任人员，依据本条规定处罚。

【案例8-7】　2005年5—7月，辽源市龙山区纺织电气安装队根据合同，负责辽源市中心医院两期配电改造工程施工。由于该安装队在施工中使用相关企业、个人生产销售的不合格电缆，并违规敷设电缆，医院有关人员未认真履行监管职责，进行违规操作等原因，从而留下重大事故隐患。

2005年12月15日16时许，辽源市中心医院发生停电，电工室值班人员进行操作恢复供电后，随即出现火情。而该医院相关人员未及时采取报警、紧急疏散医患人员等有效措施，致使灾情扩大。此次火灾造成37人死亡，46人重伤，49人轻伤，烧毁建筑面积

5714m², 直接财产损失 800 多万元。案发后，检察机关对生产销售不合格电缆，违规施工操作，未认真履行监管职责的 13 名责任人提起公诉。辽源市中级人民法院作出一审判决，其中销售环节责任人王××、宋××、魏××、杜××被以销售不符合安全标准产品罪，分别判处有期徒刑 4 年或 3 年不等。

（八）滥用职权罪

1. 滥用职权罪的概念

滥用职权罪是指国家机关工作人员违反法律规定的权限和程序，滥用职权，致使公共财产、国家和人民利益遭受重大损失的行为。

2. 滥用职权罪的构成

（1）客体要件　滥用职权罪侵犯的客体是国家机关的正常活动。由于国家机关工作人员滥用职权，致使国家机关的某项具体工作遭到破坏，给国家、集体和人民利益造成严重损害，从而危害了国家机关的正常活动。滥用职权罪侵犯的对象可以是公共财产或者公民的人身及其财产。

（2）客观要件　滥用职权罪客观方面表现为滥用职权，致使公共财产、国家和人民利益遭受重大损失的行为。

滥用职权是指不法行使职务上的权限的行为。首先，滥用职权应是滥用国家机关工作人员的一般职务权限，如果行为人实施的行为与其一般的职务权限没有任何关系，则不属于滥用职权。其次，行为人或者是以不当目的实施职务行为或者是以不法方法实施职务行为；在出于不当目的实施职务行为的情况下，即使从行为的方法上看没有超越职权，也属于滥用职权。最后，滥用职权的行为违反了职务行为的宗旨，或者说与其职务行为的宗旨相悖。

滥用职权的行为主要表现为以下几种情况：一是超越职权，擅自决定或处理没有具体决定、处理权限的事项；二是玩弄职权，随心所欲地对事项作出决定或者处理；三是故意不履行应当履行的职责，或者说任意放弃职责；四是以权谋私、假公济私，不正确地履行职责。

滥用职权的行为，必须致使公共财产、国家和人民利益造成重大损失的结果时，才构成犯罪。根据《最高人民检察院关于渎职侵权犯罪案件立案标准的规定》（2005 年 12 月 29 日最高人民检察院第十届检察委员会第四十九次会议通过）涉嫌下列情形之一的，应予立案：①造成死亡 1 人以上，或者重伤 2 人以上，或者重伤 1 人、轻伤 3 人以上，或者轻伤 5 人以上的；②导致 10 人以上严重中毒的；③造成个人财产直接财产损失 10 万元以上，或者直接财产损失不满 10 万元，但间接财产损失 50 万元以上的；④造成公共财产或者法人、其他组织财产直接财产损失 20 万元以上，或者直接财产损失不满 20 万元，但间接财产损失 100 万元以上的；⑤虽未达到③、④两项数额标准，但③、④两项合计直接财产损失 20 万元以上，或者合计直接财产损失不满 20 万元，但合计间接财产损失 100 万元以上的；⑥造成公司、企业等单位停业、停产 6 个月以上，或者破产的；⑦弄虚作假，不报、缓报、谎报或者授意、指使、强令他人不报、缓报、谎报情况，导致重特大事故危害结果继续、扩大，或者致使抢救、调查、处理工作延误的；⑧严重损害国家声誉，或者造成恶劣社会影响的；⑨其他致使公共财产、国家和人民利益遭受重大损失的情形。

滥用职权行为与造成的重大损失结果之间，必须具有刑法上的因果关系。滥用职权行为与造成的严重危害结果之间的因果关系错综复杂，有直接原因，也有间接原因；有主要原因，也有次要原因；有领导者的责任，也有直接责任人员的过失行为。构成滥用职权罪，应当追究刑事责任的，则是指滥用职权行为与造成的严重危害结果之间有必然因果联系的行为。否则，一般不构成滥用职权罪，而是属于一般工作上的错误问题的，应由行政主管部门处理。

（3）主体要件　滥用职权罪主体是国家机关工作人员。国家机关是指国家权力机关、各级行政机关和各级司法机关，因此，国家机关工作人员，是指在各级人大及其常委会、各级人民政府和各级人民法院和人民检察院中依法从事公务的人员。

（4）主观要件　滥用职权罪在主观方面表现为故意，行为人明知自己滥用职权的行为会发生致使公共财产、国家和人民利益遭受重大损失的结果，并且希望或者放任这种结果发生。从司法实践来看，对危害结果持间接故意的情况比较多见。至于行为人是为了自己的利益滥用职权，还是为了他人利益滥用职权，则不影响滥用职权罪的成立。

3. 滥用职权罪的刑罚

根据《刑法》第397条，国家机关工作人员滥用职权或者玩忽职守，致使公共财产、国家和人民利益遭受重大损失的，处3年以下有期徒刑或者拘役；情节特别严重的，处3年以上7年以下有期徒刑。根据本条第2款规定，徇私舞弊犯滥用职权罪的，处5年以下有期徒刑或者拘役；情节特别严重的，处5年以上10年以下有期徒刑。

【案例8-8】　2008年2月27日凌晨4时许，深圳市南山区南方金属大厦一楼深圳市龙飞再生物资回收有限公司的非法废品回收加工站发生重大火灾，造成15人死亡，3人受伤，过火面积1500m^2，直接财产损失达1400多万元。

法院审理相关刑事责任过程中查实，2007年1月28日，南山消防大队接到南山区安全管理委员会办公室督办函，称南方金属大厦内有两家工厂存在消防安全隐患问题，原深圳市公安局消防支队南山大队政委黄××批示并通知该大队防火科副科长曾××安排辖区防火员姚×去检查。姚×检查发现南方金属大厦存在重大消防安全隐患及产权不明、层层转租、管理混乱等严重问题。在此期间，南方金属公司董事长詹×得知该情况后，即通过深圳市消防局某人向曾××打招呼，要求免除处罚。曾××将说情的情况报告黄××后，黄××表示同意给予南方金属公司关照，从轻处理。此后，黄××、曾××等未再对龙飞公司等5家公司进行检查及进一步采取相关措施。

法院认为，黄××的行为构成滥用职权罪。曾××的行为同样构成滥用职权罪。然而两人在2007年12月后不再主管防火业务，该火灾事故发生在2008年2月，但法院仍认定，两人对火灾的发生负有责任，均构成滥用职权罪，各判处有期徒刑5年，曾××同时还利用职务之便，收受他人财物，为他人谋取利益，数额较大，其行为已构成受贿罪，判处1年6个月，两罪并罚执行刑期6年。

（九）玩忽职守罪

1. 玩忽职守罪的概念

玩忽职守罪是指国家机关工作人员严重不负责任，不履行或不正确地履行自己的工作职责，致使公共财产、国家和人民利益遭受重大损失的行为。

2. 玩忽职守罪的构成

（1）客体要件　本罪侵犯的客体是国家机关的正常活动。由于国家机关工作人员对本职工作严重不负责，不遵纪守法，违反规章制度，玩忽职守，不履行应尽的职责义务，致使国家机关的某项具体工作遭到破坏，给国家、集体和人民利益造成严重损害，从而危害了国家机关的正常活动。本罪侵犯的对象可以是公共财产或者公民的人身及其财产。

（2）**客观要件** 本罪在客观方面表现为国家机关工作人员违反工作纪律、规章制度，擅离职守，不尽职责义务，或者不正确履行职责义务，致使公共财产、国家和人民利益遭受重大损失的行为。

1）本罪的客观要件必须有违反国家工作纪律和规章制度，玩忽职守的行为，包括作为和不作为。所谓玩忽职守的作为，是指国家机关工作人员不正确履行职责义务的行为。有的工作马马虎虎，草率从事，敷衍塞责，违令抗命，极不负责任。有的阳奉阴违，弄虚作假，欺上瞒下，胡作非为等。所谓玩忽职守的不作为，是指国家机关工作人员不尽职责义务的行为，即对于自己应当履行的，而且也有条件履行的职责，不尽自己应尽的职责义务。有的擅离职守，撒手不管；有的虽然未离职守，但却不尽职责，该管不管，该作不作，听之任之等。

2）本罪的客观要件必须具有因玩忽职守，致使公共财产、国家和人民利益造成重大损失的结果。重大损失的标准同滥用职权罪。

3）玩忽职守行为与造成的重大损失结果之间，必须具有刑法上的因果关系。这是确定刑事责任的客观基础。玩忽职守行为与造成的严重危害结果之间的因果关系错综复杂，有直接原因，也有间接原因；有主要原因，也有次要原因；有领导者的责任，也有直接责任人员的过失行为。构成本罪，应当追究刑事责任的，则是指玩忽职守行为与造成的严重危害结果之间有必然因果联系的行为，否则，一般不构成玩忽职守罪，而是属于一般工作上的错误问题，应由行政主管部门处理。

（3）**主体要件** 本罪的主体是国家机关工作人员。国家机关是指国家权力机关、各级行政机关和各级司法机关，因此，国家机关工作人员，是指在各级人大及其常委会、各级人民政府、各级人民法院和人民检察院中依法从事公务的人员。

（4）**主观要件** 本罪在主观方面由过失构成，故意不构成本罪，也就是说，行为人对于其行为所造成重大损失结果，在主观上并不是出于故意而是由于过失造成的。也就是他应当知道自己擅离职守或者在职守中马虎从事对待自己的职责，可能会发生一定的社会危害结果，但是他疏忽大意而没有预见，或者是虽然已经预见到可能会发生，但他凭借自己的知识或者经验而轻信可以避免，以致发生了造成严重损失的危害结果。行为人主观上的过失是针对造成重大损失的结果而言，但并不排斥行为人对违反工作纪律和规章制度或对自己的作为和不作为行为则可能是故意的情形。如果行为人在主观上对于危害结果的发生不是出于过失，而是出于故意，不仅预见到，而且希望或者放任它的发生，那就不居于玩忽职守的犯罪行为，而构成其他的故意犯罪。

3. 玩忽职守罪的刑罚

根据《刑法》第397条，国家机关工作人员滥用职权或者玩忽职守，致使公共财产、国家和人民利益遭受重大损失的，处3年以下有期徒刑或者拘役；情节特别严重的，处3年以上7年以下有期徒刑。

【**案例8-9**】 2008年9月20日，深圳龙岗舞王俱乐部发生特大火灾，造成44人死亡，58人受伤（其中8人重伤），直接财产损失1500多万元。经国务院组织调查组对该火灾事故进行调查后，认定这起事故为重大责任事故，60名事故责任人受到责任追究。其中7名国家公职人员均以玩忽职守罪或合并其他罪名受到起诉。例如，龙岗区公安分局消防大队一中队中队长陈×涉嫌玩忽职守罪被龙岗区检察院提起公诉。检方公诉的理由是，2007年10月以来，龙岗消防大队先后部署近10次消防安全专项检查活动，陈×在明知舞王俱乐部没有通过消防验收和开业前检查的情况下，严重不负责任，导致舞王俱乐部长期非法经营，致使发生特大火灾。之后法院判决陈×犯玩忽职守罪，判处有期徒刑6年。

自学指导

本章学习重点：消防违法行为；消防行政处罚；失火罪；消防责任事故罪。

1）消防违法行为。消防违法行为是指违反《消防法》的规定，应当承担法律责任的行为。

2）消防行政处罚。消防行政处罚是指消防行政主体为维护公共消防安全，依法对违反消防法律、法规而尚未构成犯罪的行政相对人实施的一种法律制裁措施。《消防法》具体规定了对消防违法行为实施行政处罚的种类和实施主体。消防行政处罚的种类包括：警告，罚款，没收违法所得，责令停产停业，责令停止施工、停止使用，责令停止执业或者吊销相应资质、资格，拘留。行政处罚的实施主体是指对消防违法行为做出行政处罚的决定机关又称执法主体，是指有权实施消防行政处罚职权和负责追究有关法律责任的国家行政机关。《消防法》第70条第1款对违反《消防法》行为的行政处罚主体作了规定："本法规定的行政处罚，除本法另有规定的外，由公安机关消防机构决定；其中拘留处罚由县级以上公安机关依照《中华人民共和国治安管理处罚法》的有关规定决定。"

3）失火罪。失火罪是指由于行为人的过失引起火灾，造成严重后果，危害公共安全的行为。失火罪侵犯的客体是公共安全，即不特定多数人的生命、健康或重大公私财产的安全。失火罪在客观方面表现为行为人实施引起火灾，造成严重后果，危害公共安全的行为。失火罪的主体为一般主体，凡达到法定刑事责任年龄、具有刑事责任能力的人均可成为本罪主体。失火罪在主观方面表现为过失。

4）消防责任事故罪。消防责任事故罪是指违反消防管理法规，经消防监督机构通知采取改正措施而拒绝执行，造成严重后果的行为。消防责任事故罪侵犯的客体是国家的消防监督管理制度和公共安全。消防责任事故罪的客观方面表现为行为人违反消防管理法规，经消防监督机构通知采取改正措施而拒绝执行，造成严重后果的行为。消防责任事故罪的主体为特殊主体，即指那些对消防安全负有直接责任的人员。消防责任事故罪在主观方面表现为过失。

本章学习难点：消防违法行为及其消防行政处罚。

《消防法》中对消防违法行为及其行政处罚作出了具体的规定，但由于内容较多，不易掌握。本章将其归类为九个方面，方便记忆和理解，可对照《消防法》法律责任一章的条文进行学习。

复习思考题

一、填空题（将正确的答案填写在括号中）

1. 消防安全法律责任主要有（　　）和刑事责任两种形式。

2. 消防行政处罚的种类有：警告，罚款，没收违法所得，（　　），责令停止施工、停止使用，责令停止执业或者吊销相应资质、资格，拘留。

二、简答题

1. 消防行政处罚的种类有哪些？

2. 简述消防安全法律责任的构成要件。
3. 简述失火罪的犯罪构成。

三、案例分析题

【案例 8-10】 2008 年 4 月,王×租用了一处农家小院,开办了名为"阳光乐园"的幼儿园。朝阳区消防部门曾发出通知,要求王×消除幼儿园电气线路存在的火灾隐患。王×未做实质性整改。2009 年 2 月,由于电气线路原因导致该幼儿园发生火灾,造成 1 名女童死亡。

问题:

1. 王×应承担什么法律责任?
2. 可能受到怎样的处罚?

第九章　单位火灾事故管理

学习目标

1. 应了解、知道的内容
◇ 单位火灾事故预防的执勤与战备工作。
◇ 公安机关消防机构火灾事故调查的管辖分工。
◇ 公安机关消防机构火灾事故调查的程序。
◇ 公安机关消防机构火灾事故调查的处理方式。
◇ 火灾事故责任认定程序。

2. 应理解、清楚的内容
◇ 火灾事故原因分析。
◇ 火灾事故调查的任务、目的与原则。
◇ 火灾事故调查的管辖分工。
◇ 火灾事故责任分类。
◇ 主要火灾事故责任的追究方式。

3. 应掌握、会用的内容
◇ 火灾事故等级分类。
◇ 单位火灾事故的防控措施。
◇ 单位火灾事故应急处置的内容。
◇ 初起火灾扑救的基本方法和作战原则。
◇ 起火单位的火灾统计管理。

4. 应熟练掌握的内容
◇ 单位火灾时，正确的报警对象、报警方法和报警内容。
◇ 单位火灾时，人员和物资的安全疏散方法及要求。
◇ 火灾事故调查中起火单位的职责。
◇ 火灾事故处理中起火单位的职责。

自学时数　8学时。

老师导学

本章主要介绍了单位日常火灾防控手段，单位火灾事故应急处置，火灾事故调查与火灾统计的内容与方法，以及相应的火灾事故责任追究等内容。在本章的学习中，应注重理论与实践的结合。熟练掌握单位常见火灾事故原因和火灾防控措施；掌握火灾报警、初起火灾扑救、火场疏散与逃生方法，确保火灾时能正确报警、正确使用灭火工具实施火灾扑救和控制，及时、有效地疏散人员和物资。

单位火灾事故管理是消防安全管理的重要内容之一，它包括日常火灾防控，火灾时的应急处置，灾后的事故调查与处理以及火灾事故统计等内容。单位火灾事故管理是一个循环往复的过程，首先，它通过对以往发生的火灾事故进行统计分析，查找火灾事故发生的主要原因，制定火灾防控措施，加强火灾事故预防；同时，加强教育与训练，提升单位初起火灾扑救能力和配合公安机关消防机构进行火灾事故调查与处理的能力。在此基础上，对新发生的火灾事故进行统计分析，完善火灾防控理念和措施，进一步提高单位消防安全管理水平。

第一节　单位火灾事故防控与战勤准备

一、火灾事故等级分类

凡是时间上和空间上失去控制的燃烧所造成的危害都属于火灾。所有火灾，不论大小都是单位消防安全管理中预防和控制的重点。

根据2007年6月1日起施行的《生产安全事故报告和调查处理条例》以及公安部消防局下发的《关于调整火灾等级标准的通知》，火灾事故按照损失严重程度划分为特别重大火灾事故、重大火灾事故、较大火灾事故以及一般火灾事故四类。

（一）特别重大火灾事故

特别重大火灾事故是指造成30人以上死亡，或者100人以上重伤，或者1亿元以上直接财产损失的火灾。

（二）重大火灾事故

重大火灾事故是指造成10人以上30人以下死亡，或者50人以上100人以下重伤，或者5000万元以上1亿元以下直接财产损失的火灾。

（三）较大火灾事故

较大火灾事故是指造成3人以上10人以下死亡，或者10人以上50人以下重伤，或者1000万元以上5000万元以下直接财产损失的火灾。

（四）一般火灾事故

一般火灾事故是指造成3人以下死亡，或者10人以下重伤，或者1000万元以下直接财产损失的火灾。

上述火灾等级分类所称"以上"包括本数，"以下"不包括本数。

二、火灾事故原因分析

单位在日常消防管理过程中，为了有效预防火灾事故发生，必须正确分析火灾事故发生的原因，有针对性地对各种原因加以预防。

综合各种火灾事故原因分析方法，常见的火灾事故原因分为两大类：一是直接导致火灾事故发生或加速火势蔓延、扩大火灾事故后果的直接原因，包括人的不安全行为和物的不安全状态；二是导致直接原因产生的间接原因，包括技术原因、管理原因、教育原因以及人的身体和精神原因等。

应该说，单位性质不同，火灾事故原因也不尽相同，这就要求单位消防安全管理人结合本单位特点，从燃烧产生的条件出发，借助行业火灾事故的经验教训，按照人、机、环的系统原理，运用火灾风险评估方法，从经验总结和风险预测两个方面，分析单位火灾事故发生的直接原因，之后，认真探究导致直接原因产生的间接原因。常见的火灾事故原因列举如下：

（一）直接原因

1. 起火的主要原因

起火的主要原因有：

1) 员工违章（违规）操作。
2) 吸烟、使用明火不慎失火。
3) 故意放火。
4) 机器设备故障。
5) 电气线路老化或过负荷运行。
6) 物质自燃。
7) 摩擦或静电起火。
8) 爆炸起火。
9) 高温聚热。
10) 雷击、闪电、地震等自然灾害起火。

2. 加速火势蔓延和灾害扩大的原因

加速火势蔓延和灾害扩大的原因有：

1) 易燃、可燃或有毒性材料装修。
2) 疏散通道、安全出口不畅。
3) 建筑防火分区破坏。
4) 消防产品不合格或功能失效。
5) 建筑消防设施失灵。

（二）间接原因

引发火灾事故的间接原因有：

1) 消防设计上存在缺陷，布局不合理。
2) 施工技术上存在缺陷，建设、安装不符合要求。
3) 评估、检验、检测技术落后，难以发现隐患。
4) 单位消防安全意识不强，违规操作。
5) 各项消防安全制度不健全、不落实。
6) 消防安全管理不到位、设备设施疏于维护、消防安全检查流于形式。
7) 物品管理混乱，未按照物质特性进行分类或特殊封存。
8) 缺乏消防安全教育长效机制，消防安全教育内容脱离实践需求。
9) 员工身体或精神状态与安全生产需求不符。

三、单位火灾事故防控措施

借鉴上述列举的常见火灾事故原因，单位消防安全管理人应实事求是，结合本单位的使用性质和特点进行分析评估，确定本单位发生火灾事故的可能因素、重点部位或重点人员，从技术、管理及教育的角度制定火灾防控措施。

（一）技术措施

单位火灾事故预防的主要技术措施有以下几个方面：

1) 按照标准进行消防设计，选购国家产品质量认证机构认证合格的消防产品，确保单位整体布局合理，设备、设施及消防产品合格、有效。

2）加强技术监督，选用有资质的施工单位进行工程建设或产品安装。

3）加强技术人才培养与引进，确保先进科学技术方法的合理运用，及时发现和正确整改火灾隐患。

4）为危险部位或场所安装可提高消防安全性能的防护设施。

5）借助防火、耐火材料，防爆、防雷击产品进行相应的技术改造，提高单位消防安全水平。

（二）管理措施

火灾事故调查与统计表明，80%以上火灾是由于人的不安全行为导致的，而人的因素多源于单位消防安全管理问题。常见的消防安全管理措施有如下几个方面：

1）建立健全单位各项消防安全管理制度，明确各岗位消防安全职责。

2）落实消防安全管理制度，确保员工正确履行岗位职责，避免违规操作和违法作业。

3）根据岗位特点制定消防安全操作规程，使员工的消防安全生产有据可依。

4）加强单位消防安全检查与巡查，及时发现、认定和整改火灾隐患。

5）加强危险物品管理，从控制可燃物、隔绝助燃物、清除起火源的角度进行分类管理。

6）加强设备、设施维护保养，确保其运行安全及功能有效。

（三）教育措施

消防安全教育是单位乃至社会提高消防安全素质的根本途径，单位消防安全教育的主要措施包括：

1）加强单位消防安全宣传教育，提高员工消防安全意识和履行消防安全制度的自觉性。

2）完善消防安全培训制度，尤其是消防安全重点岗位员工要定期培训，确保其消防安全知识和技能与工作岗位匹配。

3）论证并完善消防安全宣传教育的内容。根据单位特点设计宣传教育的内容，体现教育内容与实践需要的紧密联系；与此同时，根据时间、人物及环境变化，及时更新和充实宣传教育的内容。

4）加强消防法律、法规的宣传，促使员工知法、懂法、守法，避免消防违法行为的发生；同时了解公安机关消防机构的职责，日常工作生活中做好配合。

四、单位火灾事故防控的执勤与战备

在单位消防安全管理过程中，为了有效控制火灾事故的发生与发展，除采取上述措施进行积极防控外，还应组建专职和志愿消防队，培训专（兼）职消防队员，通过日常的执勤、战备管理，确保单位消防安全。

（一）单位专职消防队的执勤管理

专职消防队是单位乃至社会消防应急救援的重要组成部分，其装备配备和人员构成都是根据单位实际，参考公安现役消防队伍建设标准进行建设，并接受公安消防队培训和验收的专业灭火力量。因此，建有专职消防队的单位，日常执勤、战备主要由该支队伍完成。

1. 应建立专职消防队的单位范围

根据《消防法》第 39 条规定,下列单位应建立单位专职消防队,承担本单位的火灾扑救工作:

1）大型核设施单位、大型发电厂、民用机场、主要港口。
2）生产、储存易燃易爆危险品的大型企业。
3）储备可燃的重要物资的大型仓库、基地。
4）1）、2）、3）项以外的火灾危险性较大、距离公安消防队较远的其他大型企业。
5）距离公安消防队较远、被列为全国重点文物保护单位的古建筑群的管理单位。

2. 单位专职消防队的执勤力量构成

单位专职消防队执勤力量由执勤人员和执勤器材装备组成。执勤人员包括执勤队长、战斗班长、战斗员、供水员、驾驶员和通信员组成。执勤队长由队长、指导员轮流担任。专职消防队必须按照有关标准和规定要求,配备消防车辆、随车工具和个人装备。

3. 单位专职消防队执勤力量的管理要求

执勤力量的管理应当符合以下要求:

1）各专职消防队必须建立严格的战备值班制度,保证不间断值班。
2）专职消防队必须坚持每天勤务交接班制度。交接班由执勤队长组织,列队进行,主要内容是：调整落实执勤力量,检查、清点器材装备,安排执勤工作。
3）专职消防队进行业务训练时,应当避免使用执勤器材装备,保持通信联络畅通,随时做好战斗准备。
4）除了特殊应急情况外,专职消防队的执勤人员和车、泵不得用于非消防方面的工作。擅自动用的,必须严肃处理；影响火灾扑救,造成后果的,要追究当事人和有关领导的责任。
5）执勤器材装备的管理必须实行责任制,由执勤人员分工负责维护,做到日检查、周维护,保证处于良好的战备状态。
6）消防车库内执勤车辆的停放和个人装备的放置必须符合实战需要,有利于执勤出动。车库内必须保持卫生整洁,不准住人和存放与执勤无关的其他物品,严禁挪作他用。采用保暖措施时,要确保安全。

（二）单位专职消防队的战备制度

单位专职消防队应始终保持良好的战备状态,不断提高快速反应能力,保证执勤任务的圆满完成,专职消防队实行等级战备制度。战备等级分为经常性战备、二级战备和一级战备。其中,二级战备和一级战备是单位专职消防队承担日常执勤任务之外的其他类似重大节日、重大活动、重大自然灾害等抢险救援行动所处的战备状态。根据《消防法》第 37 条规定的"公安消防队、专职消防队按照国家规定承担重大灾害事故和其他以抢救人员生命为主的应急救援工作",该条规定赋予了专职消防队更广阔的职责范围。

专职消防队在完成经常性执勤任务时所保持的战斗准备状态为经常性战备。经常性战备的基本内容和要求是:

1）必须昼夜执勤,常备不懈,时刻保持战备状态。
2）必须确保执勤人员的在位率,执勤装备的完好率。
3）必须按照规定的要求严格组织教育训练,严格一日生活制度。
4）执勤人员必须按照分工,负责检查,保养和管理执勤器材装备,保持战备状态。

5）各类执勤人员必须按照职责，做好灭火战斗准备，接到报警迅速出动，完成扑灭火灾和抢险救援任务。

6）完成任务返队后，要求做到以下几点：

① 消防车（艇）要迅速补充油、气、水、电、灭火剂，检查保养车辆，发现故障及时排除。

② 对使用过的随车（艇）器材要彻底擦拭清洗。

③ 认真仔细清点器材，发现丢失和损坏，应登记造册，查明原因，及时上报，急需用的器材要及时修复和补充配足。

第二节 单位火灾事故应急处置

单位不仅要做好火灾事故的预防工作，而且还应掌握必要的火灾事故应急处置措施，在单位发生火灾事故时，能紧急、有序地进行火灾事故处置，最大限度地控制火灾事故蔓延，减少或降低火灾事故造成的危害。

根据火灾发生、发展的阶段，单位应采取不同措施紧急应对。

一、报告火警

发现火灾及时报警是每个公民应尽的义务。《消防法》第44条规定："任何人发现火灾都应当立即报警。任何单位、个人都应当为无偿报警提供便利，不得阻拦报警。严禁谎报火警。"因此，正确报告火警是单位火灾应急管理的首要任务。

（一）报警对象

单位发生火灾时，第一时间应该报警，报警对象包括几下组织或成员：

1）向单位内部员工发出火灾警报。此种警报一方面可以使处于火场的人员安全撤离；另一方面可以召集他们前来参加初起火灾扑救或进行重要（易燃易爆）物资疏散；同时向周边群众发出火灾警报，实现避让提醒的职责。

2）本单位有专职、志愿消防队的，应迅速向他们报警。因为他们一般离火灾现场较近，能较快到达火场，并且作为单位灭火救援专业力量，其消防装备更符合火场需求。

3）向公安现役消防队报警。公安现役消防队是灭火的主要力量，尽管失火单位有专职消防队，相关负责人也应向公安现役消防队报警，不可等本单位扑救不了时再向公安消防队报警，更不能因担心影响评优、评先、评奖金，而不报告火警，那会延误灭火时机。

4）向受火灾威胁的人员发出警报，要他们迅速做好疏散准备。发出警报时，相关负责人要根据火灾发展情况作出局部或全部疏散的决定，并告诉火场群众保持镇静，避免慌乱引起拥挤、踩踏事故。

（二）报警方法

1. 向单位和周围的人群报警

向单位和周围的人群报警时，报警人可以使用电话、警铃、汽笛等手动报警设施或其他平时约定的手段报警；派人到本单位（地区）的专职消防队报警；使用有线广播报警。农村地区可以使用敲锣等方法报警或大声呼喊等方法报警。

2. 向公安现役消防队报警

向公安现役消防队报警时，报警人可以拨打"119"火灾报警电话迅速实现报警。当没有电话且离消防队较近时，可迅速到消防队报警。总之，方法要因地制宜，以最快的速度将火警报告出去。

（三）报警内容

在拨打火警电话向公安现役消防队报警时，必须讲清楚以下内容：

1. 发生火灾单位或个人的详细地址

报警首先应讲清楚单位所在的街道名称，门牌号码，靠近何处；农村发生火灾要讲明县、乡（镇）、村庄名称；大型企业要讲明分厂、车间或部门；高层建筑要讲明第几层楼等。总之，地址要讲得明确、具体。

2. 起火物质特征

起火物质特征如房屋、商店、油库、露天堆场等；房屋起火最好讲明何种建筑，如棚屋、砖木结构、新式工房、高层建筑等；尤其要注意讲明的是起火物为何物，如液化石油气、汽油、化学试剂、棉花、麦秸等都应讲明白，以便公安机关消防机构根据情况派出相应的灭火车辆。

3. 火势情况

火势情况如"只见冒烟""有火光""火势猛烈"，或"有两间房屋起火了"等一些具体状态描述。

4. 联系方式

报警人报警时应说明报警人姓名及所用电话的号码，以便公安机关消防机构电话联系，了解火场情况。报警之后，有条件的还应派人到路口接应消防车。

二、扑救初起火灾

根据火灾发生发展的规律，火灾初起阶段，燃烧面积不大，火灾现场温度不高，此时用正确的方法、较少的人力和灭火器材，就能有效地控制火势蔓延或扑灭火灾。所以，有效实施初起火灾扑救是单位应当具备的能力。

【案例9-1】 1998年9月29日某家具厂因厂房内的用电设备过负荷产生高温引燃配电箱及房顶上的油毡发生火灾。火灾初起时，该厂职工胡×正在配电箱附近干活，当他发现配电箱冒烟时，旁边就放有两具干粉灭火器，只要使用两具灭火器灭火，该小火很快就会扑灭，但遗憾的是胡×并没有使用灭火器灭火，而是出去报警和叫人灭火，待胡×和其他职工赶来灭火时，大火已烧穿房顶冲向天空，使投资30万元的36间厂房及家具、木料、油漆和三合板全部化为灰烬。无独有偶，同因配电箱过负荷引起火灾的另一家具厂，在场的本厂职工许×发现后，一边叫人去报警，一边立即使用身边的灭火器灭火，不到3min就将火势控制，当消防队赶到现场时，火已被扑灭，除了烧毁一个配电箱外，无其他损失。由此可见，培养员工树立扑救初起火灾的意识和掌握常用火灾扑救方法对于单位消防安全至关重要。

单位专职消防队和其他灭火救援力量应根据火灾现场燃烧物质特性以及现有消防设施器材和其他灭火工具的功能，结合燃烧与灭火理论，从冷却灭火法、隔离灭火法、窒息灭火法和抑制灭火法中选择一种或几种可行性方案进行初起火灾扑救。单位初起火灾扑救时应遵循正确的作战原则与指挥要点。

(一) 初起火灾扑救的基本作战原则

初起火灾扑救通常是指专职消防队未能到达火场以前,对刚发生的火灾事故所采取的处理措施。单位扑救初起火灾时,应遵循"救人第一","先控制、后消灭","先重点、后一般"的基本作战原则。

1. "救人第一"的原则

"救人第一"原则是指火场上如果有人受到火势威胁,各单位消防人员、保安人员及在场群众的首要任务就是把被火围困的人员抢救出来。运用这一原则,要根据火势情况和人员受火势威胁的程度而定。在灭火力量较强时,灭火和救人可以同时进行,但绝不能因灭火而贻误救人时机。人未救出之前,灭火是为了打开救人通道或减弱火势对人员威胁程度,从而更好地为救人脱险,为及时扑灭火灾创造条件。

2. "先控制、后消灭"的原则

"先控制、后消灭"原则是指对于不可能立即扑灭的火灾,要首先控制火势的继续蔓延扩大,在具备了扑灭火灾的条件时,再展开全面进攻,一举消灭。单位专职消防队组织灭火时,应根据火情和自身能力灵活把握这一原则。如火势较大,灭火力量相对薄弱,或因其他原因不能立即扑灭时,就要把主要力量放在控制火势发展或防止爆炸、泄漏等危险情况发生上,为公安现役消防队到场赢得时间,为彻底扑灭火灾创造有利条件。"先控制、后消灭"的原则在灭火过程中是紧密相连不能截然分开的,对于能扑灭的火灾,要抓住战机,迅速消灭。

3. "先重点、后一般"的原则

"先重点、后一般"原则是就整个火场情况而言的。运用这一原则,要全面了解并认真分析火场的情况,主要是:

1) 人和物相比,救人是重点。
2) 贵重物资和一般物资相比,保护和抢救贵重物资是重点。
3) 火势蔓延猛烈的方面和其他方面相比,控制火势蔓延猛烈的方面是重点。
4) 有爆炸、毒害、倒塌危险的方面和没有这些危险的方面相比,处置爆炸、毒害、倒塌危险的方面是重点。
5) 火场上的下风方向与上风、侧风方向相比,下风方向是重点。
6) 可燃物集中区域和可燃物较少的区域相比,可燃物集中区域是保护重点。
7) 要害部位和其他部位相比,要害部位是火场上的重点。

(二) 初起火灾扑救的指挥要点

实践证明,单位初起火灾的扑救与控制工作主要依赖于企业员工和单位专职消防队伍,因为他们不仅离火灾现场较近,能迅速到达火场展开战斗,同时,他们最熟悉和了解本单位的基本情况,对于火势发展蔓延以及危险部位有很好的判断能力。因此,考虑到专职消防队伍的专业性,当其到达火场时,单位初起火灾扑救由专职消防队的领导负责组织指挥,组织指挥工作主要做好以下几点:

1. 及时报警,组织扑救

无论在任何时间和场所,一旦发现起火,单位专职消防队的领导都要立即报警,并参与和组织群众扑救火灾。报警的对象、内容、方法和要求如前所述。

2. 积极抢救被困人员

当火场上有人被围困时,单位专职消防队的领导要在确保施救人员安全的基础上,组织身强力壮人员,积极抢救人员生命。但不得组织残疾人、未成年人参加火灾扑救。

3. 疏散物资,建立空间地带

单位专职消防队的领导在火场上要组织一定的人力和机械设备,将受到火势威胁的物资疏散到安全地带,以阻止火势的蔓延,减少火灾损失。

4. 防止扩大环境污染

火灾的发生,往往会对环境造成污染。泄漏的有毒气体、液体和灭火用的泡沫等还会对大气或水体造成污染。有时,燃烧的物料不及时扑灭只会对大气造成污染,如果扑灭早了反而还会对水体造成更严重的污染。因此,当遇到类似火灾时,如果燃烧的火焰不会对人员或其他建筑物、设备构成威胁时,在泄漏的物料无法收集的情况下,灭火指挥员应当果断的决定,宁肯让其烧完也不宜将火扑灭,以避免对环境造成更大的污染等危害。

单位专职消防队按照上述原则组织初起火灾扑救,但公安现役消防队到场后,专职消防队应将灭火指挥权及时移交给公安现役消防队到场的最高指挥员,由公安现役消防队统一组织指挥。单位专职消防队应当尽可能向公安现役消防队讲明起火部位的基本情况,建筑物及其内部的有关情况,如建筑物结构、建筑内是否有被困人员或危险化学品等,以便公安现役消防队正确判断火灾形势,为确定科学施救方案提供可靠依据。同时,单位专职消防队还应服从和配合公安现役消防队,为公安现役消防队抢救人员、扑救火灾提供便利和条件。

三、安全疏散

安全疏散是减少人员伤亡和财产损失的一个非常重要的途径。从目前全国的火灾统计数据来看,人员伤亡最大的直接原因主要有三个方面:

第一,单位不重视安全疏散与逃生,把疏散门、疏散通道堵上,或者不设疏散门。

第二,单位员工不会组织现场群众逃生,遇到火灾不及时组织现场群众逃生,而是自己溜之大吉。

第三,人们不懂得正确的逃生方法,平时讲时事不关己,遇到火灾惊恐万分,慌乱不知所措,被浓烟活活熏死或盲目跳楼摔死。

【案例9-2】 1994年12月8日,新疆克拉玛依友谊馆发生火灾,火灾时,8个安全出口竟然有7个上锁,当消防队员破拆开"死亡之门",门内横七竖八躺着不少人体,一个摞着一个,足有大半个人高。据统计,此次火灾共造成355人死亡,130多人重伤(残)。

2002年6月16日凌晨,北京市海淀区蓝极速网吧发生火灾,由于逃生通道和外窗都被防护栏封死,网吧内被困学生无处逃生,只能等待消防官兵的破拆救助,最终导致25人死亡,12人受伤。

2008年11月14日早晨6时10分左右,上海商学院徐汇校区一个学生宿舍楼发生火灾,火势迅速蔓延导致烟火过大,宿舍内4名女生因恐慌而从6楼宿舍阳台跳楼逃生,不幸全部遇难。

因此,单位应保持疏散通道畅通,并学会组织人员安全疏散;员工应掌握正确的逃生方法,对于减少火灾危害意义重大。

(一)人员的安全疏散

人员疏散的方法很多,要根据其所处火场位置及人员自身情况,合理判断、准确选择。

1. 自救疏散

火灾时被困人员必须坚定自救意识,不要惊慌失措,应冷静观察,借助掌握的疏散逃生技巧进行逃生。如刚得知起火信息,火势不大时,被困人员应通过安全疏散通道和安全出口快速跑离火场;当火势蔓延、烟气较大时,被困人员应采取低姿势行走或匍匐穿过浓烟区的方法逃生,有条件的,还应当用湿毛巾捂住口鼻迅速撤离;当被困人员人身衣帽着火时,应尽快把衣帽脱掉,或就地打滚,切记不能奔跑,那样会使身上的火更旺,还会把火种带到其他场所,引起新的火点;当被困高楼,无法通过安全疏散通道逃生时,被困人员不能盲目跳楼,应借助结绳、雨水管等方式安全逃生。

2. 引导疏散

火灾初期,单位组织人员疏散时,如果人员较多或能见度很差,应在熟悉疏散的人员带领下,鱼贯地撤离起火点。带领人可用绳子牵领,用"跟着我"的喊话或前后扯着衣襟的方法将人员撤至室外或安全地带。

3. 等待救援

火灾发生时,如果被困在三楼以上,烟火已经将所有的逃生通道封堵或烧毁,此时,被困人员绝不能跳楼,可转移到其他较为安全的地方,耐心等待救援。等待中应注意观察所处位置的安全状态,借助窗户和彩色布条挥动、呼喊,引人救援。

(二) 物资的安全疏散

火场上的物资疏散应该是有组织地进行,目的是为了最大限度地减少损失,防止火势蔓延和扩大。

1. 急于疏散的物资

急于疏散的物资具体包括:

1) 疏散那些可能扩大火势和有爆炸危险的物资。例如,起火点附近的汽油、柴油油桶,充装有气体的钢瓶以及其他易燃、易爆和有毒的物品。

2) 疏散性质重要、价值昂贵的物资。例如,档案资料、高级仪器、珍贵文物以及经济价值大的原料、产品、设备等。

3) 疏散影响灭火战斗的物资。例如,妨碍灭火行动的物资、怕水的物资等。

2. 组织物资疏散的要求

组织物资疏散的要求有:

1) 将参加疏散的职工或群众编成组,指定负责人,使整个疏散工作有秩序地进行。

2) 先疏散受水、火、烟威胁最大的物资。

3) 疏散出来的物资应堆放在上风向的安全地点,不得堵塞通道,并派人看护。

4) 尽量利用各类搬运机械进行疏散,如单位的起重机、输送机、汽车、装卸机等。

5) 怕水的物资应用苫布进行保护。

第三节 火灾事故调查

单位火灾事故发生以后,公安机关消防机构除调集警力立即展开火灾扑救工作外,还应在第一时间派出相关工作人员赶赴火灾现场,展开火灾事故调查工作。

各单位应熟悉公安机关消防机构火灾事故调查工作的相关内容和程序,一方面为更好地配合有关部门展开事故调查奠定基础；另一方面有助于单位更清楚地了解火灾事故发生发展过程，学习专业部门调查、分析火灾事故的方法，积累经验，为日后加强单位火灾事故管理创造条件。

一、火灾事故调查的任务、目的与原则

（一）火灾事故调查的任务

公安机关消防机构实施火灾事故调查的任务包括以下四个方面：

1）调查火灾原因。
2）统计火灾损失。
3）依法处理火灾事故。
4）总结火灾教训。

（二）火灾事故调查的目的

火灾事故调查的目的具体可概括为以下几个方面：

1）调查、认定火灾原因，统计火灾损失，查明火灾事故责任，依法提出处理意见。
2）发现并总结火灾发生、发展的规律和特点，根据这些规律和特点，采取相应的预防措施，有针对性地向群众宣传，提高群众的防火警惕性。
3）检验防火措施所取得的实际效果和存在的具体问题，并为修订消防规范、安全制度提供依据，使消防规范、措施日趋完善，消防技术不断提高。
4）提高灭火效率，为火灾统计、消防管理及消防科研提供基础资料。
5）利用火灾事故调查所积累的资料，为消防安全宣传工作提供生动的素材和实例。

（三）火灾事故调查的原则

公安机关消防机构在火灾事故调查过程中应当坚持及时、客观、公正、合法的原则。任何单位和个人不得妨碍和非法干预火灾事故调查工作。

二、火灾事故调查的管辖

（一）火灾事故调查管辖的一般分工

通常情况下，火灾事故调查由火灾发生地公安机关消防机构按下列规定分工进行：

1）一次火灾死亡10人以上的，重伤20人以上或者死亡、重伤20人以上的，受灾50户以上的，由省、自治区人民政府公安机关消防机构负责组织调查。
2）一次火灾死亡1人以上的，重伤10人以上的，受灾30户以上的，由设区的市或者相当于同级的人民政府公安机关消防机构负责组织调查。
3）一次火灾重伤10人以下或者受灾30户以下的，由县级人民政府公安机关消防机构负责调查。
4）直辖市人民政府公安机关消防机构负责组织调查一次火灾死亡3人以上的，重伤20人以上或者死亡、重伤20人以上的，受灾50户以上的火灾事故，直辖市的区、县级人民政府公安机关消防机构负责调查其他火灾事故。
5）仅有财产损失的火灾事故调查，由省级人民政府公安机关结合本地实际作出管辖规定，报公安部备案。

（二）管辖中的特殊情况

1）跨行政区域的火灾，由最先起火地的公安机关消防机构按照上述分工标准负责调查，相关行政区域的公安机关消防机构予以协助。对管辖权发生争议的，报请共同的上一级公安机关消防机构指定管辖。县级人民政府公安机关负责实施的火灾事故调查管辖权发生争议的，由共同的上一级主管公安机关指定。

2）公安机关消防机构接到火灾报警，应当及时派员赶赴现场，并指派火灾事故调查人员开展火灾事故调查工作。具有下列情形之一的，公安机关消防机构应当立即报告主管公安机关通知具有管辖权的公安机关刑侦部门，公安机关刑侦部门接到通知后应当立即派员赶赴现场参加调查；涉嫌放火罪的，公安机关刑侦部门应当依法立案侦查，公安机关消防机构予以协助：

① 有人员死亡的火灾。
② 国家机关、广播电台、电视台、学校、医院、养老院、托儿所、幼儿园、文物保护单位、邮政和通信、交通枢纽等部门和单位发生的社会影响大的火灾。
③ 具有放火嫌疑的火灾。

3）军事设施发生火灾需要公安机关消防机构协助调查的，由省级人民政府公安机关消防机构或者公安部消防局调派火灾事故调查专家协助。

三、火灾事故调查的简易程序

（一）简易调查程序的适用情形

公安机关消防机构实施调查的火灾事故，同时满足下列情形可采取简易程序进行调查：

1）没有人员伤亡的。
2）直接财产损失轻微的（具体标准由省级人民政府公安机关确定，报公安部备案）。
3）当事人对火灾事故事实没有异议的。
4）没有放火嫌疑的。

（二）简易调查程序的实施步骤

简易调查程序可以由1名火灾事故调查人员调查，并按照下列程序实施：

1）表明执法身份，说明调查依据。
2）调查走访当事人、证人，了解火灾发生过程、火灾烧损的主要物品及建筑物受损等与火灾有关的情况。
3）查看火灾现场并进行照相或者录像。
4）告知当事人调查的火灾事故事实，听取当事人的意见，当事人提出的事实、理由或者证据成立的，应当采纳。
5）当场制作火灾事故简易调查认定书，由火灾事故调查人员、当事人签字或者捺指印后交付当事人。

火灾事故调查人员应当在2日内将火灾事故简易调查认定书报所属公安机关消防机构备案。

四、火灾事故调查的一般程序

除适用简易程序调查的火灾事故外，其余均需按照一般程序要求进行调查。

(一) 一般程序的基本要求

1）火灾事故调查人员不得少于 2 人。必要时，可以聘请专家或者专业人员协助调查。

2）公安部和省级人民政府公安机关应当成立火灾事故调查专家组，协助调查复杂、疑难的火灾。专家组的专家协助调查火灾的，应当出具专家意见。

3）火灾发生地的县级公安机关消防机构应当根据火灾现场情况，排除现场险情，保障现场调查人员的安全，并初步划定现场封闭范围，设置警戒标志，禁止无关人员进入现场，控制火灾肇事嫌疑人。与此同时，公安机关消防机构应当在火灾现场对封闭的范围、时间和要求等予以公告。调查进行中，公安机关消防机构可根据需要，及时调整现场封闭范围，并在现场勘验结束后及时解除现场封闭。

4）公安机关消防机构应当自接到火灾报警之日起 30 日内作出火灾事故认定；情况复杂、疑难的，经上一级公安机关消防机构批准，可以延长 30 日。火灾事故调查中需要进行检验、鉴定的，检验、鉴定时间不计入调查期限。

(二) 一般程序的实施

1. 现场调查

火灾事故调查人员应当根据调查需要，对发现、扑救火灾人员，熟悉起火场所、部位和生产工艺人员，火灾肇事嫌疑人和被侵害人等知情人员进行询问，对火灾肇事嫌疑人可以依法传唤；必要时，可以要求被询问人到火灾现场进行指认。

勘验火灾现场应当遵循火灾现场勘验规则，采取现场照相或者录像、录音，制作现场勘验笔录和绘制现场图等方法记录现场情况。对有人员死亡的火灾现场进行勘验的，火灾事故调查人员应当对尸体表面进行观察并记录，对尸体在火灾现场的位置进行调查。

火灾事故现场需要提取痕迹、物品时，应当按照下列程序实施：

1）量取痕迹、物品的位置、尺寸，并进行照相或者录像。

2）填写火灾痕迹、物品提取清单，由提取人、证人或者当事人签名；证人、当事人拒绝签名或者无法签名的，应当在清单上注明。

3）封装痕迹、物品，粘贴标签，标明火灾名称和封装痕迹、物品的名称、编号及其提取时间，由封装人、证人或者当事人签名；证人、当事人拒绝签名或者无法签名的，应当在标签上注明；提取的痕迹、物品，应当妥善保管。

2. 检验、鉴定

公安机关消防机构对于现场提取的痕迹、物品应当委托依法设立的鉴定机构进行鉴定，并与鉴定机构约定鉴定期限和鉴定检材的保管期限；同时，根据需要委托依法设立的价格鉴证机构对火灾直接财产损失进行鉴定；对有人员死亡的火灾，为了确定死因，公安机关消防机构应当立即通知本级公安机关刑事科学技术部门进行尸体检验。依据公安机关刑事科学技术部门出具的尸体检验鉴定文书，确定死亡原因。

3. 统计火灾损失

受损单位和个人应当于火灾扑灭之日起 7 日内向火灾发生地的县级公安机关消防机构如实申报火灾直接财产损失，并附有效证明材料。公安机关消防机构应当根据受损单位和个人的申报、依法设立的价格鉴定机构出具的火灾直接财产损失鉴定意见以及调查核实情况，按照有关规定，对火灾直接经济损失和人员伤亡进行如实统计。

统计火灾损失是火灾统计最基本的要求，也是火灾统计工作的最基本特征之一，因此，在统计火灾损失过程中，要处理和把握好几点工作方法：一是如果受损单位和个人不按规定申报，公安机关消防机构应当根据火灾现场调查和核实情况，进行火灾直接经济损失统计。二是对于依法设立的价格鉴定机构出具的火灾直接经济损失鉴定结论，可以作为公安机关消防机构统计火灾直接经济损失的依据。三是受损单位和个人因民事赔偿或保险理赔等需要的，可以自行收集有关火灾直接经济损失证据，或者委托依法设立的鉴定机构对火灾直接经济损失进行鉴定。四是公安机关消防机构办理失火罪、消防责任事故罪等案件需要火灾直接经济损失数额的，应当委托政府价格主管部门设立的价格鉴定机构进行鉴定，以其出具的鉴定结论作为刑事案件立案依据，而不能直接引用公安机关消防机构统计的直接经济损失结果。

4. 火灾事故认定

公安机关消防机构应当根据现场勘验、调查询问和有关检验、鉴定意见等调查情况，及时作出起火原因的认定。认定分为两种情形：

1）对起火原因已经查清的，应当认定起火时间、起火部位、起火点和起火原因。

2）对起火原因无法查清的，应当认定起火时间、起火点或者起火部位以及有证据能够排除和不能排除的起火原因。

公安机关消防机构应当制作火灾事故认定书，自作出之日起 7 日内送达当事人，并告知当事人享有申请复核的权利。无法送达的，可以在作出火灾事故认定之日起 7 日内公告送达。公告期为 20 日，公告期满即视为送达。

5. 撰写消防技术调查报告

对较大以上等级的火灾事故或者特殊的火灾事故，公安机关消防机构应当开展消防技术调查，形成消防技术调查报告，逐级上报至省级人民政府公安机关消防机构，重大以上的火灾事故调查报告报公安部消防局备案。调查报告应当包括下列内容：

1）起火场所概况。

2）起火经过和火灾扑救情况。

3）火灾造成的人员伤亡、直接经济损失统计情况。

4）起火原因和灾害成因分析。

5）防范措施。

6. 复核

当事人对火灾事故认定有异议的，可以自火灾事故认定书送达之日起 15 日内，向上一级公安机关消防机构提出书面复核申请；对省级人民政府公安机关消防机构作出的火灾事故认定有异议的，可以向省级人民政府公安机关提出书面复核申请。

复核机构应当自收到复核申请之日起 7 日内作出是否受理的决定并书面通知申请人。对于受理的复核申请，还应书面通知其他当事人和原认定机构。原认定机构应当自接到通知之日起 10 日内，向复核机构作出书面说明，并提交火灾事故调查案卷。原火灾事故认定主要事实清楚、证据确实充分、程序合法、起火原因认定正确的，复核机构应当维持原火灾事故认定。原火灾事故认定具有下列情形之一的，复核机构应当直接作出火灾事故复核认定或者责令原认定机构重新作出火灾事故认定，并撤销原认定机构作出的火灾事故认定：

1）主要事实不清，或者证据不确实充分的。

2）违反法定程序，影响结果公正的。
3）认定行为存在明显不当，或者起火原因认定错误的。
4）超越或者滥用职权的。

复核机构的复核期限为30日，对需要向有关人员进行调查或者火灾现场复核勘验的，经复核机构负责人批准，复核期限可以延长30日。复核审查期间，复核申请人撤回复核申请的，公安机关消防机构应当终止复核。复核以一次为限。

五、公安机关消防机构火灾事故调查的处理

公安机关消防机构在火灾事故调查过程中，应当根据下列情况分别作出处理：

1）涉嫌失火罪、消防责任事故罪的，按照《公安机关办理刑事案件程序规定》立案侦查；涉嫌其他犯罪的，及时移送有关主管部门办理。

2）涉嫌消防安全违法行为的，按照《公安机关办理行政案件程序规定》调查处理；涉嫌其他违法行为的，及时移送有关主管部门调查处理。

3）依照有关规定应当给予处分的，移交有关主管部门处理。

对经过调查不属于火灾事故的，公安机关消防机构应当告知当事人处理途径并记录在案。

公安机关消防机构向有关主管部门移送案件的，应当在本级公安机关消防机构负责人批准后的24h内移送，并根据案件需要附相应的案件移送通知书、案件调查情况、涉案物品清单、询问与现场勘验笔录、检验与鉴定意见以及照相、录像、录音等有关材料。构成放火罪的，火灾现场应当一并移交。

接受案件移送的有关部门应当自移交之日起10日内，进行审查并作出决定。依法决定立案的，书面通知移送案件的公安机关消防机构；依法不予立案的，应当说明理由，书面通知移送案件的公安机关消防机构，并退回案卷材料。

六、火灾事故调查中起火单位的职责

火灾扑灭后，起火单位应当按照公安机关消防机构的要求保护现场，接受事故调查，如实提供数据资料、汇报火灾事故情况，协助公安机关消防机构调查起火原因，统计火灾损失。未经公安机关消防机构同意，不得擅自清理火灾现场。

（一）保护火灾现场

火灾现场是提取、查证起火原因痕迹物证的重要场所，一旦遭到破坏，将直接影响起火原因的调查取证，甚至导致无法查明起火原因。因此，保护火灾现场是做好火灾调查工作的前提。单位应当按照公安机关消防机构的要求，划定保护范围，组织单位员工或配合公安机关消防机构对火灾现场进行警戒，阻止无关人员进入。经公安机关消防机构同意后，方可撤消对火灾现场的保护。

（二）组织安排调查访问对象

火灾调查的一个重要环节是调查访问目击者、知情人、单位有关工作人员，为查明起火原因、分析事故责任、确定责任人员提供线索和证据。单位应当协助公安机关消防机构，及时通知单位有关人员协助调查，如实反映情况。切不可为了单位利益胁迫、诱导有关人员隐瞒火灾事故真相。

（三）如实提供有关文件资料

在火灾事故调查过程中，公安机关消防机构可能需要查阅单位有关设备器材采购管理、值班记录、要事处理、消防安全管理等文件资料，以查明起火原因、统计火灾损失。单位应当根据公安机关消防机构的要求，如实提供相关资料，不得隐匿、涂改和销毁原始资料。

（四）统计财产损失和伤亡情况

单位应当组织有关人员，按照公安机关消防机构的要求，初步统计火灾损失和伤亡情况，并如实提供相关原始凭据和会计资料，便于公安机关消防机构统计火灾损失。与此同时，将统计资料按照单位消防安全管理需要进行分类汇总，归档建设。单位火灾事故统计的具体方法和内容参见本章第五节。

第四节　火灾事故处理

火灾事故调查认定清楚后，为了实现教育社会、警示他人的作用，对火灾事故中的相关责任人应按照法律、法规的规定进行处理。起火单位及相关部门也应借鉴并结合公安机关消防机构作出的火灾事故认定结论，对有关责任人员进行教育与处理。

一、火灾事故责任认定

（一）火灾事故责任者的概念

火灾事故责任者是指引发火灾事故并应承担相应责任的单位和个人。

认定火灾事故责任者必须具备三个条件：一是有火灾事故发生；二是实施了某种行为；三是实施的行为与火灾事故之间存在关系。这里的行为包括作为和不作为，作为是指某人直接实施了某种具体的行为；不作为是指某人赋有某种职责而不履行，最后导致火灾。

（二）火灾事故责任分类

1. 按照火灾事故责任者的行为与火灾事故之间的关系划分

按照火灾事故责任者的行为与火灾事故之间的关系，可以把火灾事故责任划分为以下四类：

（1）直接责任　直接责任是指行为人直接导致火灾事故的发生、扩大和蔓延。

（2）间接责任　间接责任是指虽然没有直接导致火灾事故的发生，但是由于不履行或不正确履行自己的职责，而对火灾事故的发生、发展和蔓延负有一定责任。

（3）直接领导责任　直接领导责任是指在其职责范围内，对直接主管的工作不负责任，不履行或者不正确履行职责，对造成的火灾事故负有主要领导责任。

（4）领导责任　领导责任是指在其职责范围内，对本单位或下属单位存在的火灾隐患失察或发现后纠正不力，以致发生火灾事故，对造成的火灾事故负有一定的领导责任。

2. 根据火灾事故责任者依法承担责任的方式划分

根据火灾事故责任者依法承担责任的方式，火灾事故责任分为以下四种：

（1）刑事责任　火灾事故责任人的行为触犯刑法，构成犯罪的，如失火罪、放火罪、消防责任事故罪等，依法承担刑事责任。

（2）民事责任　火灾事故责任人侵犯国家、集体、个人财产和个人人身安全的，应承担民事责任。

（3）行政责任　违反行政管理法规的责任。例如，公共场所发生火灾时，该公共场所的现场工作人员不履行组织、引导在场群众疏散义务，造成人身伤亡，尚不构成犯罪的，处15日以下拘留。

（4）违反党纪、政纪的责任　火灾事故责任人因违反党纪、政纪的，还应受到党纪、政纪等行政处分，如开除党籍等。

【案例9-3】 1994年11月15日，吉林市银都夜总会发生火灾，火灾殃及同一建筑物内的市博物馆，造成一具7000万年前的恐龙化石在大火中化为灰烬；32000多件文物、石器、陶器、服饰、书画以及40多年来的音像、图片、文字资料档案全部烧毁；19世纪末20世纪初国内外珍贵邮票11000余枚，1909年至今的科技文献及中外文刊物9.7万册全部烧毁。火灾烧毁建筑6800m^2（其中夜总会1860m^{2}全部烧毁），直接经济损失671万元，间接损失无法估计。

火灾事故责任追究：

直接责任：给予博物馆馆长王××开除党籍、行政撤职处分，由司法机关拘留审查；给予博物馆副馆长刘××留党察看1年、行政撤职处分；给予博物馆保卫科科长王××行政撤职处分。

直接领导责任：给予文化局原局长杨××留党察看1年处分；给予文化局局长赵××开除党籍、行政撤职处分，移送司法机关依法处理。

领导责任：吉林市委副书记、市长战××给予其党内严重警告、行政记大过处分；给予分管消防工作的副市长陈×党内严重警告、行政撤职处分，按法律程序免去其行政职务；给予分管城建工作的副市长辛××行政记过处分。

（三）火灾事故责任认定的程序

认定火灾事故责任，首先要查明火灾事故事实。查明火灾事故事实包括查明火灾事故经过、火灾原因、火灾损失以及与火灾事故有关的单位和个人等。

1. 火灾事故经过

火灾事故经过是指火灾从发现到扩大、蔓延直至被扑灭的全过程。其主要包括何时在何地发生火灾，何人发现并报警，采取什么措施和行动扑救火灾，火灾何时被扑灭，等等。

2. 火灾事故原因

调查火灾事故原因包括认定起火原因和分析灾害成因。调查火灾原因是公安机关消防机构火灾事故调查工作的核心内容，是处理火灾事故的基础性工作。公安机关消防机构应当根据现场勘验、调查询问和有关检验、鉴定意见等调查情况，进行综合分析，对能够查清起火原因的，应当认定起火时间、起火部位或起火点、起火原因等基本要素，作出起火原因认定结论；对起火原因无法查清的，应当认定起火时间、起火点或起火部位以及有证据能够排除的原因，作为认定结论。

分析灾害成因是指对按照一般程序调查的火灾事故，公安机关消防机构应当根据火灾报警、初起火灾扑救、人员疏散情况和火灾事故蔓延、损失情况，查找、分析与火灾事故蔓延、损失扩大存在直接因果关系的违反消防法律、法规、技术标准的事实。

二、火灾事故责任追究

火灾事故责任认定清楚后,要根据法律规定进行相关责任追究,实现惩戒错误,教育社会的目的,促进消防安全责任制的落实。根据火灾事故责任的分类,责任追究主要包括刑事责任追究、行政责任追究、民事责任追究以及违反党纪政绩的责任追究。其中消防行政责任追究主要通过消防行政处罚的方式进行,如警告、罚款、没收违法所得和非法财物、责令停产停业、停止施工(使用)、行政拘留等;民事责任追究多表现为对行为造成的伤害给予赔偿;违反党纪政绩的责任追究多通过行政处分的形式作出,如留党察看等。对于构成犯罪的,火灾事故处理时则需对行为人追究相应的刑事责任。

【案例9-4】 2004年2月15日吉林中百商厦发生特大火灾,造成54人死亡,70人受伤,直接经济损失426万元。经国务院调查组技术勘察确定,火灾系中百商厦电器行雇工于××向库房送包装纸板时,叼着的香烟掉落在仓库中,引燃地面上的纸屑等可燃物引发的。

该事故责任追究如下:

中百商厦电器行原雇员于××犯失火罪,判处有期徒刑7年;中百商厦原总经理刘××犯消防责任事故罪,判处有期徒刑6年;中百商厦原副总经理赵×犯消防责任事故罪,判处有期徒刑5年;中百商厦保卫科原科长马××犯消防责任事故罪,判处有期徒刑4年;中百商厦保卫科原副科长陈××犯重大责任事故罪,判处有期徒刑3年6个月;中百商厦保卫科科员曹××犯重大责任事故罪,判处有期徒刑3年。

三、火灾事故处理中起火单位的职责

火灾事故发生后,起火单位除了积极配合公安机关消防机构实施火灾事故调查工作,认真接受火灾事故责任追究外,还应结合火灾事故实情,从单位发展建设的角度,做到"四不放过"。具体内容为:事故原因不查清不放过,事故责任者得不到处理不放过,整改措施不落实不放过,教训不吸取不放过。单位发生火灾后,也应当按照这一原则对火灾事故进行处理。

(一)查清火灾事故原因

在公安机关消防机构调查、认定火灾原因后,单位应当组织有关人员对火灾发生的原因进行全面分析,查明单位在消防安全管理中的薄弱环节,以便采取有针对性的措施加以改进。

(二)处理有关责任人员

在火灾事故原因查明后,为了教育所有员工,单位应当依据公安机关消防机构的责任认定和内部奖惩制度的规定,对有关责任人员进行处理,以达到"惩前毖后、治病救人"的目的,督促单位其他人员更好地履行消防安全管理职责,做好单位的消防工作。

(三)制定落实整改措施

了解火灾发生的原因后,单位应当研究制定有针对性的措施,改进消防安全管理中的薄弱环节,加强员工的教育培训,防止类似事故的再次发生。

(四)吸取经验教训

在火灾事故的处理过程中,不能简单地就事论事,而要举一反三。单位要从已经发生的火灾事故中吸取教训，对单位消防安全制度、管理、人员培训等所有涉及消防安全的工作进行全面的分析、评价，发现并及时整改存在的问题，不断完善单位的消防安全管理工作，切实消除火灾隐患，保障消防安全。

第五节　火灾事故统计

火灾事故统计是消防安全管理工作的一项重要内容，是火灾事故的真实反映，它不仅是认定火灾原因、处理火灾事故责任者和打击放火犯罪分子的证据材料，更是公安机关消防机构以及社会有关部门和起火单位用来分析不同时期火灾规律、研究制定防范对策的可靠依据。所以，火灾事故统计数据必须真实，火灾事故统计资料必须全面，并作为公安机关消防机构和社会单位消防档案建设的基础内容，永久保存。

为规范和引导有关部门和单位做好火灾事故统计工作，根据《中华人民共和国统计法》和《火灾统计管理规定》，本节重点介绍火灾统计的范围、要求以及相关统计部门的职责等内容。

一、火灾统计的基本任务

火灾统计的基本任务是对火灾进行统计调查、统计分析，提供统计资料，实行统计监督。

二、公安部门火灾统计的分工与要求

（一）火灾统计的分工

火灾统计管理，按照"谁主管、谁负责"的原则，实行统一领导，分级、分部门管理。

1）全国火灾统计工作，由公安部统一归口管理，负责掌握火灾情况，汇总和公布火灾统计资料，实施火灾统计监督。

2）省（自治区、直辖市）、市（地、盟）、县（区、旗）、乡镇的火灾统计工作，分别由各级公安部门负责，行使相应的监督管理职能。

3）火灾统计表式、内容、计算方法和统计编码，由公安部负责制定并报国家统计局备案。

4）接受地方公安部门监督的单位发生火灾，由所在地公安部门负责统计。

5）跨区域的油田、管道、交通工具等发生火灾，由起火地公安部门负责统计。

6）由铁道、交通、民航公安部门实施消防监督的单位，其火灾统计分别由铁道、交通、民航公安部门负责。

7）军队、矿井地下部分、森林发生的火灾，分别由其主管部门负责统计。

8）一起火灾如涉及几个独立的统计调查单位，其火灾统计由主管起火单位监督工作的公安部门负责。

（二）火灾统计的要求

发生火灾后，受灾单位及其主管部门必须如实提供统计资料，报当地公安部门审核。各级公安部门按照下列有关要求进行火灾统计。

1）各省（自治区、直辖市）公安厅（局），铁道、交通、民航公安局须在每月12日之

前将上月火灾数据报公安部消防局。全年的火灾数据（含补报）在次年的1月12日之前上报。

2）军队、矿井地下部分的主管部门，于当年7月和次年1月，向公安部消防局报半年和全年的火灾数据。

3）发生特大火灾事故，省（自治区、直辖市）公安厅（局）消防局和铁道、交通、民航公安局须在24h内向公安部消防局报告火灾基本情况，并及时续报、补报。火灾发生后1个月内上报特大火灾专题报告。

4）军队、矿井地下部分发生特大火灾，其主管部门应当及时将有关情况报公安部消防局。国家重点文物保护单位、国家重点建设项目发生直接财产损失不足100万元的火灾事故，由于政治、经济影响较大的，也按此要求执行。

5）发生重大火灾，市（地）公安机关消防机构要及时上报省（自治区、直辖市）公安机关消防机构。

6）各级公安机关消防机构应当根据火灾统计工作的实际需要配备专职或兼职统计人员，建立、健全火灾统计管理制度，加强统计计算和数据传输技术的现代化建设，保障统计资料的准确性和及时性。

7）火灾统计资料应当建档保存，并由公安、统计部门负责向有关部门通报或公布。

（三）火灾统计监督部门的监管职责

公安机关消防机构负责火灾统计监督工作，并正确履行下列火灾统计监督、管理职责：

1）监督有关单位和个人如实提供火灾统计资料。

2）调查、收集和核实有关火灾统计资料，检查各种原始记录和台账，监督改正不实的火灾统计资料。

3）如实向上级公安机关消防机构报告火灾统计调查和分析的资料。

4）检查、监督火灾统计法规和火灾统计工作制度的执行情况，提出改进工作的意见和建议。

5）控告和检举火灾统计工作的弄虚作假行为。

三、公安部门火灾统计的范围和内容

（一）火灾统计的范围

所有火灾不论损害大小，都列入火灾统计范围。

以下情况也列入火灾统计范围：

1）易燃易爆化学物品燃烧爆炸引起的火灾。

2）破坏性试验中引起非试验体的燃烧。

3）机电设备因内部故障导致外部明火燃烧或者由此引起其他物件的燃烧。

4）车辆、船舶、飞机以及其他交通工具的燃烧（飞机因飞行事故而导致本身燃烧的除外），或者由此引起其他物件的燃烧。

（二）火灾统计的内容

各级公安部门按照分工和要求及时做好火灾统计工作，统计的内容主要包括起火单位基本情况、火灾发生原因、灾害扩大原因、火灾责任认定与处理结果，火灾伤亡情况、财产损失情况等。

1. 伤亡情况统计

火灾扑救过程中因烧伤、摔、砸、炸、窒息、中毒、触电、高温、辐射等原因所致的人员伤亡均列入火灾伤亡统计范围。其中死亡以火灾发生后 7 天内死亡为限，伤残统计标准按劳动部的有关规定认定。

2. 财产损失情况统计

火灾损失分直接财产损失和间接财产损失两项统计。火灾直接财产损失是指被烧毁、烧损、烟熏和灭火中破拆、水渍以及因火灾引起的污染等所造成的损失；火灾间接财产损失是指因火灾而停工、停产、停业所造成的损失，以及现场施救、善后处理费用（包括清理火场，人身伤亡之后所支出医疗、丧葬、抚恤、补助救济、歇工工资等费用）。火灾直接财产损失和火灾间接财产损失的计算方法按公安部有关规定执行。

以上统计结果要定期汇总分析，得出一段时间内火灾发生数量、伤亡人数、财产损失，并根据需要进行火灾形势研判。

四、起火单位的火灾统计管理

火灾统计是单位分析火灾事故原因，总结火灾事故教训，改进火灾防控管理措施的基础工作，火灾事故统计资料是单位实施消防安全管理的依据，也是单位消防档案建设的主要内容之一。

（一）单位火灾统计的内容

单位发生火灾时，不论大小都列入统计范围。火灾统计工作的具体内容包括：

1. 火灾基本情况

火灾基本情况包括火灾发生的时间，最早发现火灾的人员，火灾发生的具体部位，发展的过程，初起火灾扑救的力量构成及作战情况，报警情况，公安现役消防队到达火场的时间和扑救过程，火灾扑灭的时间等。

2. 火灾原因分析

单位火灾统计的重点是进行火灾事故原因分析，单位火灾事故原因分析借鉴或参考公安机关消防机构火灾事故调查期间的火灾原因分析进行，也包括起火原因与灾害成因两部分内容。首先，按照火灾事故原因分析方法，查找导致火灾发生以及灾害扩大的直接原因，在此基础上，从管理、技术、教育以及员工方面探索直接原因背后的间接原因。在单位火灾事故原因分析中，一定要结合本单位的生产实际进行分析，原因尽可能描述清楚，不应简单概括，为制定火灾防控措施提供实践依据。

3. 火灾损失统计

火灾损失包括两方面内容：一是火灾造成的人员伤亡情况；二是火灾导致的财产损失情况。

单位火灾损失统计与公安机关消防机构火灾统计的标准相同，但应结合单位消防管理需要，分项目详细统计和说明，为日后的统计分析做准备。表 9-1、表 9-2 是单位火灾损失统计样表。

表 9-1 某单位火灾事故伤亡情况统计表

死亡	姓名	死亡时间	伤残	姓名	伤残等级
死亡人数			伤残人数		

表 9-2　某单位火灾事故财产损失情况统计表

直接财产损失		间接财产损失	
损失原因	损失金额/万元	损失原因	损失金额/万元
烧毁		停工、停产、停业	
烧损		清理火场费用	
烟熏		丧葬费	
破拆		抚恤金	
水渍		医疗费	
污染		歇工工资	
其他直接原因		其他间接原因	

（二）单位火灾统计要求及资料管理

1. 单位火灾统计要求

单位火灾统计工作包含两个方面：一是配合公安机关消防机构的火灾统计；二是为本单位消防档案建设统计火灾事故资料。具体要求如下：

1）国家机关、社会团体、企事业单位和个体工商户等火灾统计调查对象，必须依照有关法律、法规，向火灾事故调查部门如实提供火灾统计资料，不得虚报、瞒报、拒报、迟报，不得伪造、篡改火灾事故资料。

2）全国和各地的火灾统计资料在尚未公布前，任何单位和个人不得擅自向外界提供和公布。

3）单位内部火灾统计工作应及时高效、实事求是，统计内容要分类清晰、描述翔实，统计分析应科学准确，体现实用价值。

2. 单位火灾统计资料管理

单位对于火灾事故统计资料应按照档案建设的基本要求进行分类存档，永久保存。结合消防安全管理需要，对火灾事故资料进行选择性分析，了解火灾事故发生的直接和间接原因，分析火灾事故发生、发展规律，为制定消防安全管理措施提供依据。

借助火灾事故统计的具体资料，进行单位消防安全宣传教育，以案促建，更真实、更形象地教育员工提高消防安全意识，激发员工火灾事故预防的主动性。

自学指导

本章学习重点：火灾事故等级分类；单位常见的火灾防控措施；火灾事故调查与处理过程中起火单位的职责。

1）火灾事故等级分类：按照损失严重程度火灾事故分为特别重大火灾事故、重大火灾事故、较大火灾事故和一般火灾事故 4 个等级。

2）单位常见的火灾防控措施主要包括三个方面：①技术措施；②管理措施；③教育措施。各类防控措施的具体实施方法详见教材相关内容。

3）火灾事故调查中起火单位的职责：①保护火灾现场；②组织安排调查访问对象；③提供有关文件资料；④统计财产损失和伤亡情况。

4）火灾事故处理中起火单位的职责：①查清火灾事故原因；②处理有关责任人员；③制定落实整改措施；④吸取经验教训。

本章学习难点：单位火灾事故应急处置工作的主要内容；起火单位的火灾统计。

1）单位火灾事故应急处置工作的主要内容包括：及时报警、初起火灾扑救、安全疏散三个方面。

2）起火单位火灾统计应按要求统计如下内容：①火灾基本情况；②火灾原因分析；③火灾损失统计；④总结经验教训，制定防控措施。

复习思考题

一、单项选择题（将正确的答案填写在括号内，错选、多选或未选均不得分）

1. 以下关于火场中人员安全疏散的方法描述，不正确的是（　　）。

A. 坚定自救意识，沉着冷静

B. 火势不大，疏散楼梯畅通应快速跑离起火建筑

C. 火灾中，被困四楼的张先生迫不得已可从窗户跳下

D. 火场烟气较大时，应采取低姿势行走或匍匐穿过浓烟区的方法逃生

2. 以下关于火灾报警方法描述，正确的是（　　）。

A. 发现火灾，立即报警

B. 为了节约时间，报警时只需说明起火的详细地址

C. 单位发生火灾，先组织扑救，救不了再报警

D. 单位火灾时只需向公安消防队实施报警

二、填空题（将正确的答案填写在括号中）

1. 按照损失严重程度分，火灾事故等级分为特别重大火灾事故、（　　　　）、较大火灾事故和一般火灾事故四类。

2. 按照责任承担的方式分，火灾事故责任分为刑事责任、民事责任、（　　　　）和违反党纪、政纪责任四类。

三、简答题

1. 列举单位火灾防控的管理措施。

2. 简述初起火灾扑救的基本原则。

3. 简述火场急于疏散的物资范围。

4. 简述火场组织物资疏散的要求。

四、论述题

1. 试述火灾报警的对象、方法和内容。

2. 试述单位火灾事故应急处置的具体内容。

3. 试述火灾事故调查中起火单位的主要职责。

五、案例分析题

【案例9-5】 深圳致丽工艺制品厂火灾事故

1. 单位简介

深圳市龙岗区的厂房是一栋3层楼房，建筑面积$2166m^2$。一层是裁床车间兼仓库，库房用木板和铁栅栏间隔，库内堆放着高2m的海绵等可燃物；二层是手缝和包装车间、办公室、厨房；三层是车衣车间。全厂封闭式管理：全部窗户安装了铁栏杆加铁丝网；两个楼梯，其中东边的用铁栅栏隔开，与厂房不通，西边的楼梯平台上堆放了杂物；楼下4个大门2个被封死，1个被铁栅栏隔在车间之外，职工上下班只能从西南方向的大门出入，并要通

过一条用铁栅栏围成的不到 1m 宽的狭窄通道打卡。

2. 火灾事故情况

1993 年 11 月 19 日 13 时 25 分,该厂厂房一层仓库内的电线短路打火,喷溅的熔珠引燃堆放的海绵导致火灾。二层和三层的近 300 名职工只有通过狭窄的打卡通道才能从西南门逃生。由于路窄人多,互相拥挤,许多工人被浓烟产生的毒气熏倒在楼梯口,造成 84 人死亡、20 人重伤、25 人轻伤的惨剧和重大财产损失。

问题:

1. 结合案例,分析火灾事故原因。
2. 根据分析得到的火灾事故原因,制定具体的火灾防控措施。

第十章　单位消防安全管理基础建设

学习目标

1. 应了解、知道的内容
◇建立和落实消防安全责任制度的措施。
◇消防安全管理制度和操作规程的制定要求。
◇灭火和应急疏散预案的功能与特点。
◇灭火和应急疏散预案的制定要求。
◇消防档案的作用。
◇消防安全文化的概念及其与教育的关系。
2. 应理解、清楚的内容
◇单位灭火和应急疏散预案制定的程序。
◇单位消防档案的基本格式。
◇消防档案的管理要求。
◇消防安全文化的功能。
3. 应掌握、会用的内容
◇单位消防安全制度的分类及各种制度的种类与内容。
◇单位灭火和应急疏散预案的内容。
◇单位灭火和应急疏散预案演练的程序。
◇单位消防档案建设的基本步骤及各步骤的具体内容。
◇消防安全文化建设的模式与手段。
4. 应熟练掌握的内容
◇单位灭火和应急疏散预案演练的基本要求。
◇单位消防档案的基本内容。
◇消防安全文化的形态及各形态的建设内容。

自学时数　10 学时。

老师导学

本章从单位消防安全管理的基础建设出发，分别介绍了单位消防安全制度建设、灭火和应急疏散预案的制定与演练、消防档案建设以及消防安全文化建设四个方面的内容。在本章的学习中，要求学员重在掌握各项基础建设的具体内容，能够熟悉制度、预案、档案、文化建设的程序和方法，实践中，能借助程序和方法，结合具体内容，实现单位消防安全基础建设，为提升单位消防安全管理水平奠定基础。

第一节　单位消防安全制度建设

消防安全制度是单位消防安全管理中各种制度的总称，是用文字形式，对涉及消防安全目标的各项管理制度、行为准则、操作规程以及责任分工等进行的明确规定，是单位全体职工消防安全行为的规范和准则。

制度首先体现的是一种"死"的东西，是一些文字的组成，与具有思想的人形成鲜明的对抗，因此，制定消防安全制度时应考虑人的行为、社会的发展以及人类文明进步等因素。

一、单位消防安全制度的分类

单位消防安全制度按照其内容分为消防安全责任制度、消防安全管理制度以及消防安全操作规程。

消防安全责任制度是单位消防安全制度中最根本的制度，是单位及单位全体人员落实消防安全责任制的重要保障，也是单位开展各项消防安全管理工作的基础。

消防安全管理制度是单位在消防安全管理和生产经营活动中，为保障消防安全所制定的具体制度、程序、办法和措施，是对消防安全责任制的细化，是国家消防法律、法规在单位内的延伸和具体化。

消防安全操作规程是单位特定岗位和工种人员必须遵守的、符合消防安全要求的各种操作方法和操作程序的总称，具有较强的专业技术性。

二、单位消防安全责任制度的制定与落实

消防安全责任制度就是要求各级人民政府，各机关、团体、企业、事业单位和个人，在经济和社会生产、生活过程中依照法律规定，对消防安全工作各负其责的制度。各级人民政府、各地区、各部门、各行业、各单位以及每个社会成员都应当自觉学习消防法律、法规和规章，不断增强消防法制观念，提高消防安全意识，切实落实"安全自管、隐患自除、责任自负"的消防安全责任制度，增强单位的自我管理，自我加压、自我保护意识，使其能更自觉、更主动地履行消防义务，真正做到消防工作责任到人，措施到位。

（一）消防安全责任制度的种类和内容

1. 消防安全责任制度的分类

消防安全责任制度应当包括各级领导和各级组织的逐级消防安全责任制度，还应当包括全体职工的岗位消防安全责任制度。具体分为单位消防安全责任制度和各类人员消防安全责任制度两大类。

2. 单位消防安全责任制度的主要内容

单位消防安全责任制度的主要内容包括：单位普遍履行的消防安全职责；消防安全重点单位的职责；承包、租赁或委托经营单位的消防安全职责；多产权建筑物中单位的消防安全职责；大型活动举办单位的消防安全职责。

单位各类人员岗位消防安全责任制度的主要内容包括：单位消防安全责任人职责；单位消防安全管理人职责；专（兼）职消防管理人员职责；自动消防系统操作人员职责；专职消防队员职责；志愿消防队员职责；单位其他岗位员工职责等。

（二）建立和落实消防安全责任制度的措施

建立和落实消防安全责任制是单位消防安全管理的基础和核心内容。《消防法》和《单位消防安全管理规定》等法律、法规对单位建立和落实消防安全责任制都作出了明确的规

定，根据有关规定，要进一步做好以下几方面的工作：

1. 建立消防安全管理组织网络，明确消防安全责任

单位应当按照消防法律、法规的要求，明确本单位消防安全责任人、消防安全管理人，建立消防安全管理机构或确定专（兼）职消防安全管理人员，自上而下地建立起一级抓一级、一级对一级负责的消防安全管理组织网络；同时要明确单位的分管领导、各部门以及其他所有岗位工种人员是本职工作范围内的消防安全责任人，对本职工作中的消防安全负责。通过明确各级、各岗位的消防安全责任人，为建立和落实单位消防安全责任制提供有力的组织保障，形成单位消防安全工作人人参与、齐抓共管的良好局面。

2. 层层分解消防安全责任，落实消防安全工作目标

通过制定消防安全责任制度、签订消防安全责任状等形式，明确各级、各部门、各岗位在单位消防安全管理工作中的职责、权限，建立健全消防安全工作指标体系，实行消防安全目标控制和管理，做到分工合理、责任分明，各司其职、各尽其责，使单位的各项消防安全工作得到落实，保障本单位的消防安全。

3. 健全消防安全管理制度，完善消防安全管理措施

建立和完善消防安全管理制度是单位落实消防安全责任制的必要保证。消防安全责任制的落实贯穿于单位生产经营等各项活动的全过程，其根本目的是确保本单位的消防安全。因此，单位要结合本单位的特点和消防安全工作的实际需要，建立和完善各项消防安全管理制度，明确消防安全管理的程序、方法和措施。通过组织学习和培训，使单位全体人员了解本单位、本岗位的消防工作特点和要求，掌握消防工作的具体方法，真正承担起与其职务、岗位工种相适应的消防安全责任。

4. 强化检查考评，推动消防安全责任制的落实

单位要开展经常性检查，督促各级领导、各部门、各岗位抓好消防安全责任制的落实。坚持权、责、利统一的原则，将消防安全责任制的落实情况纳入本单位年度考核以及对各级领导业绩考核、对员工岗位考核的内容，并与个人评优评先、职务任免、晋升以及其他经济利益等挂钩，严格落实奖惩措施。通过奖惩激励，切实增强单位全体人员的消防安全责任感，调动全体人员关心单位消防工作、参与单位消防工作的积极性和主动性，促进消防安全责任制的落实。

三、单位消防安全管理制度与消防安全操作规程的制定

（一）消防安全管理制度的种类和主要内容

1. 消防安全管理制度的种类

依据《消防法》和《单位消防安全管理规定》，单位消防安全管理制度主要包括：消防安全教育、培训制度；防火检查、巡查制度；安全疏散设施管理制度；消防（控制室）值班制度；消防设施、器材维护管理制度；火灾隐患整改制度；用火、用电安全管理制度；易燃易爆危险品和场所防火防爆管理制度；专职和志愿消防队的组织管理制度；灭火和应急疏散预案演练制度；燃气和电气设备的检查、管理（包括防雷、防静电）制度；消防安全工作考评和奖惩制度，以及其他必要的制度。

2. 各种消防安全制度应当包括的主要内容

（1）消防安全教育、培训制度　该制度主要内容包括责任部门、责任人及其职责、教

育与培训频次、培训对象（包括特殊工种及新员工）、培训要求、培训内容、考核办法、情况记录等主要内容。

（2）防火巡查、检查及火灾隐患整改制度　该制度主要内容包括责任部门、责任人和职责、检查频次、参加人员、检查部位、内容和方法、火灾隐患认定、处理和报告程序、整改责任和防范措施、情况记录等主要内容。

（3）消防（控制室）值班制度　该制度包括责任范围和职责、突发事件处置程序、报告程序、工作交接、值班人数和资质要求（持证上岗情况）、情况记录等主要内容。

（4）安全疏散设施管理制度　该制度包括责任部门、责任人及其职责、安全疏散部位、设施检测和管理要求、情况记录等主要内容。

（5）用火、用电安全管理制度　该制度包括责任部门、责任人及其职责、设施登记、施工人员资格、动火审批程序、检查部位和内容、检查工具、发现问题的处置程序、情况记录等主要内容。

（6）消防设施、器材维护管理制度　该制度包括责任部门、责任人及其职责、设备登记、保管及维护管理要求、情况记录等主要内容。

（7）灭火和应急疏散预案演练制度　该制度包括预案制定和修订的责任部门、组织分工、演练频次、演练范围、演练程序、注意事项、演练情况记录、演练后的小结与评价等主要内容。

（8）消防安全工作考评和奖惩制度　该制度包括责任部门和责任人，考评目标、内容和办法，奖惩措施等主要内容。

（9）易燃易爆危险物品和场所防火防爆制度　该制度包括责任部门、责任人及其职责、易燃易爆物品的火灾危险性、场所情况、检查及险情记录等主要内容。

（10）燃气和电气设备的检查和管理制度（包括防雷、防静电）　该制度包括责任部门、责任人及其职责、设施设备情况、检查管理情况记录等主要内容。

（11）专职和志愿消防队的组织管理制度　该制度包括责任部门、责任人及其职责、人员情况和履职情况记录等主要内容。

（二）消防安全操作规程的种类和主要内容

1. 消防安全操作规程的种类

消防安全操作规程的种类主要包括：消防设施操作规程（包括消防控制室、消防水泵房、消防电梯、高位水箱间、增压泵、风机房等）；变配电设备操作规程；电气线路安装操作规程；设备安装操作规程；燃油、燃气设备及压力容器使用操作规程；电焊、气焊操作规程；其他有关消防安全操作规程。

2. 消防安全操作规程的重要内容

各项消防安全操作规程一般都应包括：岗位人员应具备的资格；设施、设备的操作方法、程序和检修要求；容易发生的问题及处置方法；操作注意事项等主要内容。

（三）消防安全管理制度和操作规程的制定要求

单位应当根据国家有关规定，结合本单位实际，建立健全各项消防安全管理制度和消防安全操作规程，督促有关岗位或工种人员严格遵守。其制度和操作规程的制定应满足以下要求：

1. 符合本单位消防安全工作的客观需要

单位消防安全管理制度和消防安全操作规程，基本涵盖了单位消防安全工作的各个方面。就不同单位而言，由于其性质、特点不同，消防安全工作的内容和要求也有所不同。单位应当根据本单位消防安全工作的实际需要制定相应的消防安全管理制度和操作规程，防止千篇一律和模式化。

2. 符合国家有关消防法规和消防技术规范的要求

消防法规和消防技术规范对单位消防安全工作作出了原则规定。单位制定消防安全制度和消防安全操作规程时，应当以国家有关消防法规和消防技术规范为依据，结合单位生产、经营等各项活动和各个环节，将国家的有关规定细化和具体化，进一步规范单位全体人员的消防安全行为，明确消防安全要求，促进单位消防安全管理的规范化、制度化。

3. 广泛征求和吸收群众的建议

制定消防安全制度和消防安全操作规程要充分发挥单位消防安全管理机构或人员的作用，但更要广泛征求单位各部门、各岗位工种人员的意见和建议，从而增强消防安全管理制度和消防安全操作规程的针对性和可操作性，使制度和操作规程的制定和实施建立在广泛的群众基础之上，成为单位全体人员共同自觉遵守的行为准则。

4. 便于奖惩考核

制定的消防安全制度和消防安全操作规程要有定量的指标和量化的标准，从而方便考核。单位要结合防火巡查、消防安全检查等工作，加强对各项消防安全管理制度和消防安全操作规程落实和执行情况的检查，将检查结果与部门、个人的利益挂钩，严格考核奖惩；对遵守和执行好的，以及对单位消防安全做出贡献的，要予以表彰奖励；对违反规定的，要按照考核奖惩制度的规定给予批评教育和相应的处分；对因此造成火灾事故的，要依法追究有关人员的法律责任。通过严格考核奖惩，树立消防安全管理制度和消防安全操作规程的权威性，增强执行消防安全管理制度和消防安全操作规程的自觉性和严肃性，从而将单位各项消防安全管理制度和消防安全操作规程落到实处，有力地保障单位的消防安全。

第二节　单位灭火和应急疏散预案的制定与演练

灭火与应急疏散预案的制定与演练是单位消防安全管理职责的基本内容，是防消结合的必要准备和最终成果，是单位有计划地培养员工消防安全素质，明确消防安全责任，确保火灾时各司其职，紧张、有序、快速地实施火灾扑救和人员疏散，最大限度地减少人员伤亡和财产损失的有效准备。

一、灭火和应急疏散预案的功能与特点

灭火和应急疏散预案是单位火灾处置时的具体设想和计划，是部署处置人员，对火场灭火和人员疏散采取相应措施的依据。火灾本身具有太多的不规则性和制约因素，处置难度很大，即使是初起火灾扑救和安全疏散也不是哪一个部门能够单独完成的，这就需要一个完整的事前规划，即单位灭火与应急疏散预案，通过预案规定灭火与疏散人员的配置，任务的划分和在任务执行过程中可能出现的情况及处置方法，以充分发挥单位内部各相关部门协同作

战的能力，提高处置水平，把危害减少到最低程度，以保护人民生命和财产安全，维护社会稳定和正常的治安秩序。

（一）预案的功能

1. 规范功能

防火工作做得再扎实，也不可能完全杜绝火灾的发生，而事先难以预料或出乎意料的火灾，又常常是造成灭火和应急疏散被动的主要原因。因此，多方设想，充分估计可能发生的火灾，制定出紧急情况下的灭火和应急疏散预案，是保障消防工作处变不惊，临危不乱，迅速反应，果断处置，争取主动的重要环节。

单位灭火和应急疏散预案是结合以往火灾事故经验教训，结合单位实际情况，充分考虑火场可能发生的各种情况及需要，提前对整个火灾救援行动进行精心策划和安排而形成的，其有效规范了各参战人员在火灾扑救和人员疏散过程中的分工及配合，为所有参战人员定位准、关系明、上下贯通、左右衔接、配合默契，形成合力，做好灭火和应急疏散工作奠定了基础。单位灭火和应急疏散预案以文本形式为灭火和人员疏散提供了行动的依据，因此，所有参战人员必须以此规范自己的行为，有效开展灭火和人员疏散工作。

2. 指导功能

单位灭火和应急疏散预案对火场指挥人员和灭火、疏散人员应急处置火灾事故具有指导作用。俗话说"凡事预则立，不预则废"，尤其是对于火灾这种突发性较大的灾害事故，执行灭火和疏散任务的人员通常是紧急受命，仓促准备，如果提前未能有针对性地做好预案，那么火灾发生时所有人没有准备，不了解自己该做些什么，那么，再多的人力、物资也只能扩大火灾事故后果，对于扑救火灾和疏散人员发挥不了积极作用。

综上所述，单位应根据火灾发生的一般规律预见火灾中的各种可能情况制定预案，借此去指导单位员工以及有关灭火行动力量实施火灾扑救和人员疏散工作，防止由于火灾的突发，造成人群慌乱、救援无序、工作疏漏、方法不当，酿成更大的火灾损害。相反，因为有了灭火和应急疏散预案，现场处置中指挥人员可以在预案的指导下，结合火场实际情况和个人经验，下达处置指令。同时，参与灭火和人员疏散的工作人员，能依据预案提示的原则、程序和方法，提高自己的行动速度，从而提高了单位火灾处置效率，为减少伤亡和火灾损失创造条件。

（二）预案的特点

灭火和应急疏散预案是机关、团体、企业、事业单位通过对构成火灾的各种危险因素进行综合分析和研究，结合已有的工作经验和教训，根据职责和任务，事先制定出的一套适合主体、目标、灾害特点的处置预案，具有系统性、全面性、可操作性和实用性等特点。

1. 系统性

系统性是指预案的制定过程应将可能出现的灾害所处外部环境、表现形态、运动规则和变化过程作为一个完整链条进行综合考察和分析，确定可能出现的情况，有针对性地进行判断，提出相应的对策，以保证灭火和应急疏散预案的有效性。同时，预案要从系统的安全出发，充分考虑与系统安全有关联的各种要素，形成一个灭火与人员疏散体系，分层次、分步骤、分阶段地进行火灾处置，发挥系统中各个子系统的功能，取得最佳的灭火和疏散效果。

2. 全面性

全面性是指预案必须多方设想，周密分析，全面安排，对于一旦发生可能影响的全部细节、区域或部位都要充分考虑，以确保消防预案的全面性。如果预案不全面就会有遗漏，火场上一旦出现预案中未能规范的情形，就会导致恐慌、混乱、无措等局面，重则贻误战机、丧失机会，给灭火和安全疏散带来困难。

3. 实用性

实用性是指预案必须是在对火灾发生、发展、变化等各种可能性初步分析、判断的基础上形成的。也就是说，预案应着眼于灭火和应急疏散中可能发生的各种问题，以提高解决实际问题的能力，切忌漫无边际地推测、猜想、把简单的事情复杂化，认为越神秘、越复杂越好。预案制定必须结合本单位的特点、自身条件、能力和周边环境等实际情况，切不可凭空想象，要做到量力而行，体现预案的实用性。

4. 可操作性

可操作性是指预案制定时要依据火灾发生发展特点、火场地理位置和社会环境等具体情况，是建立在对可能出现或已出现过问题的策略研究上。因此，单位灭火和应急疏散预案必须强调可操作性，必须是建立在认真地调查研究之上，针对实践中可能遇到的各种复杂情况而做出的规范。预案以是否符合实战要求为衡量标准，不具有实战可操作性的预案是毫无意义的。

二、灭火和应急疏散预案的制定

《单位消防安全管理规定》第39条、第40条规定，消防安全重点单位应当制定灭火和应急疏散预案，其他单位应当结合本单位的实际，参照制定相应的应急方案。

（一）预案制定的程序

1. 把握法律法规，明确工作范围

认真学习消防安全管理的法律、法规和各项规章制度，明确机关、团体、企业、事业单位在消防安全管理中的性质、任务、职责、权限等，准确把握法律、法规的内容，全面领会法律、法规的实质，深入了解和掌握本单位的行业性质、类型和特点。在此基础上，确定单位火灾预防和扑救中应采取的主要措施、抢险救灾人员的主要部署以及各种后勤保障。

2. 准备有关资料，分析研究情况

消防信息资料是做好预案的先导和基础，如果在这些方面出现了信息资料真空，就无法作出准确的行动计划和安排。分析和研究有关信息资料，必须以科学的态度和方法，进行全面的调查，通过对获得的有关资料分析，找出火灾的特点和规律，只有这样，才能进行准确的应对。做好这项工作需要从两方面入手：一是尽可能多地收集一些与消防预案有关的资料；二是善于运用统计的方法对火灾发生的类型、频率、密度以及危害损失进行分析、权重。

3. 划分处置阶段，设计行动计划

在充分准备资料，分析判断情况的基础上，消防预案制定者要对处置阶段进行科学划分，有针对性地提出行动计划和安排。处置阶段划分和行动预案的设计应根据火灾的性质、类型、规模及受灾人数而定。在划分处置阶段，设计行动计划时，通常要考虑以下相关因素：

（1）拟定处置企图　处置企图，是对火灾事故处置行动所要达到的目的和采取的基本手段的具体构思，是制定消防预案的重要依据。

(2) 任务与工作范围 这是对火灾时单位实施灭火和人员疏散工作的设想。

(3) 方法手段 它是指为完成灭火或人员疏散任务，处置人员采取的方法或手段。

(4) 人员部署 它是指对担负灭火与疏散任务的人员进行的工作分工、编组、行动序列和配置。

(5) 现地研究 当灭火和疏散预案构思完毕后，预案制定人员应到可能发生火灾的地点，结合具体的地理情况进行反复研究，使构思的内容与现地尽量匹配。

(6) 补充完善 在现地研究的基础上，预案制定人员应对处置企图中某些不合适的内容作出局部的修改、补充和完善，使消防预案能够建立在科学严谨的基础上，起到规范和指导作用。

(7) 形成文书 灭火和疏散预案在补充完善的基础上，按照预案的格式形成一份完整的文书。

预案的表述在灭火和疏散过程中可能会出现许多偶然情况，因此，阶段的划分和行动预案的设计，不可避免地会出现一些不切实际或者疏漏的问题。在设计预案时，一般也是估计几种可能，据此制定几种应对措施，这样才能使预案切实可行。

4. 灵活运用载体，完善各类预案

灭火和应急疏散预案在筹划过程中，要具有针对性、可行性和有选择性。针对性是要求预案针对处置对象的特点，筹划相应的对策；可行性是根据现场的态势和力量对比实际情况，合理确定处置的步骤和方法；有选择性是要考虑到种种可能，多案准备，而且各种预案之间要有原则上的区别，使预案具有选择性。拟订的预案，要进行分析评估和优选，即对拟订的各种预案进行比较、分析和评判，从而确定最优或最佳的预案。在此基础上，通过文字、图表或计算机显示的形式具体表现出来。

(二) 单位灭火和应急疏散预案的内容

消防安全重点单位制定的灭火和应急疏散预案应当包括下列内容：

1. 组织机构

单位灭火和应急疏散预案的首要内容是确定预案实施中涉及的组织机构，主要包括：灭火行动组、通信联络组、疏散引导组、安全防护救护组。

(1) 灭火行动组 灭火行动组由单位所属消防、保卫以及重点部位人员等参加。其主要任务是具体组织指挥灭火救援及相关的工作。

(2) 通信联络组 通信联络组由办公室通信人员组成。其主要任务是及时汇集、分析、通报事态信息，向上级报告情况，并负责应急救援专业组织和现场指挥机构与上下级之间的通信联络工作。

(3) 疏散引导组 疏散引导组由单位重点部位或场所的人员组成，主要负责紧急情况下现场人员、物资的疏散引导等任务。

(4) 安全防护救护组 安全防护救护组由单位后勤、工程、医疗等部门人员组成。其主要负责组织医务人员、救护车辆及时救护治疗受伤人员，负责紧急情况下现场断（供）电、供（排）水、断气、通信、破拆、清障、抢运任务，负责现场安全监督检查和看守巡逻任务。

2. 报警和接警处置程序

单位的某个部位发生火灾时，应立即报告119火警调度指挥中心，在报警时应说清楚起火的单位、起火的部位、起火的物质及有无人员被困,并要说清楚单位在哪一条路、报警电话号码、报警人姓名;同时,还要报告本单位值班领导和有关部门。单位领导接警后,立即按预案调动各方面人员赶赴火场进行灭火。

3. 应急疏散的组织程序和措施

发生火灾后,首先要了解火场有无被困人员及其所在的地点和抢救通道,以便进行安全疏散。当遇有居民住宅、集体宿舍和人员密集的公共场所起火,人员安全受到威胁时,或因发生爆炸燃烧,在建筑物倒塌的现场上或浓烟弥漫、充满毒气的房屋里,人员受伤、被困时,指挥人员必须采取稳妥可靠的措施,积极组织抢救和疏散。

(1) 人员密集场所疏散的组织程序和措施　影剧院、歌舞厅、医院、学校以及商店、集贸市场等人员密集场所一旦起火,在场人员有因烟气中毒、窒息以及被热辐射、热气流烧伤的危险,如果组织疏散不力,就会造成重大伤亡事故。因此,人员疏散是头等任务。在制订安全疏散方案时,要按人员的分布情况,制订发生火灾情况下的安全疏散路线,并绘制平面图,用醒目的箭头标示出口和疏散路线。

(2) 物资的疏散组织程序和措施　火场上的物资疏散应有组织地进行,防止火势蔓延和扩大,其程序是:疏散那些可能扩大火势和有爆炸危险的物资,如起火点附近的汽油、柴油桶,充装有气体的钢瓶以及其他易燃、易爆和有毒的物品;疏散性质重要、价值昂贵的物资,如档案资料、高级仪器、珍贵文物以及经济价值大的原料、产品、设备等;疏散影响灭火战斗的物资,如妨碍灭火行动的物资、怕水的物资等。

4. 扑救初起火灾的程序和措施

扑救初起火灾应及时、快捷。发现火灾时,指挥员通过火情侦查,迅速对火场情况作出正确的分析和判断,合理分配灭火力量和部署灭火任务。措施主要是所使用消防设施、器材的调集;进攻的途径、消防水枪位置的选择、供水的组织;救人、通信、疏散物资的方法等。预案在表述灭火部署和措施时要详细具体。叙述任务要按照先主要,后次要;先专职消防队,后志愿消防队;先灭火战斗任务,后协调保障的顺序进行。

扑救初起火灾的程序和措施除有文字表达外,还应有灭火疏散图来直观反映。灭火疏散图是依据单位基本情况、假设的火灾情况以及灭火部署情况等进行标绘。其内容和顺序是:标绘单位基本情况;按假设火灾情况标画火情态势;按灭火战斗部署标画各单位位置、运用的战术手段和协同保障措施等。

5. 通信联络、安全防护救护的程序和措施

通信联络首先要保证应急救援专业组织与应急指挥机构之间、各相关专业组织之间、现场指挥机构与上级之间通信联络的畅通。必要时,还可指明重要的信号规定及重要标志的式样。

安全防护预案中要明确不同区域的人员应分别采取的最低防护等级、防护手段和防护时机;在某些特定的化学物品的火灾事故中,还必须采取特殊的安全防护措施。负责安全救护的人员必须清楚掌握应急物资器材的储备量及储存位置、储备的品种,尤其要特别注意标明急救药品和生活必需品的储存状况及供给渠道。

以上是以消防安全重点单位为例,介绍了灭火和应急疏散预案的基本内容,其他单位可以根据自身特点,结合上述内容制定预案。

(三) 灭火和应急疏散预案的制定要求

单位灭火和应急疏散预案的制定应符合下列要求：

1) 组织机构的设置要符合单位特点，并要明确各行动小组的职责，责任到人。

2) 报警和接警处置程序应当明确如何接警、报警。单位员工一旦确认本单位发生火灾，一定要及时报警。有些单位规定向"119"报警要经过领导同意，这是很严重的错误。

【案例 10-1】 2005 年 12 月 15 日，吉林省辽源市中心医院发生火灾后，院领导不同意报警，迟报火警达半个小时之久，延误了最佳扑救时机，最后造成 37 人死亡、95 人受伤的严重后果。

3) 应急疏散的组织程序和措施，应当明确规定发生火灾后如何通知相关人员、如何组织疏散、利用何种设施疏散。

4) 扑救初起火灾的程序和措施，应当规定火灾现场指挥员如何组织人员，如何利用灭火器材迅速扑救，并视火势蔓延的范围启动建筑消防设施，协助消防人员做好火灾扑救工作。

5) 通信联络、安全防护的程序和措施，应当预定火灾事故情况下的通信联络方式，保证通信联络畅通；同时要配备必要的医药用品，对受伤人员进行必要的救护，并及时通知医护人员赶赴火灾现场救护伤员。

三、灭火和应急疏散预案的演练

灭火和应急疏散预案演练，是指根据预案规定的内容，在假设火情的情况下，将预案中涉及的所有人员及其组织机构充分动员，按照预案规定的各方职责进行想定作业，全面检查单位火灾应急处置组织或人员对预案规定其职责的熟悉程度，与此同时，检测单位灭火和应急疏散预案的实用性和可操作性。

(一) 预案演练的作用

单位灭火和应急疏散预案演练的作用主要表现在四个方面：一是促进参战人员对预案内容的熟悉掌握；二是提高各部门参战人员联合处警的能力；三是检验平时消防教育培训效果；四是锻炼火灾时应急处置的心理素质。

(二) 预案演练的程序

预案演练同其他教育训练一样，是一个获取知识和培养能力的认识过程。预案演练一般由两个阶段组成：一是演练的准备阶段；二是演练的实施阶段。准备是基础，演练是重点，每个阶段都需根据程序要求全面开展相应的工作。

1. 预案演练的准备阶段

(1) 建立演练领导机构　演练领导机构是演练准备与实施的指挥部门，对演练实施全面控制，其主要职责是：确定演练目的、原则、规模、参演的单位；确定演练的性质和方法；选定演练的时间和地点；规定演练的时间尺度和公众的参与程度；协调各参演单位之间的关系；确定演练实施计划、情况设计与处置预案；审定演练准备工作计划、导演和调理计划及其他有关重要文件；检查与指导演练准备工作，解决准备与实施过程中所发生的重大问题；组织演练；总结评价。

(2) 明确导演与调理人员　导演与调理人员通常参与全部的准备工作。其主要职责是：根据演练目的，制定演练目标，选择演练场地，进行演练具体设计；制订演练进程计划，进行总体情况的构筑，拟制导演和调理计划、演练组织与准备工作计划等；指导参演单位按演练要求进行演前训练，组织导演部分人员开展活动；提出演练所需的通信、技术、物资器材、生活用品等项目清单及经费申请；组织与指导参演单位预演，从中发现问题，并加以纠正；指导演练实施，组织参演单位的演练总结与评价，并进行评估，提出演练成败的结论性报告；对预案的修改和完善提供决策性的建议。

（3）编写演练文件　演练中所需的各类文件是组织与实施演练的基本依据。不同性质、规模的演习，需要编写的文件不同。有关文件大体包括：演练准备工作计划、演练实施（进程）计划、情况设计方案、处置方案示例、各种保障计划等。演练文件必须符合演练目的和要求，力求简明和实用。

2. 演练的实施阶段

（1）演练情况介绍　演练开始前，根据需要，演练领导机构应进行组织情况介绍。其内容主要包括：演练的性质与规模；事故情况设定的主要考虑；演练开始时间及持续时间的估计；对非参演人员的安排；导演、调理人员及演练人员的识别；为保证演练不被误认为真实事故而应采取的措施；演练期间，一旦发生真实事故，应采取的具体措施等。

（2）演练实施，导演调理方法　演练实施中，对导演与调理工作的基本要求如下：严格按导演调理计划指导参演者正确处置情况；坚持因势利导，以情况诱导为主，行政干预为辅；导演应注意控制演练态势，把握演练节奏，不要干预各种细节，注意的重心应放在协调演练与实际应急可能行动之间的关系；从演练效果出发，发挥整体效能，提高演练效率；调理人员应抓住调理重点，选择调理时机与渠道，灵活地处理参演部门出现的问题，及时向导演提供必要的情况和建议。

（3）演练结束，清理整顿　各参演部门应按统一规定的信号或指示停止演练动作。在演练宣布结束后，所有演练活动应立即停止，并按计划清点人数，检查器材，查明有无伤病人员，并迅速进行适当处理。演练保障组织负责清理演练现场，尽快撤出保障器材，尤其要仔细查明危险品的清除情况，决不允许任何可能导致人员伤害的物品遗留在演练现场内。

（4）演练评价，修改预案　对演练进行评价的依据主要有：导演和调理人员的记录和他们的看法，消防机构有关专家的意见，参演单位的自我评估，上级领导与机关的指示等。评价范围应包括演练组织者、参演的所有单位、演练保障单位等。评价可参照演练计划中所规定的各项具体指标进行，最后根据演练的总目标，得出总的评价结论。只要有条件，各种评价和总评价结论尽可能量化。通过演练，对预案中暴露出来的问题要充分讨论，找出切实可行的解决办法，并补充到预案中去，使预案得到充实和完善，以达到提高单位自防自救能力的目的。

（三）预案演练的基本要求

根据《消防法》和《单位消防安全管理规定》，单位灭火和应急疏散预案的演练工作应符合下列要求：

1）消防安全重点单位应当按照灭火和应急疏散预案，至少每半年进行一次演练，并结合实际，不断完善预案。其他单位应当结合本单位实际，至少每年组织一次演练。

2）组织演练之前，单位可以根据需要对相关人员进行消防安全知识和预案内容的教育培训，使其掌握必要的消防知识，明确职责。

3）消防演练时，单位应当设置明显标志并事先告知演练范围内的人员。

第三节　单位消防档案建设

消防档案建设，是公安机关消防机构实施消防监督管理和单位消防安全管理的一项基础工作，也是一项重要的业务建设内容。各级消防安全管理部门应当依据《单位消防安全管理规定》建立、健全消防档案。

一、消防档案的作用与格式

消防档案是记述和反映单位消防安全管理过程及消防安全基本情况，具有保存价值，按一定的归档制度集中保管起来的文件材料。消防档案是消防安全管理部门全面考察、了解和正确进行消防安全管理的依据，是消防安全管理主体有组织、有目的地开展消防安全管理工作的结果，并在工作中对其不断地进行补充和完善。

（一）消防档案的作用

消防档案作为单位各项消防安全管理工作情况的记载，客观地反映了单位消防安全管理全貌。通过消防档案，可以检查、分析、总结单位及有关岗位人员消防安全职责的履行情况，强化单位消防安全管理的责任意识，不断改进单位消防安全管理工作。具体作用体现如下：

1. 消防档案是考察、了解单位消防安全管理的基本依据

消防档案不仅记录了消防安全管理历史活动的事实和经过，而且记录了单位消防安全管理活动的阶段和过程，为消防安全管理工作与此相联的探索性和准备性活动提供借鉴。由此可见，消防档案对人们查考既往情况，掌握历史资料，研究有关事物现象发展趋势，具有很广泛的参考作用。因此，加强消防档案管理，便于全面系统地掌握消防安全管理基本情况，深入、细致地开展消防安全宣传教育，实施消防安全检查等各项专业服务。

2. 消防档案可有效提高单位消防安全管理水平

归入消防档案的各种资料，都是按照规定及档案建设要求，经过消防安全管理人员审核，按规定程序和手续获得的真实可靠的材料，具有内容翔实、时间准确等特点。这些资料伴随着单位的消防安全管理改革而更新、充实，客观表达了单位消防安全管理的提高或滞后，尤其是一些火灾事故的统计资料，对于追查火灾原因、分清事故责任、处理事故责任者提供佐证材料，为单位消防宣传提供素材，为进一步改进工作方法，提高消防安全管理水平提供事实依据。

3. 消防档案是公安机关消防机构对单位实施监督检查的重要凭证

依据《消防法》和《消防监督检查规定》，单位要加强自身消防安全管理，制定消防安全规章制度，确定消防安全管理人员，加强日常消防安全检查和防火巡查，定期组织消防演练、消防安全教育与培训，明确单位消防安全重点部位，落实各岗位消防安全职责等。以上是单位消防安全管理的重要职责，单位履行消防安全职责时要通过消防档案进行翔实记录。公安机关消防机构按照规定对单位定期实施监督检查，检查时的首要任务就是单位日常消防安全职责的落实情况，而这些内容的检查，主要凭证就是单位消防档案建设资料。

(二) 消防档案的基本格式

1. 封面

消防档案封面要有规范的《消防档案》字样并编号，注明单位、建档日期。

2. 目录

消防档案目录要真实反映档案的内容和排列顺序，方便档案查阅。

3. 内容

消防档案根据有关规定要求设定基本内容，结合本单位实际进行收集整理，通常包括各种登记表、制度、方案、记录等。归档内容应规范、翔实。

二、消防档案的内容

(一) 消防档案的基本内容

单位消防档案应当包括消防安全基本情况和消防安全管理情况两类基本内容。

1. 消防安全基本情况

根据《单位消防安全管理规定》第42条规定，单位消防安全基本情况应当包括以下内容：

1）单位基本概况和消防安全重点部位情况。
2）建筑物或者场所施工、使用或者开业前的消防设计审核、消防验收以及消防安全检查的文件、资料。
3）消防安全管理组织机构和消防安全管理人。
4）消防安全制度和消防安全操作规程。
5）消防设施、灭火器材情况。
6）专职消防队、志愿消防队人员及其消防装备配备情况。
7）与消防安全有关的特殊工种人员情况。
8）新增消防产品、防火材料的合格证明材料。
9）灭火和应急疏散预案。

2. 消防安全管理情况

根据《单位消防安全管理规定》第43条规定，单位消防安全管理情况应当包括以下内容：

1）公安机关消防机构填发的各种法律文书。
2）消防设施定期检查记录、自动消防设施全面检查测试报告及维修保养记录。
3）火灾隐患及其整改情况记录。
4）防火检查、巡查记录。
5）有关燃气、电气设备检测（包括防雷、防静电）等记录资料。
6）消防安全培训记录。
7）灭火和应急疏散预案的演练记录。
8）火灾情况记录。
9）消防奖惩情况记录。

其中，第2）~5）项记录，应当记明检查的人员、时间、部位、内容、发现的火灾隐患以及处理措施等；第6）项记录，应当记明培训的时间、参加人员、内容等；第7）项记录,应当记明演练的时间、地点、内容、参加部门以及人员等。

(二) 消防档案的具体内容

单位消防档案应当翔实,全面反映单位消防工作的基本情况,并附有必要的图表。结合分类内容的规定,单位消防档案的具体内容如下:

1. 基本情况

单位基本情况包括单位地址、单位性质、总平面图、建筑耐火等级、生产工艺流程、生产原材料以及成品、商品的数量、性质等。单位基本情况通常可以列表登记,见表10-1。

表10-1 单位基本情况

单位名称					
地　　址					
上级主管部门			行政负责人		
消防安全管理人		保卫部门负责人		安技部门负责人	
职工总人数		车间数		库房数	
专职消防队	负责人		志愿消防队	队数	
	人　数			人　数	
	车辆数			车辆数	
	电　话			电　话	
厂(库)面积		建筑面积		重点部位数	重点工种数

2. 消防安全管理组织

单位消防安全管理组织通常包括消防安全管理人、消防安全管理组织机构(领导小组)、专职和志愿消防队以及专兼职消防队员等。建档形式见表10-2～表10-5。

表10-2 消防安全管理组织机构(领导小组)成员

组织机构内职务	姓名	部门	行政职务	备注

表10-3 专(兼)职消防安全管理人员

姓名	性别	年龄	职务或职称	工作时间	备注

表10-4 企业专职消防队人员

姓名	性别	年龄	参加工作时间	职务	消防安全培训情况

表10-5 企业志愿消防队人员

单位名称	人数	负责人	组织形式及消防安全培训情况

3. 各种消防安全制度及其贯彻落实情况

以消防安全重点单位为例,消防安全制度通常包括:单位消防安全教育培训制度,单位防火巡查、检查制度,单位安全疏散设施管理制度,消防(控制室)值班制度,消防水泵房管理制度,消防设施、器材维护管理制度,火灾隐患整改制度,用火、用电、用气安全管理制度,志愿消防队管理制度,灭火和应急疏散预案,消防安全目标管理责任书,内部装修消防安全管理规定等。制度的内容应在消防档案首篇打印存档,但其贯彻落实情况应结合实际,采取制表或其他恰当方式进行描述登记。消防安全制度落实情况见表10-6。

表 10-6　消防安全制度落实情况

制度名称	建立、修改日期	执行情况

4. 各种登记表

消防档案建设中的其他登记表主要包括：重点工种人员情况登记表、消防安全重点部位情况登记表、单位消防安全检查火灾隐患登记表、单位固定火源登记表、单位消防设施器材情况登记表、单位历次火灾情况登记表等。登记表的式样见表10-7~表10-12。

表 10-7　重点工种人员情况登记表

工种	姓名	性别	年龄	消防培训情况	技术级别	备注

表 10-8　消防安全重点部位情况登记表

名称	建筑耐火等级	面积/m²	职工人数	负责人	火灾危险性及预防措施

表 10-9　单位消防安全检查火灾隐患登记表

部位	隐患内容	发现时间	通知形式和整改意见	确定整改时间	已整改时间及复查意见

表 10-10　单位固定火源登记表

名称	部位	用途	燃料种类	消防措施	负责人

表 10-11　单位消防设施器材情况登记表

名称	规格	数量/个	设置位置及时间	运行维护情况

表 10-12　单位历次火灾情况登记表

起火时间	起火部位	起火原因	直接财产损失	间接财产损失	伤亡人数	处理情况

以上是单位消防档案建设的格式与内容，各单位在遵照执行的同时，还应结合一定时期公安机关消防机构推行的创新管理模式进行档案建设。例如，依据公安部消防局［2012］164号文件《关于消防安全重点单位实行消防安全"户籍化"管理工作的意见》，重点单位在消防档案建设时需按要求建立单位消防安全"户籍化"管理档案，将上述消防档案建设的内容按"户籍化"建档要求进行归档建设。

【阅读链接】　消防安全重点单位"户籍化"管理工作是指充分运用信息化手段，通过互联网社会单位消防安全信息系统，为每个重点单位设置一个专用账户，建立消防安全"户籍化"管理档案。其主要内容包括：

（1）建立消防安全"户籍化"管理档案　由单位消防安全管理人组织建立并完善消防安全"户籍化"管理档案，记录日常消防安全管理和消防安全"四个能力"建设情况，更新本单位消防安全管理信息，通过互联网社会单位消防安全信息系统，了解公安机关消防机构有关工作部署和对本单位实施消防监督检查情况，定期向当地公安机关消防机构报告备案有关消防工作，规范本单位消防安全管理。

(2) 实行三级报告备案制度 市一级单位向支队报告，二级单位向大队报告，三级单位向派出所报告。

(3) 实行消防安全管理人员报告备案制度 重点单位依法确定的消防安全责任人、消防安全管理人、专（兼）职消防管理员、消防控制室值班操作人员等，自确定或变更之日起5个工作日内，通过互联网社会单位消防安全信息系统向当地公安机关消防机构报告备案，确保重点单位消防安全工作有人抓、有人管。

(4) 实行消防设施维护保养报告备案制度 设有建筑消防设施的重点单位，要委托具有资质的机构进行维护保养和检测，并自签订维护保养合同之日起5个工作日内通过互联网社会单位消防安全信息系统向当地公安机关消防机构报告备案。单位应当对建筑消防设施每年至少进行一次全面检测，重点单位要将维护保养合同、每月维护保养记录、设备运行记录实时录入消防安全"户籍化"管理档案，并每月向当地公安机关消防机构报告备案。

(5) 实行消防安全自我评估报告备案制度 重点单位应当按照规定每月组织一次消防安全"四个能力"建设自我评估，评估情况应自评估完成之日起5个工作日内通过互联网社会单位消防安全信息系统向当地公安机关消防机构报告备案。

三、消防档案的建设

单位消防档案建设分为材料收集、材料鉴定、材料整理与立卷、制作索引并登记存档四个步骤。

(一) 材料收集

消防档案材料收集，就是要求消防安全管理人员将日常消防安全管理已经形成的分散的档案材料收集起来，汇集成消防档案。

材料收集工作与消防档案工作的其他环节有着密切的关系。可以说，消防档案材料的整理、补充、保管、利用等工作都必须在收集工作的基础上进行。如果消防档案材料收集不齐全、不完整，就会给整理、补充工作带来很大的困难，同时，需要的档案查阅不到，直接影响了档案材料统一保管、备查工作的价值。

1. 材料收集方法

单位建立经常性档案材料的收集制度，通过制度，明确材料收集负责人，与单位形成消防档案材料的有关部门建立起报送档案材料的关系，明确报送材料的时间、范围和格式。具体收集方法如下：

(1) 定向收集 所谓定向收集，就是向一定的单位、部门收集。具体来讲，就是根据形成消防档案材料的特点和收集的途径，与本单位涉及办公、行政、党务、治安、消防、安全生产等重要部门联系，收集可能形成的档案材料。为了不遗漏，可根据本单位的实际情况进行调查了解，列出有关单位、部门的名单，逐一收集。

(2) 按时收集 档案工作是一项经常性的工作。收集消防档案材料不是一次、两次突击便可了事的。按时收集，是对收集时间的总要求。它包括随时收集、定期收集和不定期收集等多种形式。随时收集是根据形成消防档案材料的时间性特点和所掌握的信息，及时收集。定期收集是根据实际情况，确定一个固定时间、收集一定阶段形成的消防档案材料。不定期收集是根据实际工作需要而进行的不定时间的收集，它有较大的灵活性，但时间不能相隔太久。

（3）追踪收集　追踪收集是根据消防档案材料间的相互联系，沿着材料形成的先后顺序或其他消防安全管理程序进行收集的一种方法。这种方法对确保档案资料完整性有重要的作用。如单位接受公安机关消防机构监督抽查，按照抽查程序进行档案材料收集，包括接受监督取得的《消防监督检查记录表》，发现火灾隐患处理时可能涉及的《责令立即改正通知书》《责令限期改正通知书》《重大火灾隐患整改通知书》《消防行政处罚决定书》等，隐患整改完毕后的《复查意见书》，以及与上述过程同步进行的单位采取的整改措施等登记材料。

消防档案材料的收集方法多种多样，为了使各种方法行之有效，必须用制度加以固定，使之制度化、经常化，确保消防档案材料的收集工作经常有效地开展。

2. 收集工作的要求

消防档案材料收集是一项细致繁琐的工作，消防安全管理人员必须有积极主动的态度和吃苦耐劳的精神，不能坐等有关单位或者有关员工材料上门，而是要做到手勤、腿勤、嘴勤、主动工作。具体要求如下：

（1）准确　准确是指消防档案材料收集的范围、内容要准确。在数量上，要严格按照归档范围去收集材料；在质量上，收集的材料内容必须真实可靠，不得收集无中生有、虚假不实或者弄虚作假的材料。

（2）及时　及时是指消防档案材料的收集要有时间观念，及时收集归档，使消防档案的内容经常保持完整状态。如果收集工作拖拖拉拉，就会使档案经常处于老化、短缺状态，从而影响单位对消防安全管理的全面了解。

（3）细致　细致就必须认真，认真细致是一个工作态度和工作作风问题，它要求消防安全管理人员在收集工作中秉承认真负责，一丝不苟的态度，不允许马马虎虎、粗枝大叶，否则，会造成消防档案的错漏和混杂，使收集工作不准确，影响整个消防档案的完整性和真实性。

（二）材料鉴定

消防档案材料的鉴定，是对收集上来的档案材料，进行归档前的最后一次检查、判断，从而作出取舍的决定。

鉴别消防档案材料是决定材料取舍的关键。收集到的消防档案材料有些是复杂而零散的，有的具备保存和使用价值，有的则不具备。对于这些材料，只有通过认真细致的审查和鉴别，才能了解每份材料的真伪、价值和内容，知道哪些材料应该归档，哪些材料应当销毁。同时，通过鉴别，使归档材料更加精练、真实，便于保管和利用。

1. 材料鉴定的原则

消防档案材料鉴定是一项复杂的、政策性很强的工作，应遵循以下原则：

（1）坚持实事求是的原则　坚持这一原则，要求判定材料的价值，确定材料的取舍，要以消防安全管理的法律、法规和各种规章制度为依据，要充分体现对消防安全管理高度负责的精神，确定材料的取舍，要有充分的理由和依据，不得随心所欲，任意杜撰。

（2）坚持具体情况具体分析的原则　为了客观评价消防档案材料，消防安全管理人员要对收集到的文件资料作出符合实际的分析和评价。防止出现片面的、形而上学的主观臆断。

2. 材料鉴定的方法

（1）判断材料是否属于消防档案内容　在消防档案建设过程中，由于制度不健全和其他原因，收集到的材料，有的属于消防档案材料，有的则不属于消防档案材料。鉴别工作的任务之一，就是把二者加以区别，属于消防档案的材料及时归档；不属于消防档案的材料及时剔除，或转有关部门处理。

（2）查明材料是否完结　归入档案的材料，应该是处理完毕的。涉及重大问题或其他正在处理、审批中的文件材料以及待查材料，都不应视为归档材料，应在工作完毕之后或转有关部门查清后再行归档。

（3）检查材料是否完整　归入档案的材料应该是完整的，否则会降低消防档案的使用价值。检查过程中，要注重材料之间的内在联系，不能割裂。如果在鉴定中发现材料不全，应及时补齐，以维护消防档案的完整性。发现内容不全、缺页、残页等情况，也要及时处置。

（4）判定材料是否有保存价值　归入档案的材料一定要真实反映本单位消防安全管理的基本情况和现实表现，对没有价值的材料以及不准确的不能说明问题，起不到证明作用的材料，应及时剔除，不予归档。

（三）材料整理与立卷

消防档案材料的整理与立卷，就是将收集到的并经过鉴定的材料，按一定的规则、方法和程序，以独立的单位进行分类、排列、登记目录、技术加工和装订，使之转化为消防档案卷宗。

1. 分类

分类就是按照消防档案材料的来源、产生时间、内容和形式上的异同分门别类，构成有机的体系，有条理地反映单位的消防安全工作情况。如有的单位将消防档案材料归类成13个方面：基本情况；总平面图和灭火、应急疏散预案；消防安全管理组织机构（领导小组）成员、消防安全管理人、专（兼）职消防安全管理人员；专职（志愿）消防队成员；重点部位情况；仓库情况；电气设施情况；火灾隐患登记；特殊工种操作人员消防培训情况；消防安全制度和消防安全操作规程；火灾情况；消防工作奖惩记录；防火工作记事。

2. 整理

为避免"大海捞针"，消防档案必须科学整理，及时系统地为消防工作服务。清理也是对案卷加工整理的一个方面。案卷的加工整理工作包括：确定装订线、为案卷内资料编顺序号、填写案卷材料目录、填写消防档案封面等工作。

（1）编页数顺序号　图幅及文字材料应当一张一个号。编号位置在材料的左上角，折叠页应编在折叠的右上角，双面印刷页应编在左上角。

（2）编卷内目录　卷内目录是保管消防档案资料的清单，应结合材料内容及编码进行编写。

（3）编消防档案封面　消防档案封面主要栏目包括：单位名称、隶属部门、建档日期、档案号、密级等。

3. 立卷

立卷是指根据档案材料的多少和资料内容等不同情况，分别装成正卷和副卷。即将分类清楚，登记、复核完成的消防档案材料进一步系统化，使之转化成消防档案卷宗的过程。

常见的立卷方法有三种：

（1）按问题立卷　它是指按照文件、资料内容记述和反映的某方面的工作问题或涉及的人、事、物等立卷，同一问题的文件资料可以组成一个案卷。

（2）按时间立卷　它是指按照文件资料形成的时间或文件资料内容针对的时间，将属于同一时期的文件资料组合为案卷。

（3）按文种立卷　它是指按照文件资料的种类，将相同的文件资料分类组合进行立卷。例如，将公安机关消防机构对单位下发的消防法律文书作为执法卷宗单独立卷。

4. 装订

装订是指通过分类整理对材料进行拆订、加边、修复、取齐，然后将材料装订成案卷的过程。

（四）制作索引并登记存档

索引是将消防档案名称分析著录成条目，按一定顺序排列。索引的制作一般可用卡片式和收本式（簿式）两种形式。登记就是对消防档案的收录、保管等情况，通过簿、册等形式加以记载，以揭示档案数量和状况，它是维护消防档案完整性与安全性的必要手段之一。存档是指将档案收进档案库（柜）内，上架排列保管，以便利用。

四、消防档案的管理

消防档案应当纳入单位档案统一管理。消防安全重点单位应当建立健全消防档案，并建立相应的消防档案管理制度，如消防档案建设、保管以及使用制度，明确消防档案管理的责任部门和责任人，消防档案的制作、使用、更新及销毁的要求。单位消防档案的管理要求如下：

（一）分类合理、清楚

单位要按照档案的内容以及形成的环节、时间、形式等，将消防档案合理分类，按相应的层次和顺序对各个消防档案材料进行排列和编目，为管理和使用提供便利。

（二）检索方便、快捷

单位应根据消防档案材料的内容编制档案目录。目录要包括档案代码、名称及存档位置等，便于准确而迅速地找到所需要的消防档案材料，提高消防档案的检索效率。

（三）妥善、集中保管

1）单位应当确定专门机构或人员，设立档案室或档案专柜统一集中保管消防档案。

2）单位要妥善保管消防档案，防止遗失或损毁。特别是对录音、视频等电子数据存储介质要单独存放，应符合防潮、隔热等要求。

3）保存在电子计算机中的消防档案材料，以及自动消防设施控制设备中的消防工作资料和信息，属于动态消防档案，要适时或定期进行备份，防止因病毒感染、计算机损坏等造成档案灭失。

4）负责建立消防档案的承办机构或人员应当按照规定的期限和要求，及时将有关档案材料进行整理，装订后移送档案管理机构或人员存档。管理人员要对移送的档案材料进行检查核对，确认档案材料完整、规范，并进行登记造册。

5）单位应严格消防档案的借阅管理，明确借阅期限，办理借阅手续。

6）单位要定期整理消防档案材料。对超过保存期限的，要按有关规定进行集中销毁。

7）管理人员工作变动时，要及时办理消防档案移交手续，保持档案管理的延续性。

第四节　单位消防安全文化建设

一、消防安全文化的基本概念

（一）安全文化

安全文化的概念最早由国际核安全咨询组（INSAG）于1988年针对核电站的安全问题提出，1991年出版的《安全文化》报告（INSAG-4）中首次定义了安全文化的概念，安全文化是指存在于单位和个人中的种种素质和态度的总和。之后，英国保健安全委员会核设施安全咨询委员会（HSCACSNI）以及国内外很多学者通过研究对其进行了修正。

概括地说，安全文化是人类在生产、生活过程中，为保护自身的安全与健康所创造的有关物质财富和精神财富的总和。

（二）消防安全文化

消防是安全的一个分支，根据安全文化的概念可知：消防安全文化是指人们在生产、生活过程中所创造的消防安全意识、消防安全行为能力、消防安全制度以及消防安全设施等物质基础的总和。

二、消防安全文化的功能

单位消防安全文化是一种氛围，通过制度、观念、行为以及物质四个方面，维护单位消防安全本质，提高员工消防安全意识，规范消防安全行为，建设积极向上的消防安全环境。应该说，单位消防安全文化比短时期的消防安全教育有着更大的影响及实效。具体功能可归纳如下：

（一）导向功能

消防安全文化是单位及其员工在消防安全管理和生产经营活动中形成的共同目标和共同的价值取向。这一共同目标确定了单位领导和员工日常工作的努力方向，能够使员工朝着确定的目标而努力，对于引导员工自觉维护消防安全发挥了导向作用。实践证明，优秀的消防安全文化对于提高单位消防安全管理水平有着不可忽视的重要作用。

（二）约束功能

消防安全文化的约束功能是指其对单位员工个体思想、心理和行为产生的约束和规范作用。消防安全文化包括有形的消防安全制度文化和无形的消防安全观念文化。制度文化，如国家消防法律、法规，单位消防安全规章制度、操作规程、管理办法等，规范了员工日常生产经营活动中必须遵守的行为准则，对员工产生"硬约束"。观念文化则是一种理念和职业道德，它能使有形的消防安全文化被双方所认同、遵循，同样形成一种自觉的约束力量，这种有效的"软约束"可削弱员工对"硬约束"的心理反感，削弱其心理抵抗力，从而在生产关系中达到统一、和谐，取得默契。

（三）凝聚功能

凝聚功能是指单位消防安全文化被员工认同后，它就会产生一种精神黏合力，从消防安全方面把企业员工聚集在一起，从而产生巨大的向心力和凝聚力。

（四）激励功能

激励功能是指消防安全文化能够最大限度地激发员工的积极性和首创精神。消防安全文化通过制度建设形成约束和奖惩机制，一方面规范了员工的消防安全理念和行为方式；另一方面是直接和间接激励了员工维护消防安全的积极性和主动性。

（五）辐射功能

辐射功能又称外部功能。优秀的消防安全文化有如一扇窗口，透过它可以展示一个企业安全生产的规范化、科学化，可以展示企业员工积极主动的消防安全理念和较高的消防安全能力素质。而这种展示以点带面向周围辐射，影响到社会其他行业或单位，从而营造出全社会积极向上的消防安全文化氛围。

三、消防安全文化与教育的关系

教育是一种社会现象，是和人类社会一同产生，并随着人类社会的发展而不断向前发展的社会活动。教育担负着传递生产和生活经验的社会职能，在消防安全领域，消防教育显然承担着传递消防安全生产的经验以及火灾防范常识和能力的任务。教育的这一社会职能对于消防安全文化的传播和发展有着不可替代的重要作用。

（一）消防安全文化内容是教育目标和基础

首先，消防安全教育的基础目标是优化人的消防安全观念意识，提高人的消防安全行为水平，而这两个方面是消防安全文化的核心内容，即消防安全观念文化和消防安全行为文化；其次，消防安全物质文化是消防安全教育的基础和条件，教育的开展需要借助相应的消防载体进行展示，消防安全物质文化的建设程度直接影响教育的深度和广度。

（二）教育是消防安全文化建设的动力和手段

消防安全教育使人的消防安全文化素质不断提高，消防安全需求与需要不断发展。通过消防安全教育能够形成和改变人对消防安全的认识观念和对消防安全活动及事务的态度，使人的行为更加符合社会生产、生活的规范和要求。因此，消防安全教育的好坏对消防安全文化的质和量起着决定性作用。没有行之有效的消防安全教育，就没有良好的消防安全文化，消防安全文化的建设和发展离不开消防安全教育，教育是文化建设的动力和手段。

四、消防安全文化形态与建设内容

（一）消防安全文化的形态

从文化的形态来说，消防安全文化包括：消防安全观念文化、消防安全行为文化、消防安全制度文化和消防安全物质文化四种形态。

（二）消防安全文化建设的内容

加强单位消防安全文化建设，应从文化的四种形态入手，充分考虑四者间的关联性，分别建设。

1. 消防安全观念文化

消防安全观念文化主要是指决策者和大众共同接受的安全意识、安全理念、安全价值标准。观念文化是消防安全文化的核心和灵魂，是形成和提高消防安全行为文化、制度文化和物质文化的基础和原因。

需要建立的消防安全观念文化包括：消防法制观念；预防为主的观念；消防安全也是生

产力的观念；火灾风险最小化的观念；消防安全管理科学化的观念，自我保护观念以及消防保险观念等。

2. 消防安全行为文化

消防安全行为文化是指在消防安全观念文化指导下，人们在生产、生活过程中的消防安全行为准则、思维方式、行为模式的表现。行为文化既是观念文化的反映，同时又作用和改变观念文化。缺乏消防安全职业道德的行为是我国火灾事故高发的主要原因。据统计，每年因人的不安全行为造成的火灾事故占火灾总数的85%以上。因此，规范员工消防安全行为对于降低单位火灾事故发生率，提高消防安全水平至关重要。

消防安全行为文化包括：进行科学的消防安全思维；强化高质量的消防安全学习；执行严格的消防安全操作规程；熟练掌握消防安全"四个能力"。

社会单位消防安全"四个能力"建设的内容包括：

1）检查和整改火灾隐患能力。
2）扑救初起火灾能力。
3）组织引导人员疏散逃生能力。
4）消防安全知识宣传教育培训能力。

3. 消防安全制度文化

消防安全制度文化又称消防安全管理文化，是单位消防安全文化的重要组成部分。消防安全制度文化对社会组织（或企业）和组织成员的行为可以产生规范性和约束性的影响力。

单位消防安全制度文化的建设从建立法制观念、强化法治意识、端正法制态度入手，建立健全单位消防安全管理制度和消防安全操作规程，制定并落实消防安全责任制度，通过科学的管理手段，促进制度落实，确保消防安全生产有据可依。

4. 消防安全物质文化

消防安全物质文化，是消防安全文化的表层部分，它是形成观念文化和行为文化的条件。从消防安全物质文化中往往能体现出单位或企业领导对消防安全的态度，反映出单位消防安全管理的理念，折射出单位消防安全行为文化的成效。物质是文化的体现，又是文化发展的基础。消防安全物质文化建设的目标是实现机、物、环境系统的本质安全化，这是人类长期追求的目标，也是社会乃至单位消防安全文化建设的必然要求。

消防安全物质文化建设主要体现在三个方面：一是加强消防基础设施建设及消防装备器材的配备；二是确保建成或配备的消防设施、器材完好有效；三是不断地引进先进的消防技术装备、积极推行消防安全技术改造。

五、消防安全文化建设的模式与手段

（一）单位消防安全文化建设的模式

单位消防安全文化建设的模式可设计为十大类：消防安全宣传模式、消防安全教育模式、消防安全管理模式、消防安全科技模式、消防安全检查模式、消防安全演习模式、消防安全报告模式、消防安全竞赛模式、消防安全总结表彰模式以及其他消防安全日常活动模式。

以上各种模式均可采用定期或非定期两种方式进行。若定期组织操作，它就可能成为消防安全宣传月、消防安全教育月、消防安全科技月、消防安全检查月等；若采取非定期方式组织，每一种模式就成了单位消防安全文化建设的一项经常性活动。但不论定期还是非定期组织实施，为夯实消防安全文化建设效果，单位都需结合自身的生产经营实际，设计符合不同模式特点和功能的，包含项目、内容、方式、目标、对象以及责任人的消防安全文化建设计划，用以指导活动的有序开展。

（二）单位消防安全文化建设的手段

借鉴国内外企业安全文化建设的理论和经验，消防安全文化可以采取以下手段进行建设：

1. 管理手段

管理手段是指采用现代安全管理的办法，从精神和物质两个方面去更有效地发挥消防安全文化的作用，保护员工的安全与健康。一方面通过改善单位的人文环境，树立科学的人生观和安全价值观，在消防安全意识、思维、理念、态度的基础上，形成单位消防安全文化背景；另一方面，通过管理手段调节人-机-环境的关系，建立一种在消防安全文化氛围下生产经营的运行机制。

2. 行政手段

行政手段是指发挥行业主管、企业内部行政管理和业务归口管理等一切行政手段，确保国家消防法律、法规和标准，单位各项消防安全管理制度和操作规程的贯彻落实。通过"强制约束力"，使消防安全在员工的思想和行为上形成习惯。行政手段是充分运用消防安全制度文化的功能，规范员工的行为，实现人人遵章守纪，保护自己、保护他人、保障企业安全生产。

3. 科技手段

科技手段是指依靠消防科技进步，推广先进技术和成果，用以改善员工生产生活环境的消防安全，实现生产过程的本质安全化。例如，按消防技术标准设计并建设生产车间、购物商城，采用消防安全材料装饰、装修，安装使用合格的消防产品，配备足够的建筑消防设施器材等。总之，利用物质特性和物化了的消防安全技术、材料、产品、设施，维护生产经营活动的消防安全是消防安全物质文化的功能体现。

4. 经济手段

单位消防安全文化建设与经济效益互为作用，消防安全保护单位生产经营成果，促进经济发展，而经济发展又为消防安全文化建设提供必要的经费支持，如消防基础设施建设，消防制度的落实以及为提高员工消防观念和消防行为能力所实施的教育培训无不需要一定的经费。因此，一个单位的消防安全文化建设离不开经济手段的支持和激励。

5. 法治手段

消防安全方面的法律、法规以及国家标准、行业标准日益健全。因此，消防安全文化建设时要充分发挥法制作用，依法管理，运用法治手段，规范和约束员工的安全生产行为，依法惩治生产中的消防安全违法行为，使每名员工清楚了解遵纪守法是公民的义务，是文明人对社会负责的表现。

6. 教育手段

教育是一种传播文化，传递生产经验和社会经验，促进文明的重要手段。员工的消防安全生产、生活以及社会公共消防安全的知识、态度、意识、习惯，可以通过实施关于科学技术和消防精神需求的教育、宣传、学习不断提高。应该说，教育是培养和造就高素质人才的必经之路。因此，企业的全员消防安全教育必须常抓不懈，不断提高，以适应消防安全科学技术的进步和现代安全管理的需要。

自学指导

本章学习重点：单位消防安全制度的种类与内容；单位灭火和应急疏散预案的内容；单位消防档案的基本内容；消防安全文化的形态。

1）单位消防安全制度分为消防安全责任制度、消防安全管理制度以及消防安全操作规程三类。各种制度根据其约束对象，结合教材确定其具体的建设内容。

2）单位灭火和应急疏散预案的内容包括：设置各种灭火、应急组织机构；建立各种应急处置程序，如报警接警程序、疏散组织程序、初起火灾扑救程序、通信联络以及安全防护救护的程序。

3）单位消防档案建设的基本内容包括：消防安全基本情况和消防安全管理情况两个方面。消防安全基本情况主要是指单位消防安全的各类基本信息，如单位基本概况和消防安全重点部位情况、消防管理组织机构和各级消防安全责任人、各项消防安全制度等。消防安全管理情况主要是用以体现单位日常消防安全管理工作的各种记录，如防火检查、巡查记录，火灾隐患整改记录等。

4）消防安全文化表现为：消防安全观念文化、消防安全行为文化、消防安全制度文化和消防安全物质文化四种形态。

本章学习难点：灭火和应急疏散预案的演练程序和要求；单位消防档案建设的基本步骤及各步骤的具体内容；消防安全文化建设的模式与手段。

1）灭火和应急疏散预案的演练程序分为两步：①预案演练的准备阶段。该阶段要建立演练领导机构；明确导演与调理人员；编写演练文件。②预案演练的实施阶段。此阶段需要完成的具体工作包括演练情况介绍；演练实施，导演调理方法；演练结束，清理整顿；演练评价，修改预案。

演练工作的基本要求是：消防安全重点单位应当按照灭火和应急疏散预案，至少每半年进行一次演练。其他单位结合实际，至少每年组织一次演练；组织演练之前，可以根据需要对相关人员进行消防安全知识和预案内容的教育培训，使其掌握必要的消防知识，明确职责；消防演练时，应当设置明显标志并事先告知演练范围内的人员。

2）单位消防档案建设通常分四个步骤完成：①档案材料的收集；②档案材料鉴定；③材料整理与立卷；④制作索引并登记存档。各个阶段根据需要，选择恰当的方法，完成相应的工作内容。

3）消防安全文化建设的模式设计为十大类：消防安全宣传模式、消防安全教育模式、消防安全管理模式、消防安全科技模式、消防安全检查模式、消防安全演习模式、消防安全报告模式、消防安全竞赛模式、消防安全总结表彰模式以及其他消防安全日常活动模式。消防安全文化建设的手段主要有：管理手段、行政手段、科技手段、经济手段、法治手段和教育手段六种。

复习思考题

一、单项选择题（将正确的答案填写在括号内，错选、多选或未选不得分）

1. 消防安全重点单位应当按照灭火和应急疏散预案的内容和要求，至少（　　）进行一次演练。

  A. 每月 B. 每季度 C. 每半年 D. 每年

  2. 以下关于单位消防档案的内容中属于消防安全管理情况的内容有（ ）。

  A. 消防管理组织机构和各级消防安全责任人

  B. 消防安全制度和消防安全操作规程

  C. 消防设施、灭火器材情况

  D. 防火检查、巡查记录

二、填空题（将正确的答案填写在括号中）

  1. 单位消防安全制度按照内容分为（ ）、消防安全管理制度以及消防安全操作规程三类。

  2. 根据《单位消防安全管理规定》，（ ）单位应当制定灭火和应急疏散预案，其他单位结合实际，参照制定相应的应急方案。

  3. 单位消防档案应当包括消防安全基本情况和（ ）两类基本内容。

  4. 从文化的形态来说，消防安全文化包括消防安全观念文化、（ ）、消防安全制度文化和消防安全物质文化四种形态。

三、简答题

  1. 简述单位灭火和应急疏散预案的内容。

  2. 简述灭火和应急疏散预案的演练程序。

  3. 简述单位消防档案建设的基本步骤。

  4. 简述单位消防档案建设时材料收集和立卷的方法。

  5. 简述消防安全文化建设的手段。

  6. 简述社会单位消防安全"四个能力"建设的内容。

四、论述题

  1. 论述单位消防安全管理制度的种类及其建设内容。

  2. 综合论述单位消防安全文化的形态及各形态建设的主要内容。

部分习题参考答案

第六章 四、案例分析题

1. 市场的火灾隐患有：室内疏散通道宽度不足，开敞式楼梯间设置形式不符合规范，应为封闭式，影响人员安全疏散；未按规定设置火灾自动报警系统，多处疏散指示灯损坏，两处室内消火栓被柜台遮挡，影响防火灭火功能。

2. 东风综合市场存在的火灾隐患属于不能当场改正的火灾隐患，单位的消防安全管理人或者消防安全责任人应及时研究确定隐患消除的具体措施、组织制定隐患整改计划，确定火灾隐患的整改责任人，实行责任制。在整改过程中，单位还应配备必要灭火设备或停止生产，保证整改期间的消防安全，同时，单位主要负责人负责落实隐患整改所需的各项保障。

第八章 三、案例分析题

应以消防责任事故罪追究其法律责任。犯消防责任事故罪的，对直接责任人员处 3 年以下有期徒刑或者拘役；后果特别严重的，处 3 年以上 7 年以下有期徒刑。因此，法院可根据其犯罪情节给以王×相应的刑罚判决。

第九章 五、案例分析题

1. 首先，该起火灾事故的直接原因包括：

1）起火原因是由于电线短路打火引燃仓库可燃物。

2）加速火势蔓延和灾害扩大的原因有：大量堆放可燃物（海绵）；擅自破坏建筑防火分区（库房用木板和铁栅栏分隔）；疏散通道、安全出口不畅（全部窗户安装了铁栏杆加铁丝网，楼梯平台上堆放了杂物，4 个大门 2 个被封死、1 个被铁栅栏隔在车间之外，用于员工上下班的通道狭窄，不到 1m。）

其次，火灾暴露出的间接原因是：

1）建筑布局不合理（一层是裁床车间兼仓库，二层是手缝和包装车间、办公室、厨房）。

2）单位消防安全意识不强，导致安全出口上锁，员工每天从狭窄过道打卡上下班而没有异议。

3）单位消防安全管理不到位，疏于检查，难以发现和整改隐患。

4）物品管理混乱，未按物质特性进行封存，导致大量易燃海绵堆放。

5）缺乏消防安全教育等。

2. 根据以上火灾原因分析，单位应从技术上和管理上分别采取以下火灾防控措施：

技术上：

1）按照标准进行建筑消防设计，确保单位整体布局合理。

2）加强技术人才培养与引进，确保先进科学技术方法的合理运用，及时发现和正确整改火灾隐患。

3）为危险部位或场所安装可提高消防安全性能的防护设施。

4）借助防火、耐火材料，防爆、防雷击产品进行相应的技术改造，提高单位消防安全水平。

管理上：

1）建立健全并督促落实单位各项消防安全管理制度和消防安全操作规程，使员工明确各岗位消防安全职责和正确的操作方法。

2）完善管理措施，要在确保消防安全的基础上加强厂区工作秩序管理。

3）加强单位消防安全检查与巡查，及时发现、认定和整改火灾隐患。

4）加强危险物品管理，从控制可燃物、隔绝助燃物、清除起火源的角度进行分类管理。

参 考 文 献

［1］ 国家安全生产监督管理总局．AQ3022—2008 化学品生产单位动火作业安全规范［S］．北京：煤炭工业出版社，2009．
［2］ 郑瑞文．消防安全管理［M］．北京：化学工业出版社，2009．
［3］ 中华人民共和国公安部消防局．中国消防手册（第二卷）［M］．上海：上海科学技术出版社，2009．
［4］ 王精忠，马红梅，刘明浩．消防管理教程［M］．2版．北京：中国人民公安大学出版社，2011．
［5］ 全国人大常委会法工委刑法室，公安部消防局．中华人民共和国消防法释义［M］．北京：人民出版社，2009．
［6］ 上海市消防局．消防管理员［M］．上海：上海科学技术出版社，2010．
［7］ 冯锁柱，程平．机关、团体、企业、事业单位消防安全管理［M］．北京：群众出版社，2003．
［8］ 石向群，李兴林．公安消防管理［M］．北京：群众出版社，2009．
［9］ 黄郑华，李建华，黄汉京．消防安全知识［M］．北京：中国劳动社会保障出版社，2008．
［10］ 袁昌明，唐云安，王增良．安全管理［M］．北京：中国计量出版社，2009．
［11］ 罗云，等．现代安全管理［M］．北京：化学工业出版社，2012．
［12］ 严新明，等．公共管理学［M］．北京：科学出版社，2007．
［13］ 公安部消防局．《国务院关于进一步加强消防工作的意见》学习辅导读本［M］．北京：群众出版社，2007．
［14］ 宋光基．消防安全教育读本［M］．北京：中国劳动社会保障出版社，2005．
［15］ 刘永基．新编消防管理学［M］．北京：警官教育出版社，1999．
［16］ 杨隽，赵连琦．消防监督管理［M］．北京：中国人民公安大学出版社，2004．
［17］ 张景林，崔国璋．安全系统工程［M］．北京：煤炭工业出版社，2002．
［18］ 刘诗飞．重大危险源辨识与控制［M］．北京：冶金工业出版社，2012．
［19］ 田水承，景国勋．安全管理学［M］．北京：机械工业出版社，2009．
［20］ 鄂文东，赵桂民．消防刑事犯罪案例研究［M］．北京：群众出版社，2010．
［21］ 高锦田．消防行政执法概论［M］．北京：中国人民公安大学出版社，2008．

后 记

经全国高等教育自学考试指导委员会同意，由全国高等教育自学考试指导委员会电子电工与信息类专业委员会负责消防工程专业教材的审定工作。

本教材由中国人民武装警察部队学院黄金印教授任主编，中国人民武装警察部队学院岳庚吉编审任副主编。具体分工是：高冲（河北省秦皇岛市公安消防支队）负责编写第一章第一节，第二章；高维娜（公安部消防局）负责编写第一章第二节，第十章；赵秀雯（中国人民武装警察部队学院）负责编写第一章第三～五节，第九章；岳庚吉负责编写第三章，第七章第二～四节；韩海云（中国人民武装警察部队学院）负责编写第四、六章；黄金印负责编写第五章；孙斌（中国人民武装警察部队学院）负责编写第七章第一节，第八章。全书由黄金印教授统稿。

全国高等教育自学考试指导委员会电子电工与信息类专业委员会组织了本教材的审稿工作。西藏公安消防总队王增华高级工程师担任主审，郑州市公安消防支队屈震高级工程师、中国人民武装警察部队学院傅智敏教授参加审稿，并提出修改意见，谨向他们表示诚挚的谢意。

全国高等教育自学考试指导委员会电子电工与信息类专业委员会最后审定通过了本教材。

全国高等教育自学考试指导委员会
电子电工与信息类专业委员会
2014 年 1 月